# HACIA UN MUNDO SOSTENIBLE

### EL COMPROMISO DEL DESARROLLO Y DEL PROGRESO CON EL MEDIO AMBIENTE

**MAURICIO ESPALIAT CANU**

© Mauricio Espaliat Canu - 2014

ISBN 13: 9781495220814

ISBN 10: 1495220818

Reservados todos los derechos

**INDICE**

| | |
|---|---|
| I - ¿HACIA DONDE NOS DIRIGIMOS? | 7 |
| II - RECURSOS NATURALES, MEDIO AMBIENTE Y PROGRESO | 11 |
| III - GESTION AMBIENTAL Y DESARROLLO: DOS REQUISITOS PARA EL PROGRESO DE LA HUMANIDAD | 47 |
| IV - ALIMENTAR AL MUNDO: LA PRODUCCION AGRICOLA COMO PIEDRA ANGULAR DE LA HUMANIDAD | 55 |
| V - "REVOLUCION VERDE" Y DESARROLLO SOCIOECONOMICO | 89 |
| VI - ECONOMIA Y MEDIO AMBIENTE: UN COMPROMISO VINCULANTE | 101 |
| VII - DEMOGRAFIA Y ECOLOGIA | 125 |
| VIII - AMBITO POLITICO Y LEGISLATIVO: MARCOS CONCEPTUALES PARA UNA ESTRATEGIA AMBIENTAL RAZONABLE | 149 |
| IX - ETICA Y MEDIO AMBIENTE: NUEVOS VALORES PARA UNA PROYECCION SOCIAL EQUILIBRADA | 161 |
| X - CIVILIZACION Y AMBIENTE: DOS HISTORIAS INTERMINABLES | 189 |
| XI - ACTITUDES Y ALTERNATIVAS NO TRADICIONALES PARA UNA ACCION AMBIENTAL INTEGRAL | 201 |
| XII - A MODO DE DECLARACION DE INTENCIONES... | 265 |
| RESEÑA BIOGRAFICA DEL AUTOR | 269 |

## I – ¿HACIA DONDE NOS DIRIGIMOS?

> "Me interesa el futuro, porque es el sitio donde voy a pasar el resto de mi vida"
> Woody Allen

Hace muchos años, la preocupación y el interés por los temas relacionados con el medio ambiente y con el desarrollo social y económico del tercer mundo, comenzaron a marcar parte importante de mis inquietudes personales y profesionales. Dicha motivación se inició también durante una época en que la percepción de los problemas que repercuten en el entorno de vida del hombre, y por asociación, en diversos fenómenos de tipo económico, social y político, comenzaba a ser motivo de amplia controversia, muchas veces derivada de situaciones y conflictos de intereses, falta de información rigurosa, ignorancia, pasividad, pesimismo, o exceso de confianza en las opciones tecnológicas.

La complejidad evolutiva de un tema básicamente pluridisciplinar y multifacético era entonces fácil de prever. A lo largo de los últimos años se han multiplicado las opiniones y discusiones relacionadas con el futuro de nuestro planeta y del género humano que lo domina, y han sido ampliamente cuestionadas y valoradas las actitudes de la sociedad en relación con su deterioro y protección.

Una visión en retrospectiva de la temática del medio ambiente, siempre vinculada a la evolución histórica de personas, pueblos y naciones, nos indica con total crudeza que el camino que hemos recorrido podría y debería haber sido diferente, pero no ha ocurrido así. Una realidad esencialmente pluridisciplinar, multifacética, con connotaciones globales de proyección planetaria, que trasciende sin fronteras en el tiempo y en el espacio, genera, sin lugar a dudas, serias e importantes repercusiones no sólo de tipo político, económico y social, sino también ético. Y ello lleva necesariamente al inevitable debate, y a la obligada discusión enfocada al replanteamiento de los clásicos temas relativos a los centros de poder y decisión, a los intereses creados, a los valores morales y a las consideraciones filosóficas de la condición humana como protagonista y centro de atención de la dinámica del entorno vital.

Vivir y asumir intensa y conscientemente la temática ambiental y sus repercusiones en el plano económico, social y político, implica sin duda alguna la necesidad de una reflexión seria a lo largo de todo el proceso en que la realidad del tema se manifiesta de múltiples maneras. Llega el momento, por lo tanto, en que el diálogo y la negociación prudentes aparecen primero como valiosas aunque incipientes y tímidas alternativas de sensibilización y reacción, conducentes luego a acciones básicamente marcadas, según el caso, por un sincero y desinteresado espíritu de pragmatismo y objetividad, o por intereses tendenciosos de diversa índole, para consolidar finalmente actitudes aparente o realmente responsables. De este modo, se llega frecuentemente a enfrentar realidades muchas veces consumadas, o inclusive irreversibles, ya sea con actitudes románticas, con pesimismo fatalista, con mentalidad constructiva, o con la pedantería simplista marcada por el triunfalismo y la soberbia.

Mi percepción personal de la problemática ambiental y del desarrollo del tercer mundo a lo largo de la historia, y especialmente durante las últimas décadas, ha ido precisamente acompañada por el ejercicio de la reflexión. Para dejar constancia de esta experiencia, he plasmado por escrito mis puntos de vista personales, y los he enriquecido con ideas, sugerencias, críticas y opiniones de terceros con los cuales he tenido ocasión de compartir argumentos y dialogar de modo constructivo, y con cuyos planteamientos me he sentido identificado en mayor o menor grado.

He procurado analizar y contrastar opiniones autorizadas e imparciales con máximo rigor, eludiendo dentro de lo posible y controlable aquellos criterios que pudiesen estar distorsionados por algún tipo de militancia dogmática o por enfoques partidistas. Mi intención ha sido la de insinuar una visión lógica y clarificadora de un tema que muchas veces aparece confuso, y que genera desorientación en relación con la percepción de las acciones que de él emergen.

Este compendio reúne dichas reflexiones en un único conjunto, que pretende constituir una plataforma de análisis para quienes sientan similares inquietudes en relación a un aspecto tan importante y trascendente de nuestra condición humana, cuyas proyecciones a futuro están ya marcadas por su evolución pasada y por su realidad actual.

El material elaborado a lo largo de estos años es variado y complejo. Alude en algunas ocasiones de modo reiterativo a temas específicos, indicando con ello que su vigencia está por encima del transcurso del tiempo, del contexto, de las opiniones, de la percepción de la magnitud e importancia relativa atribuida a ciertos problemas o situaciones, y de las alternativas de solución o control aportadas por la propia evolución paralela de la ciencia y de la tecnología. He procurado efectuar una exposición más o menos estructurada y secuencial, pero es difícil tratar cada componente de la dinámica medioambiental sin aludir de uno u otro modo a las demás, dada su inevitable interacción. Sin embargo, me ha sido fácil constatar que la actualidad de los aspectos examinados ha sido y continuará siendo una peculiaridad permanente de este tema.

El enfoque no ha pretendido ser ni exhaustivo, ni académico, ni definitivo, sino más bien espontáneo y práctico, expuesto a modo de muestra representativa y generalista de un proceso evolutivo cuya característica más relevante es la de ser permanente y dinámico.

Mi aportación a una cuestión tan importante y trascendente como es el proceso de desarrollo social y económico y sus estrechas vinculaciones con el medio ambiente, queda reflejada en las páginas que siguen. Simplemente deseo que constituya un incentivo motivador más dentro del conjunto de bases y marcos conceptuales que es preciso generar para garantizar una proyección sostenida de nuestra economía y de nuestro sistema social y político, dentro de un entorno equilibrado, sostenible y acogedor.

El debate queda planteado, no sin antes aludir a una última consideración: la relativa dosis de incertidumbre científica existente hoy en día en relación con algunas posibles y futuras consecuencias de la gestión indebida de los recursos de nuestro planeta, no ha de constituir motivo de excusa para posponer acciones que ya se justifican por sí mismas.

**Mauricio Espaliat Canu**
**Barcelona, enero de 2014**

## II - RECURSOS NATURALES, MEDIO AMBIENTE Y PROGRESO

> "Una de las cosas más difíciles en este mundo es admitir que se está equivocado. Y nada ayuda más a resolver esta situación que admitirlo francamente"
> Benjamín Disraeli

Una posición clara dentro de la controversia mundial sobre las alternativas de cambio y transición, planteadas por las necesidades de consolidar un medio ambiente equilibrado con las necesidades del hombre, puede sintetizarse en una expresión de evidencia cada día más fundamentada a niveles internacionales: la población y la industria no pueden continuar creciendo exponencialmente sin la perspectiva de un inminente desastre. Así ha quedado estipulado en numerosos informes relativos al estado y futuro de los recursos naturales, algunos a veces controvertidos, pero cuya validez y seriedad nadie discute. Uno de estos informes es el que llevó a cabo en su día el Instituto Tecnológico de Massachussetts, bajo el auspicio del Club de Roma, grupo internacional de empresarios, científicos y profesores creado en los remotos años sesenta del pasado siglo, abocado al análisis de los problemas ambientales que entonces comenzaban a manifestarse de modo testimonial e incipiente.

Dicho informe analizó las perspectivas de los recursos en el contexto del progreso mundial, y de acuerdo con él, las tasas de aumento poblacional e industrial no ofrecían garantías de poder ser soportadas dentro de unos cien años, aun cuando se lograsen adelantos sustanciales en materias relacionadas con el control de la natalidad, la producción de alimentos, el rendimiento de los recursos naturales y el control de la contaminación. De acuerdo con esta apremiante realidad, la solución no podía ser distinta a la que visionariamente plantearon algunos economistas y filósofos hace casi dos siglos, y que básicamente pasaría por lograr un equilibrio global estabilizando la población, y limitando las inversiones de capital a la sustitución de los recursos productivos consumidos.

Desde luego, insinuaciones de economías de crecimiento cero, como la implícita en la anterior sugerencia, han sido a menudo consideradas como retóricas durante el pasado. Pero en los momentos actuales, las reglas del juego implantadas por nuevas y diferentes realidades obligan a considerar este tipo de planteamiento con mayor seriedad. De hecho, ya Sicco Mansholt, entonces uno de los vicepresidentes de la Comisión del Mercado Común Europeo, efectuó hace muchos años un llamado general para establecer un Plan Ecológico Europeo, que ante la alarma y la inquietud latentes, propiciase la sustitución del tradicional concepto de "producto nacional bruto" por otro de "producto nacional útil", más de acuerdo con la realidad contemporánea y con las incógnitas del futuro.

Estos hechos dejan en claro que la inquietud por el problema ambiental y de los recursos es bastante antigua. Pero a pesar de que las repercusiones de actitudes como la anterior, y de estudios como el del Instituto Tecnológico de Massachussetts, han adquirido adherentes cuyo número ha ido en incremento día a día, la contrapartida a la controversia sigue también planteada y firmemente fundamentada en la fuerza tecnológica, que defiende concretamente la habilidad de la humanidad para resolver los problemas del medio y de los recursos asociados al desarrollo social y económico.

Una y otra de las partes en pugna exponen argumentos que cubren una amplia gama de sugerencias y de puntos de vista. Sin embargo, nadie desconoce la realidad de la situación crítica que afronta el medio ambiente en términos de corto y largo plazo, y en razón de ello resulta de utilidad prioritaria anteponer el análisis de las alternativas preventivas, al de las posibilidades correctoras que ofrece la tecnología. La historia ha demostrado claramente cómo una actitud de avanzada permite obtener ventajas que, frente a soluciones exigidas por la urgencia del momento o de los hechos consumados, resulta comparativamente mucho más interesante, oportuna y económica. La actitud preventiva involucrada en el llamado equilibrio global, no implica necesariamente poner fin al crecimiento socio económico. Aunque es cierto que a las naciones desarrolladas se les aconseja fundamentalmente estabilizar y gestionar el crecimiento demográfico e industrial, el resto de las actividades tiende a seguir creciendo indefinidamente, siempre y cuando ello no produzca nuevamente censurables problemas de contaminación y derroche de recursos naturales renovables y no renovables.

De este modo, los países industrializados se enfrentan a nuevos horizontes que permitan canalizar el desarrollo hacia aspectos más encomiables desde el punto de vista humano, como son, entre otros, la educación, la salud, la ciencia y el arte. Esta realidad marca también la transición de estos países desde una economía industrial hacia una de servicios, enmarcada dentro del contexto de globalización integral de la sociedad.

Naturalmente, cada vez que se plantea una alternativa de cambio tan fundamental como la anterior, surge el eterno dilema de los países en desarrollo, y el de la frontera física, política y económica que históricamente ha dificultado la solución integral de los problemas de la humanidad, tan diferente en su estructura de valores y realidades locales, pero a la vez única y global en cuanto a las alternativas que plantean las necesidades de armonía humanista. Aun así, es necesario adoptar estrategias regionales enfocadas hacia ese equilibrio global, lo cual obliga a considerar tanto la situación del mundo desarrollado, como la de aquel que se encuentra en vías de hacerlo, diseñando simultáneamente las oportunas estrategias para la gestión del cambio.

Para los países emergentes es inconcebible pretender una economía de no crecimiento o de crecimiento controlado, como la a veces sugerida para las naciones más avanzadas. Estos países no solamente necesitan explotar sus recursos para superar una estructura económica y socialmente deficiente, aunque pujante y anhelante, sino que deben simultáneamente alcanzar niveles de desarrollo compatibles con una condición de equilibrio, y con las determinantes típicamente características de la actual civilización. Una parálisis del crecimiento industrial puede significar para estas naciones el bloqueo de la transición social y económica hacia niveles que aún están lejos de aquellos a los que aspira el ser humano, y que corresponden a los parámetros habituales de la época. Si no se logra erradicar el desequilibrio entre ricos y pobres, se corre el riesgo de paralizar el desarrollo de las naciones menos favorecidas, perpetuando sus deficiencias y sus problemas.

Una vez sentados estos precedentes, que sintetizan los puntos de controversia y los casos extremos que entran en juego al pretender efectuar planteamientos alternativos de desarrollo, es interesante reflexionar sobre algunos detalles que conciernen a la problemática monolítica, producto de la integración multifacética de la dinámica del medio ambiente, y sobre lo cual el debate ha sido ampliamente planteado. En efecto, asumiendo la teoría de que la producción de alimentos suple las necesidades de la sociedad, que la tecnología del reciclaje provoca la reducción significativa de las unidades de materia prima necesarias por producto elaborado, que el control de la natalidad aminora el problema poblacional, y que la contaminación se reduce en un importante porcentaje con respecto a sus niveles actuales, se podría deducir que los recursos disponibles llegasen a ser suficientes para satisfacer las necesidades de la comunidad.

No obstante, si el crecimiento industrial se mantiene, la reducción de la contaminación puede ser desvirtuada, para alcanzar nuevamente niveles críticos a medio plazo. Inclusive, un crecimiento demográfico bajo puede plantear una crisis de alimentos tanto en términos cuantitativos como cualitativos, pese a que se estimulen incrementos sustanciales del rendimiento de la agricultura, y se garantice que las fuentes energéticas sean sostenibles. Este límite está determinado por la excesiva presión de utilización de la tierra, que reduce su potencial productivo por agotamiento de los recursos, por la acción de una población mundial próspera, y por los aumentos de la contaminación. Esta realidad a su vez origina nuevas reducciones en la producción de alimentos, el aumento de la tasa de mortalidad, y el deterioro cualitativo y cuantitativo de los niveles de vida de la sociedad por sometimiento de la especie humana a condiciones de penuria, ruina y riesgo.

Por su parte, el costo del control de la contaminación es susceptible de crecer hasta límites exagerados e insostenibles, sin que los resultados de dicho control aporten beneficios óptimos y eficaces, y los procedimientos operativos pueden llegar a ser insoportables para la sociedad.

Proyecciones teóricas como las anteriormente citadas son efectuadas luego de someter a tratamiento informático una serie de parámetros, a los cuales se les supone una trayectoria histórica más o menos conocida y definida. Aunque a menudo dichas proyecciones pueden resultar un tanto pesimistas, pero no por ello menos viables, hay que reconocer que las alternativas de recuperación del equilibrio que ofrece la capacidad de hombre para resolver este tipo de problemas constituye igualmente un hecho indiscutible. Así, independientemente del desequilibrio mundial existente en la distribución de los beneficios sociales y económicos del progreso, los adelantos tecnológicos han permitido y seguirán haciendo posible que la producción de alimentos supla el crecimiento poblacional integral, lo cual permite también asumir que el proceso continuará por algún tiempo absorbiendo ciertos excesos del hombre en relación con el medio, o al menos aumentará el plazo disponible para hacer frente a los mismos con cierto margen de prudencia y de expectativas optimistas. Indudablemente, es conveniente volver a citar los dos requisitos complementarios necesarios para el logro de este tipo de objetivo: la racionalización inteligente de los procedimientos de distribución de todo tipo de recursos, y la materialización de las políticas y oportunidades que así lo permitan.

Pese a que el anterior argumento es bastante sólido cuando se trata de que la tecnología compense el deterioro visible, tangible, audible y respirable del medio ambiente, adquiere condición de mayor relatividad cuando los inconvenientes a paliar comprometen la esencia del ser humano racional, y pierde toda fuerza cuando se trata de obviar situaciones que no afectan a la magnitud del entorno físico, sino a sus atributos cualitativos. En tal sentido, el hecho demográfico manifiesta aquí una vez más su relevancia, e insinúa sus eventuales amenazas. Conocidos son aquellos experimentos en los cuales se someten poblaciones de animales a presiones crecientes en cuanto a número de integrantes en un espacio limitado. Aun cuando el abastecimiento alimenticio les sea asegurado en cantidad y calidad, llega un momento en que los individuos enloquecen, sus instintos sexuales se desordenan, y sobreviene la lucha violenta entre unos y otros con una agresividad desenfrenada, que lleva a una mortalidad en masa, que no permite sobrevivir más que a un número óptimo y limitado de habitantes. Con las debidas reservas, cabe entonces establecer un paralelo con la sociedad humana, puesto que es probable, y ha sido comprobado en múltiples ocasiones, que es el súbito crecimiento de la densidad humana en entornos urbanos el que ha engendrado las conocidas manifestaciones de agresividad y violencia, la revolución sexual, y los movimientos multitudinarios de manifestación y protesta que, disfrazados con diversos matices, pretenden reconciliar al hombre con su genuina y perdida identidad y condición de tal.

Contra un mal de este tipo, producto de una falta de respeto hacia la importancia de la gestión del patrimonio del planeta, obviamente no cabe esperar antídotos industriales. Porque es un peligro que amenaza a la esencia misma de la humanidad, el evitarlo requiere despertar en el hombre el auténtico interés por su propia especie y por la seguridad de su digna supervivencia. En todo caso, todo adelanto científico debe ser respaldado por transformaciones igualmente dramáticas en las estructuras y en las instituciones económicas y sociales del mundo, mediante las cuales sea posible cimentar auténticas estrategias para la gestión del cambio. Es la vía esencial para distribuir equitativamente los recursos disponibles dentro de una población más equilibrada en relación con sus demandas vitales.

La controversia planteada entre el beneficio o el perjuicio que puede significar, de acuerdo a su uso, la tecnología para la humanidad, debe encuadrarse obligatoriamente dentro de un entorno mundial, que es finito. En efecto, tan limitado es el planeta, como irremediablemente lo son el progreso y el desarrollo. Algún día llegará en que ambos logren su máxima manifestación, más allá de la cual será imposible pretender mayores beneficios, en términos relativos, que justifiquen el costo que ello implica. Las verdaderas incógnitas prácticas que sí es urgente plantear de inmediato se relacionan a cómo este crecimiento y este desarrollo lograrán identificarse con el equilibrio global, sin que los países menos favorecidos paralicen su desarrollo a niveles de subsistencia, y sin que las naciones avanzadas pongan su potencial al servicio del abuso contra el ambiente. El fondo del problema radica en buscar y perfeccionar los mecanismos que aseguren a la humanidad entera un sistema y un nivel de vida compatible con la dignidad del hombre, y en determinar claramente quienes han de ser los encargados, tanto a nivel público como privado, de tomar las decisiones conducentes a una distribución equitativa de recursos y de oportunidades. Todo ello, pese a que ciertas libertades individuales deban ser sacrificadas en nombre del beneficio común, y del establecimiento de sistemas globales de planificación y gestión que se antepongan al peligroso interés partidista y a la comprometedora e irresponsable pretensión mezquina.

Si bien es cierto que la realidad está concretamente planteada en los términos anteriores, solamente la reflexión serena puede engendrar la actitud y las iniciativas que permitan enfrentarlas con la debida y apremiante oportunidad de acción. El tiempo dirá hasta qué punto estas premisas, que invaden cada día la esfera de la opinión pública, servirán para que el debate general conduzca hacia las debidas repuestas, y estructure una conciencia lo suficientemente responsable en cada persona.

Los recursos naturales renovables constituyen para una nación parte importante de su patrimonio económico, a la vez que la fuente más indispensable de elementos integrantes del ambiente ecológico que hacen posible la persistencia de las manifestaciones vitales. Gran parte de las necesidades básicas del hombre, principalmente la alimentación y el equilibrio social, encuentran plena satisfacción solamente si el medio ambiente se encuentra en condiciones de producir y de aportar los elementos necesarios para mantener sostenidamente una relación dinámica entre los factores que tienden a modificarlo en uno u otro sentido.

Históricamente, y desde tiempos inmemoriales, las relaciones dinámicas entre los seres vivos se han mantenido dentro de un esquema de equilibrio, y si alguna vez las circunstancias han desviado este planteamiento global, ha sido la naturaleza la que se ha ocupado eficiente y rápidamente de contrarrestar la situación y mantenerla dentro del promedio. Exceptuando los fenómenos derivados de la evolución, nunca los ciclos biológicos han llegado a ser comprometidos negativamente más allá de situaciones esporádicas, que en ningún caso han significado una amenaza realmente seria para la estabilidad del planeta.

No obstante, esta situación, proyectada dinámicamente a lo largo de milenios, ha sufrido un importante cambio de inflexión desde el advenimiento de la sociedad industrial, utilizadora de medios y métodos tecnológicos cuyos efectos devastadores no se han hecho esperar. A medida que el hombre como especie ha ido paulatinamente haciendo pesar su influencia sobre la tierra, como consecuencia de la elaboración y aplicación de la ciencia y de la tecnología, los problemas se han hecho presentes sin tardar demasiado.

Como resultado de la adopción de herramientas y actitudes radicalmente innovadoras y diferentes, la agresión realmente importante hacia el medio ambiente, muchas veces de carácter irreversible, se inició hace algo más de doscientos años. Actualmente, la humanidad tiene que soportar las consecuencias de la falta de visión sobre los posibles efectos perjudiciales de dicha agresión para el ser humano. Las controversias hoy planteadas con relación a temas como la extinción acelerada de especies, el cambio climático, la destrucción de la capa de ozono, la desertización, la deforestación, la lluvia ácida, la crisis energética y el deterioro de los esquemas de vida urbana y sus secuelas de miseria y violencia, constituyen algunos ejemplos categóricos en este sentido. Y esta realidad se manifiesta de modo simultáneo con otro fenómeno de mayor trascendencia social, económica y política, como es la servidumbre de los países menos desarrollados hacia los industrializados.

Respecto a los recursos naturales renovables, el deterioro de los mismos lleva hoy un ritmo acelerado, hasta el punto de que en ciertos países amenaza con comprometer seriamente la estabilidad de determinados procesos dinámicos que son los que garantizan el uso de los elementos de la naturaleza para la seguridad de la supervivencia, sin dejar de considerar que los correspondientes traumas económicos son igualmente de gran envergadura. Cuesta poco deducir, luego de un análisis consciente, que son escasas las actividades productivas que pueden verdaderamente prosperar sin depender, aunque sea en grado ínfimo o de modo indirecto, de alguno u otro tipo de relación con el uso de los recursos naturales renovables, o inclusive, de aquellos de tipo limitado.

Frente a los innumerables problemas e inconvenientes que ha generado el uso irracional de los recursos naturales, algunos países desarrollados, otrora protagonistas de una actitud desenfrenada e irresponsable de explotación extractiva, se encuentran en estos momentos abocados al requisito de fomentar el impulso de campañas masivas y de estrategias de acción para sanear el ambiente natural. No solamente canalizan sus actividades hacia la gestión de explotaciones tendentes a lograr rendimientos sostenidos, sino que, complementariamente, proceden a intentar fortalecer una legislación y una conciencia que promuevan la protección de las aguas, de la atmósfera, de las áreas verdes y de esparcimiento, procurando compatibilizar las relaciones entre la industrialización, el medio ambiente y los factores sociales y económicos vinculados al tema. Las repercusiones que el despertar de una conciencia ecológica ha tenido entre las mentes más racionales e inquisitivas han llegado inclusive a estimular el interés creciente de instituciones internacionales de diversa índole, lo cual ha permitido la puesta en marcha de programas dentro de los cuales la ecología aplicada ocupa un lugar preponderante. Sin embargo, lamentablemente estas iniciativas no han estado exentas en algunos casos de cierto grado de demagogia, provocando confusión y desorientación en la sociedad civil cierta, y distorsionando la credibilidad de las opciones en juego.

Cuando se trata de implantar y de asimilar políticas generales a nivel nacional, es indispensable comenzar por un ordenamiento de las leyes relacionadas con la gestión, protección y mejoramiento del medio. En la mayoría de los países en desarrollo, y también en algunos industrializados, la legislación ambiental es insuficiente, escasa y desordenada, por no decir ambigua, por lo cual una recopilación acuciosa y un ordenamiento programado de las disposiciones jurídicas pertinentes constituyen medidas previas a todo intento de acción e intervención. Si a esta etapa inicial se añade la elaboración de una ley completa y exhaustiva de conservación y uso de los recursos naturales, dotada de la necesaria fuerza, agilidad operativa y base realista, la aplicación de la legislación ambiental resultante será mucho más expedita y beneficiosa.

Paralelamente, el establecimiento de unidades de conservación natural en ciertos puntos estratégicos idóneos, de especial valor ecológico y beneficio para la sociedad, como son los parques nacionales y las reservas forestales, constituye un complemento positivo de las disposiciones oficiales, así como una forma sencilla y objetiva de persuasión por la vía de hechos fácilmente palpables. De este modo, no solo se defiende el patrimonio o el capital territorial, sino que, paralelamente, se favorece la preservación del equilibrio de la naturaleza, de las fuentes de bienestar y expansión, del turismo, y de una importante cantidad de interesantes áreas de investigación y experimentación científica y tecnológica. Ello debe hacerse extensivo a todos los niveles comprometidos con la necesaria sanidad ambiental y la protección del capital natural, así como a la explotación y gestión de las empresas directamente relacionadas o dependientes del sistema ecológico global, las cuales, en definitiva, son la gran mayoría. Y cuando se habla de capital natural, no debe menospreciarse la importancia que representa para la imagen cultural y criolla de un país la protección de su entorno típico, de su flora autóctona y de su fauna característica, sobre los cuales suele asentarse también una rica tradición popular.

Cuando se habla de la necesidad de proteger y optimizar la disponibilidad de recursos naturales renovables, se suele vincular la responsabilidad de la acción únicamente al sector público. Ante tal hecho, gran parte de los ciudadanos olvida sus propios deberes y compromisos permanentes para con su soporte vital y fuente de esparcimiento. En el fondo, cuidar el patrimonio natural no es función y obligación solamente de las áreas de concentración del poder político y económico, sino de toda la sociedad, integrada a partir de cada uno de los individuos que la forman. Al respecto, la conciencia ambiental no puede ser tal si gran parte de sus integrantes no es consciente no solo de sus derechos, sino también de sus responsabilidades en relación con el entorno.

Al llegar a este punto, en el cual obviamente comienza a fundamentar su importancia el grado de educación cívica y el nivel cultural de la sociedad, se puede apreciar claramente que es esencial establecer un proceso ágil y sistemático que promueva la conciencia de los individuos a todos los niveles. La alternativa de la educación, de la formación y de la promoción exhaustiva de los principios ecológicos, iniciando el desarrollo de las opciones principalmente con las nuevas generaciones, es el camino más expedito para centrar y alcanzar objetivos fundamentales y definitivos en lo referente a la sensibilización y comprensión de la dinámica de los recursos del planeta, los perjuicios de la contaminación, y el deterioro de las características y funciones del paisaje.
Simultáneamente, si se enfoca la solución del problema desde el punto de vista jurídico, es fundamental que la totalidad de la

reglamentación, explícitamente establecida o recopilada, sea verdaderamente operativa. Descartando todo planteamiento utópico y toda tentación demagógica, la normativa medioambiental debe no solo orientar, sino también obligar al ciudadano, a la empresa y a las instituciones públicas o privadas, a respetar y cumplir sus responsabilidades mínimas, o a sufrir en caso contrario las consecuencias de la fiscalización, que con tal objetivo es preciso implementar inteligentemente y hacer efectiva en la práctica. En numerosos países industrializados la factibilidad de iniciativas de este tipo ya ha sido comprobada, razón por la cual es lógico fomentar que los países en transición las imiten y adopten, aprovechando la oportunidad constructiva que da la experiencia, adecuando las opciones a sus propias necesidades y a su realidad específica, y optimizando inclusive las estrategias a formular.

En cualquier caso, es a la par indispensable poner freno a ciertos abusos que históricamente han llevado a los países en vías de desarrollo, aunque también en algún momento a los avanzados, a hacer un pésimo uso del suelo y demás recursos naturales, como consecuencia de la falta de planificación no sólo de las actividades agrícolas, forestales o mineras, sino también del urbanismo y de las soluciones habitacionales marginales, a las cuales ha obligado el rápido crecimiento demográfico o la migración rural-urbana.

Hay que reconocer una vez más las influencias no menos perjudiciales para los recursos naturales renovables que han tenido y tienen aquellas actividades agrícolas, forestales o relacionadas con las anteriores, y que por falta de gestión técnica y racional, han comprometido hasta niveles dramáticos la dotación patrimonial y las posibilidades de desarrollo y de explotación sostenida a largo plazo de dichos recursos, tanto en naciones ricas como pobres. Una vez más cabe destacar que no se trata de proteger el capital natural "conservándolo" inactivo e inaprovechado, en su condición de equilibrio dinámico, pero pasivo. En cambio, los verdaderos objetivos de una ingeniosa política ambiental deben proyectarse hacia la gestión científica y técnica de dicho capital, evitando así por todos los medios los derroches o el consumo exagerado de recursos en perjuicio de generaciones y épocas venideras.

Son varias las estrategias de acción que los países en desarrollo pueden adoptar considerando la semejanza de soluciones que requieren en comparación con las experiencias de otros en el pasado. Más aún, dentro del esquema característico de las transiciones, los aspectos concordantes son más frecuentes que los discordantes, a tal punto de que no solo favorecen la adopción de planes más o menos coincidentes para la mayoría de países integrantes del mundo emergente, sino que crean simultáneamente el ambiente propicio para la adopción de estrategias internacionales coherentes dentro del contexto de la globalización. Los pueblos en transición hacia el progreso acostumbran a vivir el momento inmediato, sin calcular ni proyectar sus necesidades futuras, por lo cual el disponer de modelos experimentados puede contribuir a impartir mayor celeridad y eficacia al proceso de desarrollo. Las exigencias socio económicas que plantea el desarrollo inducen muchas veces a olvidar el medio y largo plazo, debido a la necesidad de destinar los esfuerzos a la solución de prioridades y de dificultades más inmediatas, aparentemente de mayor trascendencia.

Sin embargo, el despertar paulatino de una conciencia ambiental, como consecuencia de la reacción ante los efectos de los problemas acarreados por la civilización en los países más industrializados y en las sociedades de consumo, así como debido a la transformación de los ideales que es posible observar en la juventud que integra las nuevas generaciones, hacen posible conducir a la sociedad a reflexionar con mayor sentido de perspectiva. Esta transformación, este impetuoso despertar de la ecología aplicada y de la creciente inquietud del hombre por la dinámica de las relaciones e interacciones ambientales, debe constituir la herramienta esencial que permita proteger los recursos con un enfoque más amplio, drásticamente opuesto a todo tipo de especulaciones políticas que amenacen su objetivo, su definición conceptual y su continuidad.

Si se parte de la base de la puesta en marcha de planes ambientales nacionales, se debe tener en cuenta que el aseguramiento de la viabilidad de acciones de tal trascendencia requiere tiempo, dedicación, planificación, audacia, espíritu ejecutivo y colaboración solidaria global, lo cual supone la participación de cada ciudadano de acuerdo con sus funciones y responsabilidades dentro de la sociedad. Obviamente, esta necesidad tampoco excluye la alternativa de implementar las bases que requiere el funcionamiento del todo como unidad, tanto si se dirigen los esfuerzos hacia la corrección de deficiencias actuales en la gestión de los recursos naturales, como a orientar el uso de los medios de acción con el objeto de prevenir futuras situaciones negativas, induciendo por esta vía el retorno más inmediato de beneficios.

Es interesante hacer notar que, frente a una naturaleza castigada drástica y continuamente, que puede en un momento dado sufrir la irreversibilidad de sus cualidades regenerativas, la actitud verdaderamente inteligente es la de prevenir, antes que la de esperar que las circunstancias obliguen a actuar y a luchar en condiciones mucho más difíciles. La magnitud del deterioro de los recursos naturales renovables y la indiferencia de parte de una sociedad sujeta al peso, a las tentaciones y a las servidumbres de la civilización, deben constituir el principal motivo que incentive a los más responsables a actuar y a edificar las bases de un auténtico y aséptico "poder ecológico", alejado del catastrofismo, de la utopía, de la polémica estéril y de los intereses creados.

No se debe olvidar que los recursos naturales, fuera de representar un valioso patrimonio para la humanidad, tienen a la vez un alto valor social y económico, característica que los hace doblemente vulnerables si se considera su importancia de cara a los cambios de estructura de tenencia de la tierra, proceso que casi siempre acompaña al desarrollo de muchos países del mundo emergente. Sin entrar a discutir los motivos, situaciones o planteamientos de diversa índole que subyacen en el trasfondo de dichos cambios, es necesario volver a recalcar la importancia que adquieren frente a la gestión del uso del suelo. En todo caso, es interesante dejar establecido que cualquier política de cambios debe proyectarse con rigor hacia la optimización del aprovechamiento del capital natural disponible, sin permitir que ocurra lo contrario como consecuencia del entusiasmo o del sentimentalismo momentáneo, poco alineados con la disponibilidad efectiva de recursos. Con relación a la utilización de un patrimonio del cual depende la existencia de la humanidad, no cabe en absoluto improvisar irresponsablemente.

La gestión de los recursos naturales, ya sea bajo un esquema nacional, o considerándola desde el punto de vista de la estrategia internacional, requiere la consideración detallada de un conjunto de determinantes socio económicas que, en el fondo, condicionan sus resultados. Así, la estructura social de las comunidades humanas y de los sistemas económicos pueden en un momento determinado constituir un elemento de juicio para adoptar o rechazar una u otra alternativa de acción.

El cultivo de la tierra, dirigido hacia la producción de alimentos para abastecer las necesidades de naciones con demandas en continuo incremento, ya sea como consecuencia de su crecimiento demográfico, o debido al mejoramiento de sus niveles de vida, constituye una necesidad, a la vez que encierra un compromiso. En otras palabras, la agricultura debe permitir lograr la productividad unitaria máxima de alimentos, sin caer en el contrasentido del subempleo, del deterioro o del uso exagerado del suelo, ni en la incompatibilidad entre el uso del suelo y el del resto de los recursos productivos que integran los recursos naturales, tales como el agua y las condiciones meteorológicas que determinan en gran medida la regionalización geográfica de los diferentes cultivos.

El equilibrio entre los factores antes mencionados se logra solamente en la medida en que el conocimiento científico y tecnológico se pone ágilmente a disposición y al servicio de las empresas comprometidas con el uso de los recursos de la naturaleza. Si se tiene en cuenta que dicho conocimiento es actualmente una realidad, son las estrategias de acción las que deben asegurar una vez más la eficacia de los programas concretos y racionales que aprovechen la experiencia disponible.

Otro de los problemas de especial envergadura y trascendencia en cuanto a deterioro de recursos naturales lo constituye la erosión, que con sus diferentes grados de manifestación, es consecuencia tanto de procesos naturales como provocados por la acción del hombre, como ocurre a causa de deficiencias en las técnicas y prácticas de protección y utilización del suelo en trabajos típicamente agrícolas y forestales. El problema de la erosión crea otro tipo de efectos asociados, como es el de la formación de dunas, que avanzan ocasionando la pérdida del valor agrícola de las tierras que cubren, y la saturación de embalses y puertos por sedimentación de la tierra arrastrada por las aguas.

En cuanto a las actividades forestales, en muchos países la tasa de despoblación forestal, ya sea a causa de la explotación, de las plagas y enfermedades y de los incendios, es de una magnitud considerable. Los daños por incendios forestales suman cantidades fabulosas si se los pondera en términos económicos, y su valor es comparable a las pérdidas que originan la destrucción y el desaparecimiento del bosque y del monte natural en la regulación de los recursos hídricos, de las fuentes de esparcimiento, de la vida silvestre y de otros factores ambientales indirectos.

Con respecto a las cuencas hidrográficas, la destrucción paulatina del bosque y del monte adquiere aún mayor trascendencia. Se observa fácilmente que la capacidad de acumulación, reserva y regularización de las aguas disminuye en ellas en forma apreciable y progresiva, ya que las pérdidas debidas a la aceleración del ciclo hidrológico son bastante importantes. En aquellas zonas en que el agua constituye un importante factor de producción de energía eléctrica, el problema adquiere características alarmantes. Si a los factores anteriores, producto del desequilibrio gradual y artificial entre ciclo hidrológico y regulación sostenida del mismo, se añade la pérdida de recursos hidráulicos como consecuencia de la falta de gestión y de regulación de los mismos mediante embalses, se puede fácilmente concluir que el aprovechamiento eficaz del agua es en muchos países sumamente bajo en comparación con las disponibilidades potenciales de este recurso. Basta observar que debido a los anteriores conceptos se pierde cada año una cantidad importante de agua, y se generan paralelamente efectos erosivos del terreno cuya repercusión constituye un hecho irreversible.

Si se pondera el problema de la pérdida de recursos hídricos en conjunto, sobre todo en relación con las zonas áridas y semiáridas, no es difícil deducir que las situaciones actuales, normalmente reflejo de inercias tradicionales, sólo se traducen en un derroche permanente no solo de recursos hídricos, sino que a la vez de una serie de factores productivos y de importancia ambiental, como son, entre otros, la fertilidad de los suelos, los terrenos como tales debido a la erosión, las áreas verdes, y el potencial de producción agrícola y forestal que el mal uso de dichos recursos impide aprovechar óptimamente.

Lo que ocurre a nivel de bosques y cuencas hidrográficas puede también asimilarse, con algunas matizaciones, al deterioro progresivo y deplorable de las praderas naturales de algunas zonas del mundo. La deficiente explotación de estas praderas, reflejada sobre todo en la excesiva presión ganadera y en la deficiente distribución unitaria de la carga animal, trae consigo la manifestación y aceleración de los procesos de erosión hídrica y eólica, lo cual se traduce en la pérdida progresiva de la capacidad productiva de dichas tierras, si se considera el gradual deterioro de la cantidad de animales que son capaces de sostener por unidad de superficie.

Volviendo a la erosión, también este proceso es de marcada incidencia sobre un problema indirecto al cual se hizo mención anteriormente, y que en determinadas circunstancias adquiere especial relevancia. Se trata de los fenómenos de sedimentación de material erosionado y arrastrado por las corrientes de agua, tanto en los mismos ríos, como en los embalses que abastecen, y en los puertos ubicados en su desembocadura. Las consecuencias del efecto son obvias: fuera de los trastornos económicos que representa un puerto embancado o progresivamente inservible, a menos que se inviertan cantidades cuantiosas en su regeneración, se pone aún más en peligro la capacidad de los ríos para actuar como canalizadores y reguladores del flujo de las aguas.

No es difícil en este sentido apreciar los serios problemas de inundaciones evidenciados en diferentes puntos del globo durante ciertos años en que las precipitaciones son anormalmente altas, así como tampoco cuesta mucho analizar las dificultades directas e indirectas que se hacen palpables en el rendimiento y eficacia de embalses y represas como consecuencia de su colapso gradual y acelerado. Paralelamente, el daño indirecto que el sedimento ocasiona a ciertas industrias que utilizan el agua de los ríos, entre ellas las empresas de agua potable e hidroeléctricas, es fácilmente deducible si se efectúa el cálculo del costo económico de las acciones destinadas a corregirlo, y de las pérdidas de eficacia y rendimiento de las instalaciones.

La acción del hombre constituye la principal causa de la incidencia y magnitud de los fenómenos anteriormente descritos en términos generales. Sin embargo, esta acción muchas veces no es analizada ni considerada como tal, pues la sociedad generalmente no aprecia la realidad de las cosas, o sencillamente no se detiene un momento a reflexionar a fondo sobre las peculiaridades intrínsecas, las causas determinantes o las consecuencias derivadas de la relación hombre-medio ambiente. No obstante, es difícil poder disimular la acción del ser humano cuando se trata de detallar algunos aspectos más concretos. Por ejemplo, nadie puede negar que la destrucción de la flora y de la fauna de un país, fuera de obedecer a causas evolutivas y naturales del tipo antes descrito, es consecuencia no pocas veces de la explotación extractiva y ambiciosa por parte del hombre, hecho cuyo reflejo directo queda plasmado en las actividades, desenfrenadas y carentes de planificación racional, relacionadas con la caza y con la pesca, fluvial o marítima.

Sólo es cuestión de observar cómo, año tras año, desaparecen en muchas áreas especies animales y vegetales, desequilibrando en mayor o menor grado, pero siempre en magnitud importante, los ciclos ecológicos. Y sin embargo, la veda, consecuencia única y estrategia indispensable para frenar el despilfarro, es cuestionada y censurada a menudo por quienes ignoran o desprecian la dinámica ambiental, considerándola una medida inútil y absurda.

La negativa influencia del hombre también se hace evidente cuando se trata de poner en tela de juicio el problema del deterioro del paisaje. Así, a la destrucción de los recursos naturales, como los suelos, la vegetación y las aguas, se suman las consecuencias estéticas de los incendios forestales, de la acumulación masiva, desordenada y caótica de todo tipo de residuos y desperdicios en lugares habitables y de interés recreativo, márgenes de carreteras y caminos, y de la instalación de industrias, plantas procesadoras u obras diversas en lugares de marcado potencial turístico y valor paisajístico.

El turismo es un valioso recurso para cualquier nación, sobre todo para las más atrasadas, por su potencial generador de trabajo e ingresos. Pero acciones como las antes reseñadas perjudican y amenazan notablemente dicho recurso, no sólo por el daño directo que ocasionan a la flora, a la fauna y al paisaje en general, sino porque incomodan al hombre, obligándole a reflexionar seriamente sobre las secuelas de sus propias decisiones, tanto pasadas como futuras. El potencial turístico de muchos países en desarrollo es amplio y diverso, pero si el deterioro del paisaje sigue los esquemas que hasta hoy han demostrado ser nefastos en algunas naciones, es dudoso que sea posible prolongar por mucho tiempo el encanto y el atractivo de sitios adecuados a tal fin. Por este motivo, el control racional del patrimonio disponible debe ser minucioso, y en ningún caso debe subordinarse a la presión ocasionada por situaciones críticas.

Tampoco debe permitirse que ocurra algo similar con respecto a la producción de alimentos, actividad que, como se ha comentado reiteradamente, también está estrechamente supeditada a la adecuada gestión de los recursos naturales, pero con el agravante de que, en este caso, las consecuencias sociales de una acción puramente extractiva y no planificada son de mucho mayor trascendencia para la comunidad, además de las secuelas económicas que el caso implica.

Los recursos naturales constituyen un patrimonio no sólo nacional, sino mundial. Por lo tanto, su protección, gestión y mejoramiento es responsabilidad ineludible de cada individuo integrante de la comunidad, y de cada autoridad competente como centro de decisión. No se debe tampoco olvidar que la trayectoria de la civilización ha trasladado los problemas generales del medio ambiente hasta las ciudades, unidades artificiales en permanente lucha por alcanzar las condiciones de equilibrio. Cuando se trata de establecer una gestión administrativa que responda a criterios únicos, ágiles e integrales en relación al medio ambiente, los problemas típicos de la ciudad, tales como la contaminación del aire, la incidencia del ruido y la creciente congestión, deben por lo tanto valorarse a la par con los inconvenientes que afectan a los recursos naturales.

Ante hechos consumados, y a falta de la apropiada planificación en el pasado, se debe efectuar un análisis previo y una reflexión consciente en relación a la alternativa entre utilizar anualmente una proporción importante de superficie agrícola de primera calidad para la expansión urbana, o en cambio optar por soluciones habitacionales en altura, y estudiar la posibilidad de edificación en suelos de inferior valor para la producción de alimentos. Como lo están demostrando las opciones aportadas por la experiencia y por la técnica en los países más avanzados, las posibilidades de mejorar la defensa de los recursos naturales comprometidos o relacionados con la urbanización son bastante reales. Tan solo es preciso evitar la influencia de opiniones unilaterales y sesgadas en relación a la solución de un problema marcado por características globales. Naturalmente, esto es solo posible de conseguir cuando la legislación responsable, unificada y coherente, sustituye con carácter definitivo la reglamentación parcial, dispersa e incompleta.

Para concluir los comentarios alusivos a los aspectos relacionados con la gestión de los recursos naturales, es preciso volver a insistir en la necesidad de orientar la totalidad de las prácticas y actitudes de acción, tanto pública como privada, con un enfoque de visión y perspectiva planetaria. Ha de quedar claramente establecido que es indispensable proteger lo que se tiene, pero también fortalecer firmemente lo que se puede mejorar, para así proyectar a futuro y con seguridad todo lo que se relaciona con el uso de la naturaleza, en beneficio inmediato de todos, y de las futuras generaciones que deberán vivir las consecuencias de las decisiones de hoy.

Hablar de gestión de recursos naturales implica inevitablemente visualizar el tema desde el punto de vista de la evolución de este concepto a lo largo de la historia de la humanidad. La historia de la humanidad equivale a la historia misma del desarrollo, y la perspectiva del análisis, por lo tanto, obliga a formular conclusiones en base a las experiencias acumuladas a lo largo de las diferentes etapas de dicha evolución.

Sin duda, los planteamientos actualmente aceptados en cuanto a gestión de recursos naturales derivan o son el resultado de aspectos que han marcado tanto las actitudes como la realidad de los países en vías de desarrollo en relación a los primeros, y esta visión constituye el guion del presente análisis. No obstante, la alusión a las experiencias y situaciones vividas por dichos países o regiones no autoriza a pensar que la gestión de los recursos naturales sea un tema del cual los países avanzados se puedan desentender, puesto que es precisamente en ellos donde adquieren situaciones críticas los actuales problemas ambientales. En cambio, este razonamiento ha de llevar a la definición de los criterios de gestión y administración definitivos que han de orientar las actitudes y las políticas destinadas a asegurar el beneficio sostenido que han de generar unos recursos finitos para la sociedad moderna e industrializada.

Hecha esta puntualización, los comentarios que siguen adquieren más consistencia y coherencia argumental.

Los países del tercer mundo se han encontrado enfrentados a lo largo de su historia al serio dilema de aumentar su producción, y al mismo tiempo mejorar sustancialmente las condiciones de vida de sus habitantes, prioritariamente de aquellos que han sido históricamente marginados del desarrollo económico y social desde épocas remotas. El habitante rural ha constituido siempre una incógnita, y a la vez ha sido el centro de atención de cualquier política tendente a una nivelación humanizada de las condiciones de vida. Al mismo tiempo, la planificación y el mejoramiento de las condiciones de subsistencia del hombre rural han traído permanentemente asociada la necesidad de enfocar las posibles alternativas y sus proyecciones, junto con la conveniencia de hacer un buen uso, e inclusive de proteger y de mejorar, los recursos naturales renovables, condición única e imprescindible para asegurar el éxito sostenido de dichas alternativas.

La historia de los países en proceso de desarrollo ha demostrado sin lugar a dudas que no basta el crecimiento económico en términos absolutos, y que entre los objetivos del desarrollo se debe atribuir mayor importancia al mayor bienestar de los grupos menos favorecidos de la sociedad. Un camino para lograr este objetivo es el de la transferencia de ingresos desde los sectores más ricos hacia los más pobres, pero como son escasos los ingresos que los países pobres pueden redistribuir mediante medidas fiscales, y las estrategias de acción más que importantes deben ser prudentes, la principal alternativa de mejorar la suerte de las clases menos privilegiadas es expandir la calidad y la cantidad del empleo que suministra el sistema económico básico, en este caso, el sector rural.

En varios países se ha implantado una serie de programas tendentes a mejorar la calidad y la cantidad del empleo o de las oportunidades de trabajo. Los más importantes han sido los programas de reforma agraria, que comprenden la redistribución y reorganización de las tierras, la reubicación de los trabajadores, y la gestión racional de los procesos de colonización. Otras veces se ha tratado de mejorar las condiciones existentes en regiones más pobres, y unos cuantos países han hecho avanzar grandes proyectos de creación de empleo y de absorción del paro mediante trabajos de conservación, reforestación y otras obras rurales de importancia nacional, normalmente con efectos y resultados a largo plazo.

En el fondo, las consecuencias de la integración inteligente de procedimientos políticos u oficiales tendentes a aumentar el empleo son y han sido ciertamente positivas en la mayoría de los casos, y han generado, de acuerdo con la eficacia de la administración de los programas, crecimientos en incremento. Este último término, un elevado índice de crecimiento, constituye la manera más segura de maximizar el bienestar social de los grupos de más bajos ingresos.

En este sentido, es importantísimo el papel que juega la generalización progresiva y programada de la industrialización rural a niveles intermedios, o sea, el establecimiento de agroindustrias locales que no sólo actúan como incentivos de producción, sino que a la vez sirven como unidades de empleo alternativo del recurso humano rural, contribuyendo a consolidar una sólida infraestructura agrícola diversificada, paso previo hacia la industrialización de mayor nivel que debe ser considerada como apuesta a largo plazo. Es mucho más seguro y razonable considerar industrias básicas de integración vertical antes de proceder a una industrialización masiva de tipo horizontal, que solo es viable una vez que la economía posee una sólida base. Los países en desarrollo deben siempre estudiar más a fondo las posibilidades actuales de sustituir el capital escaso por mano de obra, recurso normalmente abundante, barato, y factor de producción inmediato que augura para dichos países los mejores retornos mientras alcanzan niveles de desarrollo más elevados. Lamentablemente, y al igual de lo que ocurre con la producción de alimentos, frecuentemente la existencia de capital como medio o recurso productivo es más un problema de "distribución" que de "disponibilidad" oportuna.

Agricultura y agroindustrias implican la utilización y explotación de recursos naturales de diversa índole. La adecuada gestión de dichos recursos debe considerar paralelamente la urgente necesidad de descentralizar las poblaciones urbanas, y de racionalizar la distribución de los recursos humanos dentro del territorio. Es inconcebible que en las capitales y grandes ciudades de muchas naciones emergentes y también no tan emergentes, se reúna la población predominante de las mismas, en beneficio directo de una congestión urbana cuyos inconvenientes se hacen evidentes al analizar factores como el abastecimiento, la vivienda, el transporte, la salud y las condiciones higiénicas y humanas de vida, sin dejar de aludir a las perversiones asociadas a la violencia y la delincuencia. Además, junto con trasladarse a la ciudad el elemento humano, lo hacen también la pobreza y el desempleo, lo cual acelera la creación de los conocidos círculos viciosos del analfabetismo, la miseria, la degradación del medio urbano y el deterioro de la higiene y la salud.

La urbanización descontrolada constituye también un peligro serio para el desarrollo social y económico de un país emergente, y no lo es menos para la nación rica e industrializada. El desorden agrario lleva a grandes masas de población a emigrar a las ciudades en un proceso caótico y penoso para la sociedad. La existencia de cordones poblacionales marginales alrededor de las concentraciones urbanas es una muestra deplorable de lo que ocurre. La única solución radica en lograr el equilibrio entre el desarrollo rural y urbano, aportando bases de operación e incentivos sociales y económicos a las ciudades que se sitúen de modo planificado en centros agrícolas o forestales, para así frenar el éxodo. No basta con repartir o redistribuir las tierras, o con crear nuevas fuentes de trabajo: es preciso modernizar la agricultura y agilizar la gestión de los recursos naturales para hacer pleno uso de los mismos en beneficio de la sociedad. Y ello es absolutamente compatible con la gestión coherente del proceso de desarrollo.

La descentralización humana obviamente debe ser acompañada de la descentralización política y administrativa, para así evitar el tradicional descuido del ámbito rural, y que engendra desasosiego y tensión social. Generalmente una alta concentración urbana hace que las decisiones sometidas a sufragio se opongan a acciones positivas en relación a problemas que, como el ecológico, escapan al conocimiento profundo y real por parte de los habitantes de las ciudades, puesto que estas últimas viven otro tipo especial de problemas y prioridades que opacan en gran medida la percepción de aquellos que se relacionan con los recursos naturales en especial, y con el medio ambiente en general.

La creación de incentivos que promuevan la vida en las áreas rurales o alejadas de las capitales constituye una de las medidas administrativa que puede permitir la adecuada explotación del recurso tierra, y la reubicación y zonificación técnica de la agricultura y de la industria. Este principio es inclusive aplicable a países industrializados, en los cuales se han producido situaciones extremas en cuanto al desequilibrio urbano-rural. Alternativamente, una solución parcial consiste en extender otros sectores de producción compatibles con las zonas agrícolas hacia las zonas rurales, provocando la industrialización controlada de las mismas, con el objeto de ofrecer a la población rural posibilidades alternativas de empleo. Hasta ahora se ha avanzado muy poco en este sentido, y tanto la industria como el capital siguen concentrados en pocas e importantes zonas urbanas. No es el motivo ni es procedente en esta ocasión entrar a debatir las razones políticas o los conflictos de intereses que puedan subyacer como causa de este tipo de incoherencias.

El gradual descenso de la población rural, producto en gran medida de la migración hacia las ciudades, hace que los recursos productivos del campo queden reducidos a hombres mayores o desprovistos de las condiciones físicas que el trabajo agrícola exige. A este fenómeno contribuye además el gradual aumento de la tecnificación y de la mecanización de la agricultura, factor reductor de las necesidades de mano de obra si esta posibilidad no se despliega en armonía con la realidad objetiva del contexto local y temporal. Si no se procede a la explotación racional de la agricultura, mal se puede esperar un avance positivo de la economía de los países en desarrollo, que debe precisamente crecer de la cosecha de los frutos de la tierra, su primer patrimonio, antes de que se den las bases objetivas para la adopción de tecnologías y para el desarrollo de la industria. A menudo el suelo constituye un recurso potencialmente promisorio para los países emergentes, siempre que sea gestionado en forma técnica y responsable. No obstante, este recurso se torna improductivo si se le priva de la acción persistente y cualificada del hombre eficiente y motivado.

En un mundo globalizado, la gestión de los recursos naturales, integrada a nivel de naciones, debe proyectarse internacionalmente, precisamente con la ayuda de la acción planificadora y fiscalizadora de los organismos e instituciones internacionales. El fomento de comisiones ecológicas o medioambientales es en dicho sentido de indiscutible importancia y trascendencia, y ante todo su misión debe ser enfocada con criterio previsor hacia la protección de las naciones de tecnología incipiente, las cuales históricamente han debido sufrir el deterioro y la explotación foránea, netamente extractiva, de sus recursos naturales. Ello debe inclusive mirar hacia la censura y la fiscalización del despilfarro o de la explotación exagerada del patrimonio natural, a lo cual muchas naciones han recurrido con el objeto de crear fuentes transitorias de empleo, o una falsa y efímera condición de abundancia y bienestar social. Por extensión, aplicar estos criterios a sociedades industrializadas constituye igualmente una medida inteligente de precaución, tendente evitar o desterrar por esta vía aquellas situaciones extremas que no hayan alcanzado su nivel de irreversibilidad.

La gestión de recursos naturales, a todos los niveles, debe considerar su uso permitiendo la obtención de la mayor cantidad posible de riquezas mediante su explotación racional. Y ello, bajo el imperativo de asegurar rendimientos sostenidos y producciones en incremento, de acuerdo con las necesidades crecientes de la población, para lograr un mejoramiento progresivo de aquellas condiciones de vida que puedan aún persistir como precarias. Este uso debe hacerse sin producir el agotamiento de la naturaleza, y supone paralelamente un ajuste de las demandas a las posibilidades de abastecimiento, demandas que pueden ser equilibradas mediante el control poblacional y la racionalización de los sistemas de distribución, para no producir, en caso contrario, descensos del nivel de vida como consecuencia de un excesivo número de bocas que alimentar.

Una apropiada gestión de recursos, por lo tanto, requiere operar sobre la base de un sistema informativo real y permanente. Básicamente necesita, como requisito previo para ser eficaz, un completo diagnóstico de los recursos naturales disponibles, y del conocimiento de la realidad y de las tendencias políticas, económicas y sociales de la población que depende de dichos recursos. La estrategia de gestión, transformada en acción, no será efectiva si no cuenta con la evaluación previa y clara de las circunstancias, y con el apoyo de la investigación y de las herramientas tecnológicas pertinentes, de modo que ello permita hacer un uso racional de las mismas como consecuencia de disponer de un "inventario ecológico" objetivo y actualizado. Para la acción se requiere evitar toda pérdida de tiempo, recurso totalmente irrecuperable.

No hay que olvidar que es muy frecuente que se confunda "producción" con "extracción" al hablar de explotación de los recursos naturales o de actividades vinculadas al medio ambiente. Una clara política administrativa estructurada sobre una base objetiva, debe permitir buscar y encontrar el justo término medio contando con antecedentes concretos. Como contrapartida, una sana gestión de recursos aumentará real y positivamente la renta nacional de cualquier país o región, en parte como consecuencia de una agricultura más lógica tanto a corto como a largo plazo, pero también como resultado directo de la firme consolidación de la economía a través de un proceso paulatino de crecimiento agroindustrial con proyecciones de más alto nivel.

La labor administrativa, sobre todo en los países emergentes, debe tener fundamentalmente carácter adaptativo. En estas naciones el proceso de desarrollo económico y social es esencialmente de adaptación, y deben aprender mucho de la tecnología y de los conocimientos del mundo desarrollado. Por consiguiente, la clase empresarial y gubernamental de aquellos deba quizás asimilar, más que crear. La situación que afrontan por lo general aconseja que procedan más bien a adaptar de modo imaginativo, que a innovar de modo audaz. En situaciones frecuentes en dichos países como consecuencia de una administración de tipo familiar o excesivamente tradicional, el peligro de estancamiento que esta realidad supone hace necesario romper con el pasado y ampliar la base de organización, aportando a ella talento de fuera del cerrado círculo del grupo histórico.

Al planificar las estrategias de crecimiento de muchos países en vías de desarrollo se da menos importancia a la gestión y organización de la actividad productiva, que al capital y al trabajo. Sin embargo, la organización es también un recurso que posee tanto atributos cualitativos como dimensiones cuantitativas. Muchos países en desarrollo, aun cuando han contado con adecuado capital y exceso de mano de obra, han visto zozobrar su empeño por conseguir un desarrollo rápido, tan sólo porque les ha faltado la aptitud mínima y esencial para utilizar estos factores de forma lo más eficiente posible. Ello entraña no solamente un derroche de recursos, sino que también de tiempo, lo cual en un país asediado por el crecimiento de la población y por el nivel cada vez más alto de sus aspiraciones, puede ser desastroso. Para evitarlo, el acopio de aptitudes para gestionar y dirigir tiene que ser contemplado en sus aspectos cualitativos, ya que muchas de las frustraciones que sufren los países menos desarrollados podrían evitarse con sólo dedicar suficiente cuidado y atención a esta parte tan vital del proceso de desarrollo.

Los países emergentes se presentan ante la opinión pública como un enigma y un desafío a la vez. En dichas naciones se llevan a cabo simultáneamente diversas experiencias políticas, económicas y sociales cuyas características y resultados son normalmente poco claros e imprevisibles. Por mucho que se pretenda estudiar en común a todos los países involucrados en este proceso, se debe tener en cuenta un sinnúmero de factores y diferencias entre ellos, evidenciados sobre todo e integrados a nivel económico como consecuencia también de distintos grados de desarrollo y de orientación del crecimiento. Las peculiaridades históricas y la singularidad cultural son también dos factores diferenciales que han de ser gestionados con absoluto rigor en cada caso.

Sin embargo, gran parte de los países en desarrollo son equivalentes, o por lo menos semejantes, en alguno de sus aspectos intrínsecos, tales como la ocurrencia de bloqueos y frenos al desarrollo, el problema demográfico, la alta tasa de natalidad, y la introducción y avance progresivo de la ciencia y de la tecnología. Los síntomas de cambios positivos hacia el progreso son paralelamente hechos comunes bien conocidos y característicos. Al mismo tiempo, son comunes en éstos países los problemas que frenan el desarrollo, y que están típicamente representados, como ya fue adelantado, por los inconvenientes de la desordenada y masiva urbanización, los desequilibrios de la ecuación rural-urbana, y los peligros sociales y económicos de la natural migración campo-ciudad sin planificación alguna. Por otro lado, el desarrollo agrícola y el uso de recursos naturales, con todas las características que imponen las diferentes políticas y estrategias económicas, pesan marcadamente sobre el precario equilibrio oferta-demanda de productos agrícolas y de otras mercancías, como consecuencia de actividades llevadas a cabo con bajos niveles de capitalización, poca tecnificación y escasa adaptación a los nuevos esquemas de tenencia de la tierra generados por los programas de reforma agraria o redistribución del suelo. Las características antes comentadas son típicas de las etapas de industrialización de estas naciones, y los diferentes niveles y modelos por los cuales avanzan están supeditados a la permanente alternativa de impulso mancomunado posibilitado por la integración regional.

Solamente elevando la productividad y los ingresos de las masas rurales de los países en desarrollo es posible crear un mercado interno para las nuevas industrias, y producir las materias primas indispensables para esta expansión industrial, así como los alimentos necesarios para nutrir a una población en constante aumento. Tal aumento de la productividad y de los ingresos supone naturalmente la reorganización de la tenencia de la tierra y de los sistemas de gestión agrícola, los cuales han evolucionado tradicionalmente hacia explotaciones de tipo extensivo de insuficiente eficiencia y eficacia. Al mismo tiempo, este tipo de esquema, al igual que el representado por una excesiva subdivisión de la tierra, dificulta seriamente la adopción y puesta en marcha de adecuados programas de conservación. La creciente demanda por parte de los países industrializados de materias primas del tercer mundo, ha acelerado indirectamente, y en más de una ocasión, la destrucción de los recursos naturales, a través del estímulo de explotaciones irracionales e indiscriminadas, muchas veces especulativas, y carentes de toda proyección sostenida a futuro. La falta o escasez de capacidad técnica, así como la ausencia de reacción por parte de las autoridades y de la opinión pública, han permitido frecuentemente que las consecuencias de estos trastornos no hayan sido ponderadas en su justa medida, hecho que ha generado el endeudamiento progresivo, e inclusive la hipoteca a largo plazo, del país afectado, que compromete de este modo y seriamente su productividad, su solvencia económica y su estabilidad social.
La importancia que tiene la adecuada gestión de los recursos naturales adquiere en un país en desarrollo especial relevancia

si se tiene en cuenta que la destrucción indiscriminada del patrimonio natural ha llegado ya a comprometer, en algunos casos, el paisaje y ciertas tradiciones típicas de la cultura local. Si se aspira conjuntamente al logro de una adecuada producción de alimentos, a la explotación turística o al uso del territorio natural con fines de expansión, no se debe actuar con la ilusión de que unos recursos aparentemente abundantes son eternos e ilimitados. En otras palabras, no se pueden comprometer irresponsablemente ni el rendimiento actual ni el potencial futuro del patrimonio natural de una determinada región, incluyendo flora y fauna, tanto en medio terrestre como acuático.

Para lograr las más amplias ventajas de la explotación inteligente de la naturaleza se requieren grandes cambios en la idiosincrasia popular y en la capacidad organizativa de los niveles de responsabilidad y decisión. Se requiere, por ejemplo, aprender a distinguir y separar los conceptos de "conservación" y "preservación", y reservar este último término solamente para designar aquellas áreas, como los parques nacionales, destinadas a proteger localmente la belleza o el valor social y ecológico de ciertas agrupaciones bióticas de especial riqueza y condición. Lo cual obliga también a controlar que estos parques nacionales cumplan verdaderamente su función como tales, evitando que sean utilizados como lugares de caza o acampada indiscriminada, lo cual genera más daños que efectos protectores.

Los recursos, lejos de ser guardados celosa y obstinadamente, deben ser utilizados de forma apropiada, y no destruidos, para lograr de ellos los máximos beneficios, lo cual requiere de verdadera sensibilización por parte de la comunidad. Para ello, se cuenta con tecnologías valiosas y numerosas, susceptibles de divulgación, capaces de distinguir alternativas de uso potencial de los recursos naturales disponibles, y de metodologías de aplicación práctica de las técnicas de gestión, que vienen a ser la síntesis de la experiencia internacional adquirida a lo largo de la historia del propio proceso de destrucción. No hay que olvidar que los errores de ayer y de hoy son tales, y que volverán a producirse nuevamente en otros lugares del mundo de acuerdo con la dinámica incontrolable de la evolución del hombre, que muchas veces no aprende las lecciones de la historia. En todo caso, es el reconocimiento consciente de estos errores, a través de un proceso de aprendizaje dinámico liberado de ambiciones o intereses puramente egoístas, el que en el fondo ha de señalar de modo objetivo y sin lugar a dudas, cuál ha de ser la actitud positiva del ser humano para con el planeta.

Con relación a los ecosistemas naturales se debe partir de la base concreta de que éstos pueden y deben ser gestionados y utilizados para obtener de ellos un máximo provecho, sin peligro de destruirlos o deteriorarlos, es decir, sin comprometer el "capital" natural que representan. Los ecosistemas naturales pueden ser transformados, aunque no todos lo permiten, y algunos incluso no poseen los requisitos esenciales para ello, en auténticos sistemas antropogénicos, en los cuales una adecuada presión de explotación estimule una producción atrayente. La cosecha potencial obtenible de la vida silvestre será cada vez menor si no se la aprovecha equilibradamente considerando los superávit, y de acuerdo a sistemas de extracción racionales. Las vedas excesivas y exageradas son contraproducentes, ya que limitan el potencial productivo de la especie comprometida, al permitir un aumento de las presiones ambientales naturales por incremento de la población. La pesca o la caza planificadas, contrariamente a lo que se pueda creer, no constituyen más que procedimientos que adelantan, sin aumentarla, la mortalidad de la especie, lo cual automáticamente promueve un ciclo ágil y dinámico de regeneración. La veda sistematizada es igualmente útil si se utiliza de acuerdo con las características de la especie afectada, siempre y cuando los factores de explotación no adquieran el grado crítico que amenace con la destrucción de dicha especie.

El uso y disfrute de los recursos naturales debe gestionarse de tal manera que la integración internacional del intercambio resulte globalmente favorable. Surge al respecto el hecho contradictorio de que países emergentes sean, por ejemplo, exportadores considerables de proteína animal barata, como la del pescado, y se den al mismo tiempo el lujo de importar ganado, una de las fuentes más caras de proteínas. La falta de visión y de planificación a nivel multinacional lleva a muchos países en desarrollo a imitar los hábitos de consumo, e inclusive las costumbres, de naciones radicalmente diferentes en cuanto a esquemas culturales e infraestructura económica. Se ha de pensar en forma seria y evaluar a largo plazo las ventajas y repercusiones de la integración comercial y de la sistematización del intercambio y de la distribución, antes de adoptar decisiones que comprometan la integridad del patrimonio natural, respetando los postulados de la realidad y de las prioridades.

A menudo la explotación de los recursos naturales no se ajusta a la verdadera naturaleza y riqueza de los mismos. Afortunadamente, hoy en día ya son numerosas las tendencias que llevan hacia un cambio positivo las contraproducentes actitudes de tradición obtusa, dándoles un enfoque de racionalización ajustado a un nuevo orden, y a valores de más actualidad, tan oportunos como necesarios en estos momentos. La lógica señala que se debe "optimizar" la explotación del medio ambiente. Si el patrimonio "tierra" es en algunos casos comparativamente escaso en relación con la riqueza y abundancia local de los océanos, fuente importante de proteínas, pero no por ello menos agotable, este último debe constituir la fuente básica de alimentación para la sociedad expuesta a esta situación. Así se acabará de una vez por todas con la testaruda insistencia de utilizar para ello tierras "no arables" como única alternativa de abastecimiento para la comunidad.

Junto con ello, no se debe olvidar que el equilibrio de la naturaleza es dinámico, y que se ajusta de acuerdo con el cambio de las circunstancias, sobre todo si éstas son de origen artificial y provocado. Hay que reconocer que este equilibrio es la parte más débil y vulnerable del ecosistema, y la más delicada frente a la acción del hombre, fundamentalmente

frente a sus errores. El antiguo concepto de "explotación ilimitada" no es válido en momentos en que predomina un entorno social civilizado, al menos en términos absolutos. La presión que crean la necesidad y las expectativas humanas obliga a la sustitución de este término por criterios de gestión y de planificación enfocados a la productividad global sostenida.
Hasta aquí, en relación con los recursos del planeta, se han expuesto argumentos básicamente relacionados con los que son destinados a la agricultura y a la producción de alimentos, aspecto vital y esencial para la sociedad y para la humanidad. Pero, para completar un análisis exhaustivo, no se puede dejar de aludir a la importancia y trascendencia que para la sostenibilidad de la tierra tienen otros recursos naturales, esta vez los de índole "no renovable". En este sentido, cabe en primer lugar citar los problemas que se empezaron a manifestar hace algunas décadas, y que siguen actualmente adquiriendo carácter crítico, en relación con la producción de energía y la explotación petrolífera, así como los lamentables episodios de contaminación surgidos como resultado de accidentes de barcos petroleros, oleoductos, refinerías e industrias químicas. Al hablar de energía, no se puede tampoco dejar de aludir a las polémicas y controversias surgidas en torno a alternativas de producción energética de naturaleza tan opuesta como la existente entre la energía nuclear y la generación mediante tecnologías renovables, como la solar o la eólica, ambas sometidas además a los efectos de la especulación, y a intereses creados de dudoso fundamento que frenan su aplicación y su desarrollo como opciones sostenibles.

Tampoco son despreciables los problemas de impacto ambiental y de contaminación de suelos y aguas generados por la descontrolada explotación minera, independientemente del carácter limitado de la sostenibilidad a largo plazo de este tipo de actividad extractiva, dada su condición de recurso no renovable, al igual que lo que ocurre en el caso del petróleo. Tampoco es despreciable el impacto ecológico, paisajístico y sobre la flora y la fauna que originan grandes obras de ingeniería, como presas, viaductos y autopistas, cuando no se valoran a tiempo y con rigor su impacto y sus efectos negativos sobre el territorio. Finalmente, no se puede desde ningún punto de vista despreciar el efecto devastador de la contaminación atmosférica producida por la industria, sea esta de pequeña o gran magnitud, cuando no se adoptan las medidas oportunas para evitar sus efectos negativos para el hombre y para el ambiente, lo cual conduce inexorablemente, entre otros, a los también debatidos y cuestionados fenómenos derivados del cambio climático.

Todos los argumentos anteriormente expuestos, así como un sinnúmero de otros que resulta difícil incluir en un texto cuyo objetivo es solamente sensibilizar sobre un tema tan complejo como polifacético, demuestran claramente que el desarrollo y el progreso sostenido de la humanidad no son función ni de la conservación romántica, ni de la explotación descontrolada de los recursos del planeta. El proceso de desarrollo es perfectamente posible y compatible con el empleo y con la explotación de los recursos naturales, sean estos de carácter limitado o renovable, siempre y cuando ello sea llevado a la práctica con cordura y sentido común, anteponiendo rigurosamente el principio de la "prevención" a la actitud de tener que pagar el precio de la "reparación" de hechos consumados, que además suelen frecuentemente producir efectos irreversibles.

La primera opción, la de prevenir, constituye una inversión rentable a largo plazo. La segunda, la de reparar, lleva a la ruina de modo inminente, como resultado del derroche y del despilfarro.

## III - GESTION AMBIENTAL Y DESARROLLO: DOS REQUISITOS PARA EL PROGRESO DE LA HUMANIDAD

> "Un optimista ve oportunidades en toda calamidad.
> Un pesimista, ve calamidades en toda oportunidad.
> Winston Churchill

Es preciso que los países en vías de desarrollo eliminen por completo toda situación que signifique para ellos dependencia o actitud servil y de sumisión ante los planteamientos de los países industrializados. Es un hecho que este razonamiento es ampliamente aceptado dentro de las diferentes esferas internacionales, e incluso por la opinión pública. Sin embargo, a pesar de que las estrategias de acción deben adecuarse a las características específicas de cada nación, la experiencia y los hechos ocurridos durante la historia del desarrollo de las naciones más avanzadas no deben dejar de ser considerados, evaluados, analizados y aprovechados en todos sus aspectos positivos y negativos, en beneficio del éxito de futuras iniciativas que sea necesario implementar allí donde sea preciso gestionar con rigor el cambio.

Dentro del contexto de la civilización contemporánea, es preciso introducir el concepto de desarrollo "cualitativo", para evitar los históricos vicios de una concepción del progreso evaluada en términos puramente "cuantitativos".

Independientemente de cualquier actitud administrativa en relación con los problemas del medio ambiente, los países de economía emergente no deben sacrificar su desarrollo socio económico y su proceso de industrialización progresiva en aras de la ecología, repentinamente elevada a una condición de teología en los países industrializados, como producto de la toma de conciencia sobre los efectos de una expansión tecnocrática desenfrenada. El progreso industrial es necesario para las naciones en desarrollo, y debe ser compatibilizado con la dinámica ambiental para lograr su implementación armónica y la manifestación sostenida de sus efectos positivos. Al mismo tiempo, y eliminando las fronteras del desarrollo diferenciado en el tiempo y en el espacio, los países industrializados no deben imponer a los del tercer mundo barreras físicas o económicas con la sola justificación de la necesidad de proteger el medio ambiente, apoyada por el auge de las preocupaciones palpables a nivel de la opinión pública.

Unas y otras naciones, en desarrollo o industrializadas, deben proceder más bien a un examen en conjunto de los problemas del ambiente, a fin de llamar la atención de los gobiernos y de la comunidad sobre la importancia, la urgencia y la trascendencia del hecho ambiental, de modo que se anime a los mismos y a otros organismos y actores del proceso en su lucha y en su acción en bien de la humanidad.

El modelo de desarrollo vigente en la mayoría de los países jóvenes, principalmente los latinoamericanos y africanos, está copiado de sociedades que han logrado ya un alto grado de progreso material, sin que ello haya permitido exaltar al máximo los valores supremos de dignidad, justicia y libertad humana, y sin que los resultados garanticen una estabilidad y una tranquilidad definitivas. En los momentos en que las minorías marginadas y las juventudes alertas se levantan en aquellas naciones contra la deshumanizada prosperidad generada por tales esquemas, los países en desarrollo corren el peligro de imitar procedimientos que conducen a errores, o que por último no se identifican ni con la realidad ni con el contexto específico de los problemas locales, confundiéndose muchas veces el medio con el objetivo. Si este último es el desarrollo y se identifica por lo tanto plenamente con el bien físico, cultural y ético de la persona humana, los logros materiales, el progreso tecnológico y el crecimiento económico no deben ser considerados más allá de simples instrumentos al servicio de dicho fin.

Como concepto y perspectiva, el desarrollo compromete esferas mucho más amplias y trascendentes que los llamados factores o determinantes del crecimiento y del progreso, aun cuando por desgracia los términos son a veces confundidos.

Hablando en un idioma más pragmático, es muy importante resaltar la trascendencia que poseen los factores sociales, culturales, políticos y éticos frente a las especulaciones puramente económicas, y a las consecuencias negativas que acarrea sobre la comunidad una concepción del desarrollo que no considere equitativamente la dimensión humana de los proyectos específicos que integran dicho desarrollo. Este planteamiento queda claro cuando se analiza la contradicción que significa la construcción de carreteras, embalses o núcleos urbanos que no armonizan con un medio físico sano ni con la exaltación de los valores humanos de la comunidad, o cuando se advierte el desequilibrio social que plantea la industrialización al distorsionar el esquema de desarrollo rural-urbano de una nación.

Ante la complejidad del proceso de desarrollo, y también ante la necesidad de cualificar un concepto hasta ahora predominantemente cuantitativo, se hace necesaria una planificación no ya específicamente tecnológica ni productivista. A pesar de que en teoría el problema del desarrollo es primordialmente económico, en la práctica las determinantes cruciales del proceso son netamente sociales y políticas, lo cual sugiere una acción multidisciplinar tanto a nivel directivo como operativo. La complementación ordenada y gestionada de las ciencias políticas, sociales y económicas debe constituir el instrumento básico que permita, junto con el auxilio de la ciencia, hacer frente a las inquietudes humanas que en síntesis justifican la necesidad de desarrollo.

La visualización de acciones de tipo preventivo supone la total renovación del concepto de desarrollo. Significa a la vez la transformación y sustitución de algunos valores que definen el proceso de desarrollo, la constitución de la sociedad civilizada, y el reconocimiento de la dinámica interdependencia hombre-medio ambiente. Significa, en esencia, evitar que el ser humano, centro de esa acción, mantenga su dignidad como tal, y no sea avasallado como consecuencia de una sociedad de consumo llevada al extremo del consumismo desenfrenado. Supone a la vez impedir que su identidad e individualidad como tal sea subyugada por una tecnología acomodaticia, pero opresora, que uniforma su mente, atrofia su creatividad y su espíritu, y solicita de él una obediencia ciega hacia quienes la manipulan con fines mezquinos y tendenciosos.

En términos de progreso, esta acción debe ser evaluada concretamente sobre la base de indicadores que representen fehacientemente la trayectoria humanista de los acontecimientos, y no su productividad absoluta estrictamente económica o material expresada en frías cifras.

Los problemas ambientales se asocian frecuentemente al proceso de desarrollo, y se manifiestan a ritmos crecientes en las sociedades de los países que viven dicho proceso, sobre todo si se tiene en cuenta que la mayor parte de estos problemas tiene su origen en la pobreza y en la falta de educación y cultura de sus habitantes. Si bien en los países industrializados es permisible señalar al propio desarrollo como causante importante del deterioro ambiental, en las naciones emergentes, no obstante, adquiere importancia la estrategia que permita superar con éxito los mayores inconvenientes con el propio modelo de desarrollo que se pretenda impulsar. También parece inteligente aprovechar la experiencia de las sociedades altamente tecnificadas, como ya se adelantó más arriba, para ponerla al servicio de la realidad local, debidamente adaptada al momento y a las circunstancias específicas de dicho entorno local.

Para ello, es básico reconciliar la conducta individual y colectiva con los requisitos planteados por una estrategia defensiva que asegure lograr y perpetuar los beneficios, puesto que los esquemas tradicionales de gestión señalan que el deterioro de los recursos del planeta ha sido el resultado de la decisión de uno o pocos individuos, según el caso, contra los cuales no se ha levantado una opinión pública fuerte y madura.

Es aconsejable formar individuos que se responsabilicen de la gestión y planificación del medio ambiente como un todo constituido por múltiples facetas, y que luchen por implantar líneas monolíticas de acción, para lo cual muchos conceptos tradicionales, procedimientos obsoletos y actitudes irresponsables han de ser erradicados, para dar paso a métodos ágiles y novedosos mejor identificados con la realidad presente. Es preciso también comprender que el proceso de desarrollo debe ser regulado y dirigido inteligentemente, para no llevarlo nuevamente hacia los abusos que cometieron aquellos países que hoy deben sufrir y corregir las deplorables consecuencias de determinados excesos que perjudicaron gravemente al hábitat humano.

Aparece también como requisito fundamental en este sentido el de adecuar la preocupación por la problemática ambiental a la imperiosa necesidad de desarrollar las regiones más atrasadas del mundo, para así erradicar el hambre, la miseria y las tensiones sociales aún existentes en ellas. Este mandato constituye un deber y un compromiso para toda la comunidad. La necesidad de afrontar la crisis ambiental y de encaminarla hacia el bienestar de la humanidad supone volver a definir radicalmente la mayoría de los conceptos referentes a industrialización, economía, sociología y política. Naturalmente, aceptar estos cambios debe ayudar a definir y a distinguir rasgos específicos, según se trate de la situación y realidad de países desarrollados o en vías de desarrollo.

En las naciones más avanzadas, y también en las emergentes a medida que éstas progresan, resulta fundamental modificar el concepto de consumo de rotación acelerada y de obsolescencia programada, para implantar a cambio un modelo más conservador que evite el desgaste y el derroche de los recursos, que permita prolongar la utilización satisfactoria de los bienes, y que alivie la presión de extracción y de deterioro sobre el hábitat. Conviene igualmente intensificar el grado y magnitud del reciclaje y de la reutilización de materiales tales como desechos, subproductos, materias primas, agua y residuos industriales, a la vez que se planifica la puesta en marcha de nuevas actividades industriales basadas en la premisa del ahorro y uso optimizado de materias primas, y en la recuperación técnica de recursos.

Resumiendo, un nuevo concepto cualitativo de la producción tiene que devolver a la sociedad aquel justo nivel de vida tan opacado por el crecimiento cuantitativo de la economía mundial, el cual a través de los años no ha atenuado las brechas existentes entre los extremos tan marcados de la pobreza y de la opulencia.

El desarrollo industrial de los países del tercer mundo debe también programarse de acuerdo a nuevos modelos que se aparten de los esquemas tradicionales que han llevado a las crisis del medio humano en el mundo moderno. Nuevamente, en dicho sentido, adquiere importancia trascendental la ubicación del hombre como actor principal y protagonista del proceso de crecimiento económico, motivo por el cual se le han de dar oportunidades prioritarias de trabajo y empleo, en beneficio del ahorro de monumentales inversiones de capital, recurso frecuentemente escaso en el entorno de las naciones emergentes. La habilidad y la fuerza humanas deben suplir la carencia de tecnología refinada, aun cuando ésta última debe necesariamente imponerse progresiva y racionalmente, sin amenazar la autonomía, dignidad, integridad y bienestar del individuo.

Llegando a este punto es cuando adquiere importancia para los países en desarrollo el conocer el tipo de actividad industrial, agroindustrial y de tecnología intermedia que ha de permitirles escoger, diseñar e implantar su estrategia de acción, con vistas a lograr un mayor grado de elaboración de sus materias primas, equilibrar el autoconsumo con la exportación, e incorporarlos de este modo en condiciones más competitivas y equitativas a la economía mundial. En último término, es este mismo proceso de industrialización el que, junto con la explotación racional y de orientación sostenida de los recursos naturales, ha de constituir el motor del avance hacia un mayor bienestar social y económico.

El proceso global no solamente implica el uso sistemático de la planificación a corto y largo plazo como instrumento de desarrollo, sino que supone simultáneamente la transformación de las relaciones nacionales e internacionales de todos los países del mundo, sin excluir por lo tanto los del mundo desarrollado, actualmente los principales responsables y mayores víctimas de la trayectoria del deterioro ambiental pasado y presente.

Finalmente, es preciso destacar que el tema tiene también implicaciones en relación con la demografía, ya que un aumento de la población en una determinada región o país se acepta y soporta con dignidad, siempre y cuando la marcha del progreso y de la industrialización así lo permitan, y solamente una vez lograda la planificación y gestión del pleno empleo de la población existente y la erradicación del paro. Todo ello, sin embargo, va implícito en el conjunto de determinantes que caracterizan las condiciones dinámicas de las complejas relaciones dentro del medio ambiente, ya que es imposible ponderar un factor prescindiendo de la concurrencia simultánea de todos los demás.

## IV – ALIMENTAR AL MUNDO: LA PRODUCCION AGRICOLA COMO PIEDRA ANGULAR DE LA HUMANIDAD

> "El recuerdo de lo que te ha pasado es una explicación de lo que en este momento eres"
> Oriol Bohigas

Los argumentos expuestos en este capítulo se basan en una premisa incontestable que es necesario asumir, pese a que el debate sobre la misma permanece abierto: la tierra tiene capacidad suficiente para abastecer cuantitativa y cualitativamente de alimentos a una humanidad cuya población crece incesantemente, y cuyas exigencias y reivindicaciones en términos de calidad de vida evolucionan igualmente y de modo dramático en el mismo sentido. Alimentar adecuadamente a la sociedad no es por lo tanto un problema de producción de alimentos, sino de deficiente planificación de medios y recursos productivos, y de la existencia de vicios y distorsiones en los canales y sistemas de distribución del mundo contemporáneo global.

La agricultura ha constituido y constituye una actividad determinante en todo proceso de desarrollo. Su implementación y fortalecimiento como actividad productiva es la base preliminar que abre en los países del tercer mundo las puertas a la industrialización, el progreso tecnológico y el crecimiento socio económico. Por esta razón, y debido a que su dinámica en relación con el medio ambiente tiende a estabilizarse en los países desarrollados, luego de pasar por etapas en que se suceden y alternan progresivamente el derroche de recursos, la baja de productividad y el deterioro de la capacidad productiva del suelo, conviene analizarla dentro de una relación binomial de tipo desarrollo / medio ambiente. Resulta de utilidad, por lo tanto, referirse a aquellos aspectos históricos y contemporáneos de la agricultura que significaron, representan o pueden causar decadencia del hábitat, y a las alternativas para neutralizar estas manifestaciones, tomando como premisa que la explotación sostenida de la tierra es un compromiso ineludible que el hombre debe abordar para asegurar parte importante de los aspectos que condicionan su supervivencia.

Un análisis de la relación agricultura - ecología debe ser iniciado desde el punto de partida que determina la naturaleza esencial de esta relación: la investigación. La agricultura, si bien constituye una ciencia basada principalmente en los fundamentos de la ecología, no constituye la única actividad económica responsable, aunque sí una de las pocas específicamente involucradas, en el problema ambiental. Por definición, es la actividad comprometida con la alimentación del ser humano, e identificada con la extracción desde el medio natural del máximo de ventajas como soporte esencial de vida, todo esto proyectado indefinidamente hacia el futuro, caracterizado por demandas alimentarias en incesante crecimiento.

Se ha identificado a la agricultura, justificadamente o no, con algunos trastornos ecológicos, parte de los cuales han sido ampliamente debatidos. Sin embargo, la actividad agrícola ha sido, a través de sus múltiples proyecciones, la que ha asumido la responsabilidad de abastecer en cantidad y calidad las necesidades de productos agropecuarios, tanto básicos como superfluos, atendiendo a distintas estrategias que, de uno u otro modo, han permitido su ocasional auge, estancamiento o desarrollo acelerado, dependiendo del estado y de la situación social, política y económica de cada país en particular. Si a ello se añade el peso específico de las actividades forestales, la relevancia del sector como un todo adquiere aún más importancia dentro del contexto.

Al margen de consideraciones particulares sobre las diferentes metodologías de acción y promoción agraria que adoptan o han adoptado los distintos países del mundo a lo largo de su evolución, aspecto muy susceptible de ser criticado o estudiado en términos comparativos, pero que sobrepasa los objetivos de estas páginas, es preciso recalcar la importancia fundamental que a nivel mundial adquiere la investigación agrícola. Varios aspectos generales de tipo diagnóstico y de fundamento real, constituyen actualmente materia para un estudio razonado y una generalización masiva como camino hacia lograr un equilibrio razonable entre las necesidades alimenticias y ambientales de una población en continuo aumento, y una producción agrícola segura y eficaz, que proteja, mantenga, o incluso mejore favorablemente, el entorno medioambiental.

Es relativamente fácil evaluar el beneficio directo e inmediato que la investigación genera en la industria. Sin embargo, aunque el valor de la investigación para la agricultura es indiscutible, sus resultados son menos tangibles a corto plazo. Sin un continuo intercambio de nuevas ideas y opciones entre las organizaciones públicas y privadas de investigación, y entre éstas y los actores del sector agroalimentario, la competencia por la producción se desequilibra en beneficio de aquellas áreas más favorecidas en términos de distancias a los mercados, suministro de agua y disponibilidad de recursos humanos. La actividad agrícola es hoy en día una industria que requiere de grandes inversiones para que realmente cumpla con los objetivos cada vez más rigurosos que la civilización le impone. Como negocio, fuente de trabajo y de ingresos, el único modo de hacerla rentable es a través de la producción de alimentos y otros productos agropecuarios y forestales de mejor calidad y en mayor cantidad, cuyo retorno económico sea más interesante en términos de producción por unidad de superficie cultivada. Calidad y cantidad se logran mediante un estudio profundo de las condicionantes ecológicas y de las manifestaciones biológicas y fisiológicas de plantas y animales, objetivo que constituye la piedra angular de la investigación.

La investigación progresista no debe constituir una ciencia para "resolver problemas", excepto en aquellos países más atrasados en su desarrollo agrícola, donde muchas veces la urgencia de un aumento de producción para superar necesidades de subsistencia básica, exige como requisito previo la eliminación de ciertas limitantes claves que estancan el progreso. Así, la mayoría de los países del tercer mundo debe centrar sus esfuerzos hacia una investigación básica, de enfoque más práctico que teórico o científico de alto nivel, pero de mayor retorno económico a corto plazo.

Con el avance del tiempo y el perfeccionamiento gradual de las técnicas, estos países estarán luego naturalmente capacitados para iniciar poco a poco la investigación de detalle. Pero esto último, luego de contar con una fuerte infraestructura de producción acorde con las necesidades elementales del país, lograda por la vía de la investigación básica antes mencionada, y aprovechando el aporte continuo de nuevas ideas y metodologías provenientes de naciones poseedoras de técnicas avanzadas, con las cuales deberán consolidar un sistema de cooperación en capacitación, perfeccionamiento e intercambio que evolucione gradualmente hacia niveles científicos de mayor altura.

Para lograr un rápido aumento de la producción, la investigación básica de los países en vías de desarrollo debe enfocarse hacia el logro específico y detallado de determinados objetivos catalogados de acuerdo a prioridades elementales, entre las cuales destaca la autosuficiencia alimentaria. Con una adecuada política oficial que incentive la investigación tanto desde el punto de vista económico como administrativo, y con un adecuado sistema de intercambio científico a niveles internacionales, se puede lograr un uso más racional de los recursos disponibles, y provocar soluciones más rápidas para los problemas de abastecimiento alimentario. Es absurdo que países emergentes, pobres, de agricultura precaria y de subsistencia, orienten sus programas de investigación en forma pretenciosa hacia aspectos altamente científicos y complicados, pero de remota posibilidad de aplicación práctica, si aún no han mejorado los aspectos elementales que generen el nivel de productividad que urgentemente necesitan. No se puede jugar ni especular con la responsabilidad de aumentar la producción de alimentos y de mejorar el medio de vida a poblaciones que subsisten en condiciones marginales. Es una responsabilidad que habitualmente recae en manos de unas pocas personas, pero que compromete en último término el destino de toda la nación. De allí que el funcionamiento de un sistema de investigación, fuera de ser importante, necesario y determinante, es materia digna de consideración seria y responsable. Debe, en toda su extensión, ajustarse a las necesidades básicas y condiciones naturales del país o región afectados. Debe, además, representar una herramienta útil, y no un instrumento de exhibicionismo intelectual.

La investigación, dentro de lo posible, debe especializarse en áreas bien definidas, aun cuando la coordinación global ha de ser perfectamente canalizada hacia la consecución de determinados beneficios inmediatos. Dentro de las posibilidades existentes, el mejor aprovechamiento de los recursos de investigación y de sus resultados debe dar lugar a un esquema de investigación regional, cuya integración se ajuste a programas nacionales, y estos últimos, a los intereses sociales y económicos del planeta. Del mismo modo, todo plan específico debe ser compatibilizado con el resto de los aspectos que integran una estrategia de desarrollo que requiere de gran coherencia y coordinación en la determinación de las opciones que pretenden llevarlo en una u otra dirección. Un problema mundial, como es el de la alimentación humana y el de la conservación de los atributos genuinos del medio ambiente, no admite diluir los esfuerzos de la acción emprendida para su solución, ni la consideración parcial de sus variables complementarias o afines. Simplemente, exige la proyección diferenciada y coherente de elementos de juicio y bases de trabajo responsables, diseñadas e implementadas de acuerdo con las condiciones y necesidades específicas de cada unidad funcional implicada en el proceso.

Fuera de dar soluciones o de buscar alternativas a problemas actuales, la investigación debe proyectarse audaz y decididamente hacia el futuro, de manera que permita obviar oportunamente los problemas en él implícitos. De forma dinámica, debe dar cabida a la imaginación creativa y previsora, tomando en cuenta antecedentes históricos, experiencias y datos estadísticos, con el objeto de evitar así la adopción de soluciones basadas en hechos consumados, muchas veces irreversibles o difíciles de volver a normalizar.

Por similitud, la planificación del uso de los recursos naturales debe hacerse siempre considerando el largo plazo. Innumerables son los problemas actuales que no serían tales si la investigación y el proceso planificador de hace 40 ó 50 años atrás hubiesen sido más previsores. La investigación futurista debe representar los postulados de una mentalidad abierta al enfoque de los problemas desde un punto de vista novedoso e imaginativo. Debe suponer que los agentes, asesores y actores actúen conjuntamente como auténticos ingenieros del diseño para implantar soluciones a los problemas de modo novedoso e imaginativo, sin dejar obviamente de lado los predicamentos de la realidad actual y de la experiencia pretérita. Debe provocar también que cada uno de los promotores del proceso agro ecológico contribuya permanentemente al aporte de ideas constructivas a aquellos que las aplicarán directamente sobre el terreno. Mediante una comunicación exhaustiva, es posible lograr la necesaria agilidad funcional, evitando tener que soportar las distorsiones que frecuentemente provoca la percepción errónea de ciertos adelantos tecnológicos, que muchas veces desvirtúan la esencia conceptual de la moderna civilización. Los datos y antecedentes para hacer funcionar el sistema sobre la base de puntos de vista innovadores existen. Solo es posible aprovecharlos mediante la búsqueda y selección minuciosa de los mismos, y haciendo un buen uso de los variados centros de acopio de conocimiento. Únicamente una concepción de este tipo puede dar lugar progresivamente al logro de una mayor producción que permita hacer frente a los aumentos demográficos y al mejoramiento de los niveles de vida, facilitando la gestión más lógica del sustrato productivo.

Es indudable que el público consumidor constituye la esfera más beneficiada por la investigación agrícola. A pesar de ello, el productor recibe el porcentaje menor de lo que el consumidor paga por la compra de productos agrícolas. El beneficio de los productores o de las unidades de producción debe ser mejorado sustancialmente, o por lo menos equilibrado racionalmente, con el que perciben intermediarios o procesadores de productos alimenticios, detallistas o integrantes en general de los tradicionales y generalmente viciados canales de comercialización, para así justificar económica y socialmente, en igualdad de condiciones, el papel que cumple la agricultura dentro de la economía de un país, y que actualmente es escasamente reconocido y correspondido. Este argumento adquiere aún más relevancia si se tiene en cuenta que, a menudo, los problemas de alimentación de la humanidad son más de "distribución" que de "producción", a lo cual contribuye frecuentemente la influencia de intereses creados de diversa índole.

Se exponía anteriormente que la investigación agrícola no beneficia solo al agricultor, sino que fundamentalmente a toda la comunidad, aun cuando esta última es indiferente o tiene dificultades para reconocer la realidad y trascendencia de esta situación. Históricamente, los adelantos evidenciados en la agricultura no han significado otra cosa que facilitar sustancialmente el abastecimiento de alimentos en cantidad y calidad suficiente para todos, sin que se reconozca unánime y conscientemente que tal hecho no podría ser tal sin la permanente investigación, y sin el trabajo obstinado de la sociedad rural. La responsabilidad de satisfacer sostenidamente una demanda creciente de productos de la tierra ha recaído en personas que casi nunca han contado con la comprensión de una sociedad tradicionalmente acostumbrada a apreciar la forma, y no el fondo, de los atributos materiales que permiten su subsistencia, y con los cuales cuenta como si se tratase de bienes disponibles por derecho adquirido.

No obstante, la dependencia agrícola de la sociedad moderna es cada día más clara, y es la amenaza de ciertos problemas inherentes a la civilización actual la que obliga a reconocerlo. En un mundo amenazado por la sobrepoblación y el deterioro del medio ambiente por abuso excesivo e indiscriminado de la moderna tecnología, nadie puede negar el desastre que implicaría suspender el uso de fertilizantes, pesticidas y otras técnicas específicas de explotación y mejoramiento de especies animales y vegetales, como la biotecnología y la ingeniería genética. Sin embargo, muchas de estas actividades y prácticas son actualmente, y en gran medida, cuestionadas y puestas en tela de juicio por parte de la opinión pública. Pero la eliminación de los procedimientos descubiertos por la investigación llevaría sin duda alguna al aumento de los costos de producción, y a obtener productos sustancialmente desmejorados en cantidad y calidad, en perjuicio de toda la comunidad, pese al artificial mundo creado por la industria. Todo ello, dentro de un contexto caracterizado además por las apremiantes necesidades de un mundo que evoluciona en medio de un agitado clima social, político y económico.

La investigación llevada a cabo cotidianamente para aumentar la eficacia agrícola, así como aquella específicamente desarrollada en los campos de la tecnología, la medicina, la ecología o la economía, no solamente beneficia directamente a agricultores, ingenieros, médicos y científicos del medio ambiente, o a economistas. Su función, por el contrario, es dotar a estas y otras personas de las herramientas que permitan ofrecer a todos los individuos un mejor modo de vivir. Tampoco la investigación agrícola es la única encargada de buscar soluciones a los problemas de la alimentación y del medio ambiente. Solamente su consideración simultánea con otras ramas de la investigación moderna, como la climatología, la edafología, la hidrología, la sociología, la demografía, la medicina y la política, para citar algunas, podrá asegurar soluciones y actitudes globales que garanticen el retorno a la normalidad de cada uno de los múltiples y complejos factores del entorno vital.

En algunos países del tercer mundo, el desarrollo agrícola, y paralelamente el industrial, tiende a promover la inversión de grandes sumas de dinero en analizar procesos que ya han sido objeto de considerable estudio en naciones más avanzadas, o en formular tecnologías que no tienen aplicación ni generan rendimiento inmediato en la práctica por carecer de los elementos necesarios para su adecuada implementación. El primer tipo de gasto es redundante, mientras que el segundo es innecesario e inoportuno. En ambos casos se trata de opciones totalmente antieconómicas e improcedentes.

Mucho se habló en su día de la explosión de la producción agrícola en ciertas regiones del mundo (Asia, Estados Unidos), como consecuencia de los avances logrados a través de las investigaciones sobre semillas, regadío, genética y fertilizantes. Sin pretender menospreciar las ventajas de estos logros para el bienestar humano en lo relativo a la lucha contra el hambre y la desnutrición, paradójicamente, sin embargo, esta bonanza verde puede albergar un gravísimo peligro al cabo de los años, si se considera la especial situación de los países en desarrollo. A medida que en dichos países aumenta la productividad de la agricultura como consecuencia de la tecnificación, aumenta simultáneamente la afluencia de los campesinos por ella marginados hacia las áreas urbanas. El peligro radica en que de este modo aumenta sustancialmente el desempleo en las ciudades, principalmente en torno a ellas, generando el crecimiento del número de personas marginadas, frustradas y muchas veces resentidas, desmoralizadas y azotadas por la pobreza y la miseria, con la amenaza añadida de que caen en el mundo de la violencia y de la delincuencia. Es una irresponsabilidad, por lo tanto, permitir que la "revolución verde" genere otra "revolución negra", como consecuencia del despertar repentino y espectacular de ciertas técnicas agrícolas, y que ello actué como circunstancia determinante del deterioro del urbanismo moderno, simplemente como consecuencia de fallos en la planificación y reestructuración paralela de las condiciones sociales del medio rural a que obligan tanto el progreso como el avance tecnológico.

La organización del conocimiento y de la experiencia humana ofrece grandes posibilidades de aplicaciones prácticas positivas para el hombre, mediante el uso racional de la técnica, siempre y cuando se la destine a la consecución de objetivos humanitarios. Una de las causas de que hasta ahora una parte importante de la población mundial, generalmente representada por agrupaciones rurales, viva en condiciones de miseria, hambre y marginalidad, puede ser consecuencia indirecta del hecho de que las grandes revoluciones tecnológicas no han sido acompañadas por los cambios paralelos de las estructuras sociales. Desarrollo no significa exclusivamente crecimiento económico o aumento cuantitativo de la capacidad de producción. Es también un concepto ideológico que lleva implícitas medidas de orden ético y práctico, como la equilibrada distribución de los ingresos generados, la justicia social, y la amplia participación de todos los habitantes de la tierra en sus instituciones sociales, políticas y económicas.

Los aumentos de rendimientos en la agricultura se han basado en la eliminación progresiva de factores limitantes del desarrollo de los organismos productores vivos. Así, se han seleccionado y creado, respectivamente, especies y variedades adaptadas a diferentes regiones, tipos de suelos, condiciones de humedad, luz y aire, se ha investigado sobre nutrición vegetal, animal y fertilizantes, y se ha procedido al control de plagas y enfermedades de plantas y animales. Aun así, los posibles incrementos de producción por modificación y mejoramiento de los factores que la condicionan son limitados y progresivamente decrecientes. Este hecho, en completa contraposición con las tasas de aumento de la natalidad, permite analizar en términos bastante pesimistas las posibilidades de aumentos de la producción como única solución a los problemas nutricionales de la humanidad. Lo cual guarda también directa relación con el nivel de desarrollo cultural de los distintos países del globo, ya que se cae en un círculo vicioso dentro del cual se beneficia directamente el país en el que prevalece una adecuada planificación, en perjuicio de aquel cuyo grado de desarrollo es aún precario como para justificar y permitir la aplicación exitosa de una estrategia medianamente favorable a corto plazo que permita salvar la brecha del estancamiento histórico o crónico.

De allí que la acción tendente a solucionar el problema del hambre y de la desnutrición deba ser de naturaleza conjunta y solidaria, y que la integración de recursos deba efectuarse de acuerdo a prioridades reales, y no a intereses egoístas de tipo partidista. La acción debe considerar simultáneamente el grado de explotación particular de los recursos naturales que se lleva a cabo a nivel de cada país y región. Obviamente, estos principios deben ir acompañados de cambios radicales en los esquemas de distribución y comercialización, a los cuales se aludió con anterioridad, y a cuyo nivel surgen los conocidos vicios y anomalías derivados de la especulación y del despilfarro.

La agricultura es una ciencia cien por cien sujeta a las leyes de la ecología, siendo su motor principal el uso y explotación, transformados o dirigidos, de los ciclos biológicos, para la producción de alimentos. Muchas técnicas agrícolas, por no decir casi todas, utilizan o influyen en los ciclos biológicos o en factores asociados con ellos para lograr determinados efectos sobre la producción. El uso de pesticidas y fertilizantes, el mejoramiento varietal, la adaptación de especies y la explotación productiva de los recursos naturales renovables, constituyen los ejemplos que mejor caracterizan este hecho, e implican paralelamente un papel y una responsabilidad por parte de quienes gestionan su puesta en práctica. Por otro lado, los resultados de cualquier investigación trascienden más allá de su influencia directa sobre la producción, afectando no solo al propio sustrato productivo, sino también a aquellos recursos asociados e igualmente esenciales representados por el conjunto inseparable suelo-agua-aire.

De allí que aparezca hoy en día como imprescindible reformular los conceptos elementales de la gestión de la actividad agrícola, y del enfoque que se debe dar a la agricultura en beneficio del interés público. Por lo tanto, la investigación debe estar orientada por estos principios, ya que su influencia en las estrategias de planificación y en las políticas sociales y económicas, aunque sutil, es real e indiscutible.

Paralelamente, la esencia de los cambios a considerar abarca también el área de la eliminación de los residuos y desechos animales, de explotaciones ganaderas y avícolas, de agroindustrias, y de actividades afines. Incluye igualmente la planificación racional de la ubicación de dichas actividades dentro del medio comunitario, y la racionalización del empleo de fertilizantes y pesticidas para preservar la calidad de suelos, aguas y alimentos. Junto a ello, surge el reto de generar el suficiente grado de motivación del hombre para que se integre como protagonista elemental de la fuerza productiva de la empresa agrícola, adoptando tecnologías de vanguardia, asumiendo cambios en métodos y sistemas, y manifestando respeto al entorno natural mediante actitudes constructivas, en beneficio de la máxima protección de los atributos esenciales de la vida.

La agricultura moderna y progresista está llamada a hacer uso de habilidades novedosas en la utilización del medio ambiente sin provocar su deterioro, ya que la tierra agrícola, poco a poco, y sobre todo en los países más industrializados, va constituyendo el único remanente de espacios abiertos y áreas verdes extensivas (cultivos, praderas, bosques y montes explotados), aparte de ciertas áreas protegidas o parques naturales cuya importancia comienza a ser relevante en los medios sociales y políticos. La gente que siente la necesidad de espacios abiertos para el recreo y la expansión debe en muchos casos mirar hacia la misma tierra que tiene que producir sus alimentos. De allí que el uso múltiple de la tierra agrícola, a medida que ésta se constituye en recurso escaso, es uno de los principales puntos a considerar desde el punto de vista de la planificación y de la gestión del futuro.

Todos estos aspectos de la agricultura conllevan necesariamente una mayor demanda de conocimientos ingeniosos, renovadores y eficientes, lo cual, una vez más, pone de relieve la importancia de la investigación, la educación, la información y la participación activa de cada integrante de la comunidad en este nuevo enfoque del sistema de vida básico, que implica un mejor uso de los recursos (tierra, tecnología, capital) en beneficio directo y prioritario de la sociedad, y de los fundamentos esenciales de la economía y de la sostenibilidad del entorno vital. Si se cree realmente en la ecología en nuestros días, se debe también asumir que ello solamente constituye el comienzo de las consideraciones que en el futuro deben tener un alcance mucho mayor que la simple preocupación actual por salvar las costas, marismas, bosques, sierras, montes, lagos, ríos, vida silvestre o cualquier otra manifestación de moda. Debe efectuarse una proyección más allá de los actuales intentos febriles para paliar o solucionar los problemas del cambio climático, de la contaminación del agua o del deterioro del aire. Más allá de las filosofías políticas, sociales y económicas. Más allá del ataque específico a ciertas industrias que causan problemas de contaminación. Inclusive, más allá del ataque ciego hacia grupos o instituciones de acción por actuar con excesiva o deficiente energía.

Los individuos como tales deben cuidar sus relaciones y responsabilidades hacia los que los rodean y en relación con sus semejantes. Al afrontar la preocupación por muchas de estas consideraciones de índole ecológica, deben estar preparados para asumir algunos hechos comprometedores, incómodos y a veces contradictorios con respecto a los tradicionales sistemas, valores y esquemas de vida.

Es preciso comprender que los millones de individuos integrantes de la conglomerada sociedad actual constituyen de por sí el verdadero problema ecológico, y que este problema encierra en él los hábitos voraces y a la vez refinados de gran número de personas. No sólo se trata de señalar irresponsable e indiscriminadamente a las personas que explotan y destruyen el medio ambiente, sino que el concepto supone la acción directa, individual e innovadora de todos para facilitar globalmente la aplicación de las soluciones alternativas. Todo ello, pese a que la acción individual, eficiente y responsable, obedezca inconscientemente a predicamentos ordinarios que pretenden tergiversar el proceso total, justificándolo en términos de "progreso", "estado de bienestar" o "mejoramiento del nivel de vida". El hombre debe aprender que, junto con un aumento acelerado de la población, sobreviene obligatoriamente una serie de limitaciones de las libertades individuales en lo relativo al ambiente. Algunas de estas limitaciones pueden ser impuestas voluntariamente a través del proceso educativo, pero otras necesariamente deben obedecer al establecimiento de un mandato jurídico y fiscalizador. Sin embargo, la participación individual en uno u otro caso es inevitable y esencial.

Si se cree en la necesidad de conservar la tierra, no se puede olvidar que los valles y montes no son eternos, y que necesitan ser protegidos de la expansión urbana indiscriminada y no planificada, y de la explotación irresponsable y desenfrenada. Si bien actualmente algunos países industrializados acusan excedentes en su producción agrícola, hay otros que padecen hambre. Y si esto constituye hoy una cruda realidad, en el futuro toda la capacidad productiva de la tierra deberá ser aprovechada racionalmente para abastecer de alimentos a la humanidad, de acuerdo a los niveles exigidos por la civilización, y por lo tanto, en armonía con conceptos más equitativos y justos de distribución y oportunidad.

Si se desea producir alimentos de calidad, sin desechos, en cantidad suficiente para una población en aumento, se debe aceptar que ciertos productos químicos de uso agrícola seguirán siendo necesarios. Sin embargo estos materiales, junto con otros de uso doméstico, deberán ser utilizados considerando y asumiendo responsablemente sus alternativas y riesgos para la población humana y el entorno.

Si realmente el hombre desea respirar aire puro y preservar el equilibrio del clima del planeta, debe reconocer que los problemas de contaminación del aire y los trastornos asociados derivan esencialmente de su propio deseo desmesurado de lujo y de movilidad. Mientras mayor sea el número y el tamaño de los medios de movilización tradicionales, sobre todo automóviles, se estará agregando mayor gravedad al problema del aire, al menos mientras perduren las actuales tecnologías de motores y combustibles. Y mientras persistan los métodos altamente contaminantes de calefacción doméstica, de aporte energético a la industria, o de utilización de ciertos productos y técnicas perjudiciales para la atmósfera, el problema perdurará con igual o mayor intensidad, puesto que la sociedad del mundo civilizado tiende a considerar como postulado inamovible su subsistencia supeditada a tales adelantos, a los cuales se ha acostumbrado con la convicción de que se trata de un derecho adquirido irrenunciable e indisociable del sistema.

Si se desea un paisaje limpio y aguas cristalinas, se debe despejar la incógnita de la producción y disposición de residuos y desperdicios. Tal vez la alternativa que ofrece el uso de materiales biodegradables y el reciclaje, actualmente muy estimulada por los estamentos institucionales, representa una buena contribución en dicho sentido. No obstante, y en todo caso, la moderación del afán humano, el cambio de los estilos competitivos, así como una mayor tolerancia hacia la eliminación de ciertos excesos del mercado, constituyen la auténtica base para cualquier cambio de actitud en tal sentido, en contraposición a la ya acostumbrada y excesiva cultura de tolerancia de lo obsoleto, de lo prescindible y de lo inútil.

Deben ser formulados métodos novedosos para la disposición adecuada de residuos de la explotación ganadera, sobre todo en áreas de gran concentración de animales vecinas a centros urbanos, ríos, lagos o fuentes de aguas subterráneas. En último término, el control de los contaminantes del medio ambiente debe enfocarse para evitar inclusive que propiedades agrícolas, ciudades, industrias y embarcaciones continúen siendo fuentes de deterioro de ríos, lagos y mares. La mayor demanda poblacional de agua potable hace eventualmente necesaria la reutilización completa y el tratamiento adecuado de este vital elemento, así como la explotación racional de nuevas fuentes adecuadas a dicha demanda creciente.

La agricultura, así como todas las actividades que configuran la dinámica productiva y manufacturera del mundo industrial, están y continuarán sometidas a innumerables proyectos de investigación que, ciertamente, ayudarán a preservar el medio ambiente habitable reduciendo sus efectos perjudiciales. Sin embargo, cada uno de los ciudadanos, ya se trate de investigadores, agricultores, industriales o simples individuos miembros de la comunidad, deben comprometerse personal y políticamente tanto en dirigir como en aceptar los cambios a instaurar en los sistemas de vida. Se debe recordar que, en último término, nada se saca con salvar la belleza, salud y utilidad natural de la tierra si el ser humano no es capaz simultáneamente de aprender a salvarse a sí mismo y a vivir en paz y armonía con sus semejantes y con su entorno.

Tanto en términos ecológicos como sociales y económicos, la agricultura adquiere especial importancia cuando se la considera como infraestructura y base precursora del crecimiento industrial. Este crecimiento industrial, que para los países en desarrollo supone mayor seguridad si se le entiende en términos de etapas sucesivas que van desde la industria básica e intermedia hasta la tecnología aplicada de alto nivel y a largo plazo, depende en realidad de la materia prima, del poder adquisitivo y de la base económica real y global que la agricultura haya generado para su avance. Resulta a veces peligroso, por lo tanto, pretender establecer una determinada industria sin asegurar el funcionamiento prolongado de la misma, que garantice la estabilidad social, económica y ecológica de los sectores comprometidos con ella. Es un hecho lamentable constatar que, en momentos en que algunos países en vías de desarrollo fomentan a gran escala la industria maderera y sus derivados, comienzan a afrontar simultáneamente una crisis de producción de materias primas, como consecuencia de la histórica explotación carente de planificación de los bosques, y de su destrucción como consecuencia de incendios, contra los cuales no se toman medidas eficaces de prevención y control.

A esta destrucción indiscriminada ha contribuido el hecho de que en muchos países en desarrollo la leña y el carbón han sido durante años el combustible prioritario y casi único del hogar y de la naciente industria. Si a ello se une la tradición histórica de los colonizadores, la inercia del aborigen, el tipo de agricultura nómada de los indígenas y el posterior sistema de economía competitiva, se puede comprender el concepto de explotación completamente extractivo de los recursos naturales que en general caracterizó la etapa colonial y posterior del desarrollo de los países del tercer mundo, situación que inclusive perdura hasta hoy en algunos de ellos. A pesar de esta realidad, los gastos destinados a conservación y a regeneración son proporcionalmente escasos en estas mismas regiones, en comparación a lo que debería suponer una adecuada política de acción preventiva y de recuperación del terreno perdido, sobre todo en lugares que generalmente poseen un alto potencial productivo. A esta situación hay que añadir también el hecho de que en algunos países avanzados se ha llegado inclusive, con cierta frecuencia, a reducir la producción de alimentos, o a destruir parte de las cosechas, para evitar el desplome de los mercados por exceso de oferta, opciones que responden exclusivamente a criterios especulativos y a intereses de cuestionable valor ético.

La importancia ecológica de la agricultura comprometida con la producción de alimentos en cantidades ajustadas a una alta población, adquiere características especiales cuando los países en desarrollo cambian las estructuras de tenencia de la tierra con el fin de promover el crecimiento económico y el bienestar social. Sin entrar a analizar o cuestionar las políticas y los medios que actúan como motores de tal transformación, es preciso considerar la trayectoria histórica del tipo de explotación que en general ha caracterizado a la agricultura de la gran mayoría de los países en desarrollo durante las etapas previas a tales cambios. Con frecuencia, e independientemente de situaciones marginales que llevaron forzosamente a priorizar esquemas de agricultura de subsistencia, extractiva y escasa o nulamente tecnificada, los sistemas de producción agrícola han sido durante años de tipo extensivo, y el uso de la tierra se ha caracterizado por constituir explotaciones con rendimiento inferior a la normalidad. Esta situación, fuera de crear precedentes del todo contraproducentes desde un punto de vista técnico, ha forjado un tipo muy especial de hombre rural, acostumbrado a ejecutar y no a decidir, marginado de toda capacitación, tradicionalmente volcado a una agricultura extensiva, sin acceso a la decisión o a la simple opinión. Ello, unido a la influencia de una oligarquía terrateniente, ha contribuido inevitablemente a obstaculizar los procesos de reforma agraria, a tal extremo de confundir sus objetivos y de tergiversarlos en beneficio de pugnas de tipo político y polémico que, en todo caso, sólo degeneran en estancamiento y atraso.

Si a las tensiones sociales, acumuladas luego de muchos años de estructura desequilibrada y de evolución hacia el despertar que impone el progreso, se añade un modelo extensivo firmemente arraigado en el campesino de la época del cambio, es posible inferir de inmediato que la tendencia inerte a la imitación dificulta el logro del éxito inmediato de un cambio drástico del esquema tradicional de tenencia de la tierra. De allí que la dirección natural que tiende a seguir la agricultura moderna sea inestable, momentánea, progresiva o relativamente menos eficiente, y que por lo tanto, el mayor fundamento de la acción deba ser el de centrarse en la urgente necesidad de planificar, administrar y tecnificar ágil y eficientemente los recursos tanto naturales como humanos, con el objeto de evitar la recesión, y de obtener beneficios de forma más rápida y sostenida.

Los agricultores han sido ecólogos desde que el ser humano se hizo sedentario y comenzó a "cultivar" para producir alimentos, en lugar de cazar y de recolectar para obtenerlos. Los años sucesivos han sido períodos a lo largo de los cuales el estudio de las plantas y de los animales, incluido el hombre, ha representado el mayor campo de aplicación del énfasis científico.

Son muchas las preguntas que aún no tienen respuesta en materia de ecología, sobre todo si se analiza la influencia de la agricultura sobre ella, y viceversa. Algunas prácticas agrícolas han pretendido modificar la magnitud de los ciclos de periodicidad diarios de las especies con el objeto de obtener beneficios en la producción. Tal ha sido, por ejemplo, el propósito y los resultados positivos alcanzados por la conocida técnica de la iluminación nocturna artificial en criaderos de aves, para prolongar la longitud del día, y acelerar y aumentar consecuentemente la producción. De este modo, la modificación de ritmos biológicos fundamentales ha inducido ventajas considerables en una actividad productiva concreta, aun cuando los temas de estudio y el potencial futuro de este tipo de alternativas son muy amplios e insospechados en cuanto a posibles aplicaciones prácticas.

Otro ejemplo clásico se refiere a estudios en el campo del control de plagas de insectos mediante la modificación artificial de sus ciclos de vida. Algunas especies dañinas son más susceptibles a estímulos adversos, como la acción de insecticidas, durante la aurora o el crepúsculo, a pesar de que el conocimiento exacto de la conducta rítmica y de su relación con el grado de control es todavía limitado. Se ha comprobado también que plagas como la polilla de la manzana y el gusano europeo del maíz fracasan en su supervivencia invernal cuando son sometidos a luces que prolongan artificialmente la duración del día en el otoño. Ambos insectos invernan como larvas en un estado llamado "diapausa". Aparentemente, los días más largos los descontrolan, no les permiten alcanzar el estado de diapausa, y resultan de este modo imposibilitados para sobrevivir a las bajas temperaturas del invierno. Tal vez algún día sea posible observar campos y huertos iluminados de noche, tratando de engañar al ritmo de vida diario de los insectos.

La naturaleza mantiene celosamente sus secretos, y el costo de modificarlos es ascendente. Se necesitan personas ingeniosas, adecuadamente adiestradas, para competir con los problemas complejos a los cuales se enfrenta la agricultura contemporánea. El trabajo de alimentar una sociedad en expansión, procurando al mismo tiempo minimizar los efectos adversos hacia el medio ambiente, es algo que requiere hombres, dinero y tiempo. El trabajo de universidades, instituciones oficiales y sectores agroindustriales privados, así como el de la agricultura productiva en sí, necesita de la comprensión unánime y del apoyo desinteresado de toda la sociedad.

La actividad agrícola consiste en esencia en el establecimiento de ecosistemas artificiales, con el fin de intensificar la producción de determinadas especies vegetales y animales, y producir de este modo alimentos o materias primas para industrias derivadas o dependientes. Esta premisa, fuera de involucrar elevados costos, obliga a adoptar una serie de procedimientos técnicos tendentes sobre todo a alejar o mantener, a niveles no perjudiciales, a animales y plantas que comprometen el rendimiento de los cultivos. Con este objetivo el hombre procede al uso de herbicidas para eliminar las malezas, de fungicidas para prevenir o controlar los ataques de hongos, de insecticidas y fumigantes para eliminar invertebrados directa o indirectamente dañinos, de rodenticidas para controlar ratas, conejos y otros animales peligrosos para las plantas, e incluso de venenos para suprimir felinos, caninos u otro tipo de ataque esporádico o permanente de mamíferos o aves de mayor magnitud numérica o tamaño. Todos estos agentes son hostiles al ecosistema artificial agrícola representado por huertos, viñas, praderas, bosques, sementeras y cultivos extensivos en general. Pero, necesariamente, el uso de estos procedimientos de control ha de ser enfocado teniendo en cuenta sus posibles efectos adversos sobre el entorno, evitando acciones indiscriminadas, y la utilización de métodos, sistemas y productos que tengan efectos ambientales nocivos, secundarios o indirectos.

El hombre se encuentra presente en casi todos los ecosistemas terrestres, en mayor o menor grado. Con su inteligencia es capaz de colaborar en bien de la productividad de dichos ecosistemas, pero también puede deteriorarlos al modificar las leyes naturales que los rigen, e implantar sistemas técnicos de tipo artificial sin la debida prudencia y meticulosidad. Para establecer ecosistemas artificiales en forma de campos de cultivo extensivo (algo similar ocurre en relación con la habilitación de ciertas zonas urbanas), se requiere planificar detalladamente el adecuado uso de los recursos naturales renovables, con el fin de asegurar producciones y rendimientos que garanticen el suministro cuantitativo y cualitativo de alimentos a la comunidad.

Desgraciadamente, el caso inverso es frecuente, y son también numerosas las ocasiones en que ha sido preciso lamentar errores e irresponsabilidades que han pesado negativamente sobre el potencial de la tierra y del medio.

Pese a que la tecnología ha desarrollado innumerables fuentes alternativas de energía, cuya culminación es la energía atómica, la energía solar es la única fuente insustituible y necesaria para el desarrollo de la vida. Los ecosistemas aprovechan y fijan esta energía poniéndola luego a disposición de las diversas manifestaciones vitales a través de sucesivas transformaciones dentro de ciclos y cadenas biológicas. La agricultura, a través de su tecnificación y desarrollo progresivos, ha tenido por finalidad aumentar el ritmo y la intensidad de aprovechamiento de la energía solar para ponerla a disposición del hombre de manera más inmediata y abundante, transformándola en alimentos y en materias primas de diversa índole. Ello ha supuesto enfocar la transformación de la energía solar, invariable como fuente absoluta, hacia la obtención de mayor energía aprovechable en forma directa, mediante la modificación artificial de los ecosistemas naturales. Sin embargo, los nuevos ecosistemas creados por la agricultura no son perdurables sin el aporte permanente de la influencia cuidadosa del hombre que los diseñó y estructuró, ya que son artificiales, inestables y parciales, con marcada tendencia al retorno a la situación primitiva de equilibrio natural. El abandono de la práctica agrícola puede así llevar nuevamente a la situación original y primitiva, puesto que se vuelve a dejar actuar a los mecanismos de la naturaleza, a menos que la acción de la transformación haya sido excesivamente drástica, masiva e irreversible.

Los ecosistemas artificiales son inestables y vulnerables, y no poseen autosuficiencia, por lo que los beneficios que aportan al hombre deben considerarse en justa proporción en relación a la utilización de los recursos naturales y al equilibrio ambiental general. También debe siempre considerarse la conservación de un número determinado de ecosistemas naturales, como parques nacionales o similares, material valiosísimo no sólo por su aporte a las condiciones ambientales y sociales, sino también por la fuente completísima de información que constituyen en relación a estudios científicos de diversa índole que en ellos pueden ser llevados a cabo, entre otros, sobre biodiversidad, selección genética, evolución y obtención de variedades agrícolamente ventajosas. En igual sentido, asegurar paralelamente la adecuada y proporcionada combinación de ecosistemas naturales y artificiales contribuye a favorecer la producción de oxígeno, y a mantener así una atmósfera sana, compatible con las perspectivas de industrialización del mundo contemporáneo, que a menudo amenaza la calidad del aire y de otros componentes del complejo entorno medioambiental. Esto último adquiere todavía más valor y relevancia si se considera que hasta la fecha no ha sido aún posible crear un ecosistema artificial estable y equilibrado, pero que, sin embargo, sí es factible y absolutamente necesario aumentar o mejorar a futuro la producción agrícola mediante la ciencia.

La evaluación "a priori" de los límites que inevitablemente la naturaleza impone al hombre para su desempeño comunitario, no se puede efectuar con exactitud. Sin embargo, es posible inferir con facilidad que el medio físico no es ilimitado, y que la evaluación cuantitativa de su sostenimiento como sustrato seguro para el hombre depende de una multiplicidad de factores ecológicos, económicos, políticos y sociales que, individualmente considerados, permiten solamente efectuar apreciaciones especulativas, relativas y frecuentemente contradictorias entre sí. Lo que sí constituye una realidad es el hecho categórico de que el hombre debe controlar sus acciones, ya que en los momentos actuales no puede desconocer, pero sí debe reconocer, lo limitado que es su hábitat. Por consiguiente, debe tomar las decisiones oportunamente, antes de que la naturaleza las tome en su nombre de modo inflexible y con drásticas consecuencias.

En los tiempos actuales, caracterizados por una agricultura extensiva, tecnificada y con rendimientos en continuo mejoramiento, cabe hacerse algunas preguntas sobre el beneficio o el perjuicio involucrado en tal trayectoria. Por ejemplo, merece la pena ponderar la conveniencia o no de poner fin a los modernos métodos de control de plagas, y eventualmente, volver a encargar a la naturaleza de ocuparse de sí misma. En segundo lugar, resulta interesante analizar el resultado que produciría el dejar los terrenos ahora cultivados en su condición primitiva, hábitat excelente para todo tipo de animales y plantas silvestres de baja o nula capacidad para la producción de alimentos. Por último, el hombre debe reflexionar sobre la alternativa entre basar su alimentación en la agricultura, o continuar, como antaño, dependiendo de pequeñas explotaciones de subsistencia, de la caza, de la pesca y de la recolección de frutos para satisfacer sus necesidades, tal y como lo hacían sus antepasados.

En los países de tecnología avanzada ha surgido durante las últimas décadas una verdadera revolución agrícola que implica el empleo masivo de pesticidas y fertilizantes químicos. Aunque algunos de estos elementos no son necesariamente contaminantes de por sí, el mal uso que de ellos se haga puede convertirlos en tales. La revolución tecnológica de la agricultura se está extendiendo a ritmo acelerado a los necesitados países en vías de desarrollo, la mayoría de los cuales tiene a la agricultura como fundamento básico de su economía. Con esta rápida propagación de nuevos procedimientos, nuevas áreas de tierra cultivable quedan sometidas a la aplicación de productos químicos, y consecuentemente, a la contaminación que de ellos deriva si no son aplicados en forma racional. Casi todos los cultivos que se practican en los países técnicamente más avanzados requieren del empleo de algún pesticida o fertilizante durante su período de crecimiento, o bien utilizan suelos que ya han sufrido algún tipo de tratamiento químico.

Para todas las hipótesis antes planteadas la respuesta es obvia: no es posible volver al pasado. Ya los antepasados del hombre domesticaron animales, labraron la tierra para cultivarla o dedicarla a la ganadería, y paulatinamente modificaron el medio ambiente y la estructura de las poblaciones biológicas.

Los adelantos de la civilización y del progreso trajeron consigo o fomentaron la incidencia de hechos contradictorios como la erosión y el agotamiento de terrenos, la desertización, y el aparecimiento de plagas de insectos y de enfermedades. Paralelamente, llegaron adelantos como el automóvil, la radio, la televisión y el progreso científico y tecnológico en general, cuya máxima expresión fue la conquista de la luna por el hombre, pero que también generaron y generan contaminación como consecuencia de su proceso de fabricación y de su utilización. No se puede negar la importancia y los beneficios para la sociedad de la mayoría de los ejemplos citados anteriormente, pero tampoco es posible volver hacia atrás aquellos aspectos que han significado aportes negativos, a veces irreversibles, para el hombre y su medio. Tampoco se pueden esquivar las responsabilidades y los desafíos que en dicho sentido plantea el futuro.

Volviendo al tema del uso de productos químicos en la agricultura, merece la pena insistir y destacar algunos hechos. En relación con los pesticidas, el problema adquiere un carácter bastante complicado en medio de una temática global que en sí se ha prestado para muchas discusiones y controversias. Algunas opiniones abogan por la total suspensión del uso de los productos químicos de control fitosanitario. Otras solamente censuran algunos de ellos, o cierto tipo de procedimientos empleados en su utilización. Gran parte de la opinión pública mundial participa de la idea de que los productos químicos de uso agrícola están contaminando el planeta, y eventualmente destruyendo muchas manifestaciones de vida. Sin embargo, se debe ponderar comparativamente los beneficios y riesgos ambientales asociados al uso de productos químicos en la agricultura, así como a la par se debe evaluar los beneficios y riesgos de los métodos alternativos, antes de efectuar cualquier conjetura sobre un determinado producto o procedimiento de control. Aun cuando los criterios que argumentan en contra del uso de pesticidas no carecen de base, la controversia entre su utilización y su eliminación de las prácticas agrícolas o sanitarias debe sopesar tanto las alternativas como sus aspectos beneficiosos o perjudiciales para la humanidad.

Uno de los productos más conocidos y controvertidos en el campo de los pesticidas ha sido el DDT, sobre cuyas implicaciones agrícolas y medioambientales merece la pena reflexionar, tomándolo como ejemplo representativo de la problemática de estos preparados en relación con el medio ambiente. Su presencia, en mayor o menor concentración, ha sido detectada a nivel mundial tanto en los tejidos del pingüino del Ártico, como en los peces de la zona costera del Pacífico, desde Alaska hasta México, e inclusive en las lluvias que caen sobre la campiña inglesa. Durante la década de los 80 del pasado siglo este plaguicida se prohibió en numerosos países, debido a sus efectos nocivos sobre la salud humana, pero dada su gran resistencia a la degradación, continúa presente en el medioambiente y en la cadena alimentaria, incluido el organismo humano. Pese a estar ampliamente prohibido desde hace más de 30 años, el DDT continúa siendo empleado para el control de plagas en ciertos países, como Marruecos o Sudáfrica. Fue originalmente diseñado para ser muy resistente a la degradación, lo que ha provocado que, en la actualidad, continúe presente en el ambiente y en la cadena alimentaria.
El DDT, cuya utilización inicial se remonta al año 1940, significó salvar innumerables vidas humanas e incrementar sustancialmente la productividad agrícola al eliminar o controlar gran variedad de plagas. Estas cualidades fueron las que incluso pesaron a favor de otorgar el Premio Nobel a su descubridor, el suizo Paul Müller.

Este insecticida, así como otros derivados y afines, comenzó a perder popularidad con la aparición de los movimientos defensores del medio ambiente, fundamentados en sus propiedades persistentes que comprometen la destrucción parcial o la extinción de especies animales, el equilibrio del medio natural, y la propia salud del hombre.

Es interesante comentar algunas de las influencias del DDT sobre el medio. Debido a su uso generalizado, este producto puede contaminar ríos, lagos y mares, donde es absorbido por el plancton, y a su vez, por los peces, aves y animales que completan la cadena alimenticia y ecológica. A medida que avanza este proceso de consumo encadenado, el producto sufre concentraciones que amenazan la vida de gran cantidad de especies animales. Si además se tiene en consideración que el DDT es acumulado en las grasas, es fácil evidenciar los graves daños generados en el ciclo reproductivo de algunas aves, peces e incluso algunas especies vegetales. El embrión de muchos peces muere casi tan pronto como la grasa del saco que envuelve la yema comienza a absorber DDT. En las aves, el DDT impide el fortalecimiento de la cáscara de los huevos necesaria para soportar adecuadamente las presiones involucradas en el proceso de incubación. Una pequeña concentración de DDT en el plancton puede impedir el proceso de fotosíntesis, responsable de la producción del setenta por ciento del oxígeno de la tierra. Para completar el cuadro de sus inconvenientes, muchos científicos atribuyeron teóricamente al DDT efectos nocivos para el hombre, y otros demostraron ampliamente la pérdida del poder insecticida del producto por la creación de resistencias en varias especies de insectos, o por destrucción de especies útiles para el control biológico o integrado de plagas agrícolas.

Aun así, sus defensores le atribuyen cualidades que nadie discute, sobre todo en lo que respecta a la protección de cultivos y al campo de la salud pública. Con relación a este último aspecto, la repercusión mundial de los adelantos logrados en su día en el control del paludismo es bien conocida. Incluso si se le compara con otros productos de tipo selectivo y menos persistentes, el DDT apareció durante un cierto tiempo como el menos tóxico para el ser humano, lo cual ha sido comprobado a través de innumerables testimonios e investigaciones, razón por la cual la Organización Mundial de la Salud aprobó en su día, y durante un período importante, su uso continuado para el control de enfermedades humanas transmitidas por insectos vectores. Algo similar fue logrado con relación al control de un tipo de fiebre equina con otros preparados químicos que demostraron su eficacia para la eliminación de los vectores de la enfermedad, representados típicamente por los mosquitos del género Culex.

Como hito destacable en la historia del DDT merece destacar el siguiente: la Organización Mundial de la Salud citó en su día como hechos concretos la erradicación de la malaria en quinientos cincuenta millones de personas, el haber salvado alrededor de cinco millones de vidas, prevenido diez millones de casos, y haber servido de protección a cerca de dos mil millones de personas gracias a la acción de este insecticida, sin haberse producido ningún caso de envenenamiento por este concepto. Ante estas cifras, suprimir el uso del DDT en el campo de la salud pública podría haber sido percibido como una aberración, y haber permitido una inminente catástrofe mundial.

El uso de pesticidas fue iniciado hace muchos años. Los hidrocarburos clorados, específicamente el DDT, y luego sus derivados, fueron descubiertos en 1874, y aplicados desde 1939. Los del grupo de los órgano-fosforados, como los clásicos Parathion y Malathion, nacieron en Alemania durante el período inmediatamente anterior a la segunda guerra mundial, cuando algunos científicos se dedicaban a investigaciones sobre gases letales de aplicación bélica. Indiscutiblemente, la utilización práctica de estos productos ha seguido una trayectoria cuyo énfasis ha tendido a reducirse y modificarse a raíz de las polémicas surgidas en las esferas de la opinión pública. Lamentablemente, el copioso y prolongado empleo de este tipo de química aplicada hace posible que hoy en día sea fácil detectar concentraciones de diversos tipos de insecticidas en una gran mayoría de alimentos que el hombre ingiere, en tejidos vivos de plantas y animales de los lugares más remotos del planeta, e incluso, en personas.

El DDT y otros pesticidas provocaron en su día el exterminio de vida silvestre y alteraron significativamente el balance ecológico. No obstante, la magnitud de estos efectos aparece como insignificante frente a los millones de vidas que este producto contribuyó a salvar, y a los sufrimientos inimaginables que evitó a muchos seres humanos del planeta. La efectividad de algunos programas de control químico para la vida humana quedó demostrada años atrás por el aparecimiento de más de un millón de casos de malaria en la antigua Ceylán, hoy Sri Lanka, cuando fueron paralizadas las aspersiones de DDT para exterminar el mosquito transmisor de la enfermedad. En la India, paralelamente, la tasa de mortalidad anual debida a la malaria bajó en su día de setecientos cincuenta mil casos anuales a solamente mil quinientos, cuando los mosquitos fueron controlados con DDT.

Sin lugar a dudas, muchas especies de aves fueron afectadas por el uso masivo de DDT, tal vez con la ayuda de otros productos químicos, lo cual aparentemente constituye la causa más importante de la reducción de su población. Pero simultáneamente, gracias a estos mismos productos, cultivos vitales para la población humana han sido salvados, los rendimientos de las cosechas han aumentado, y millones de seres humanos consumen cada día dietas alimenticias más completas.

Similar situación ha sido la provocada por los herbicidas, que han ayudado sustancialmente a aumentar el rendimiento de muchos cultivos, y a recuperar vastas áreas arbustivas en desuso para contribuir así al incremento de las masas ganaderas, y al mejoramiento del hábitat de varias especies de animales silvestres. A pesar de estos y otros beneficios, algunas opiniones consideran seriamente la reprobación del uso de algunos herbicidas, aludiendo a su posible perjuicio para el hombre y otras formas de vida.

Las decisiones en materia de utilización de productos químicos en la agricultura deben ser tomadas teniendo en cuenta esencialmente que los pesticidas ayudan no sólo a salvar muchas vidas y a mejorar el rendimiento de los cultivos, sino que paralelamente la población aumenta más rápido que el abastecimiento de alimentos, hecho que acarrea el hambre y la desnutrición. Por otra parte, es un hecho que jamás un pesticida bien utilizado ha tenido la capacidad de modificar el ambiente de modo irreversible, o de generar una situación peor a la de los efectos de la plaga controlada mediante su empleo. Por este motivo, hay que dejar constancia que este tipo de dilema requiere de mayor reflexión y de sentido de responsabilidad, antes de proceder a emitir juicios ambiguos sobre si aceptar o rechazar categóricamente la utilización de un determinado producto pesticida.

El uso más generalizado del control biológico e integrado puede ayudar a prevenir o resolver parte del problema, pero no todos sus aspectos, ya que junto con la necesidad urgente de producir más y más alimentos para el hombre, este último exige cada vez con mayor insistencia el mejoramiento de la calidad de lo que consume. La sociedad requiere al mismo tiempo superar las insuficiencias de la dieta en zonas aun excluidas del progreso integral, circunstancia que es posible percibir en función del entorno más o menos avanzado económica y socialmente en que ésta esté implantada. El progreso ha hecho que en las naciones avanzadas el ciudadano exige, por ejemplo, frutas y verduras sanas, sin evidencias de plagas que deterioren su imagen y calidad, y conservas y otros alimentos elaborados sin restos de elementos contaminantes o manifestaciones de deterioro. Evidentemente, estos requisitos son impensables de plantear por parte de personas que viven precariamente en los entornos marginales de las economías de subsistencia. Por lo demás, las normas mínimas de calidad censuran en la mayoría de los países del mundo los productos cuya condición no es aceptable, inclusive en los menos desarrollados. De todos modos, el control biológico e integrado supone, aún en sus etapas actuales, un cierto grado de incidencia de daños a los productos cosechados, en perjuicio de su calidad ideal.

Es preciso elegir entre el uso racionalizado de pesticidas, o el sacrificio de la cantidad y calidad de los productos agrícolas. O bien, entre el riesgo de una enfermedad, y el de los productos utilizados para la eliminación de sus agentes transmisores, valorando comparativamente el precio de la vida humana y el de las especies silvestres. Afortunadamente, para el mantenimiento del medio ambiente en condiciones favorables estos obstáculos no son insalvables, y la investigación puede proveer las respuestas y las herramientas pertinentes, lo cual, junto con la comprensión y participación responsable de la comunidad, ha de permitir diseñar la mejor estrategia de acción en dicho sentido. No obstante, cabe formular las respuestas antes de que sea demasiado tarde, y comprender a fondo cada una de las facetas del desafío, antes de juzgar irresponsablemente y decidir quién debe vivir y cómo ha de hacerlo. Esta realidad obliga a la reflexión ética y al análisis crítico, antes de tomar decisiones inherentes a una determinada estrategia de acción, lo cual ha de formalizarse con absoluta objetividad.

Fertilizantes y pesticidas constituyen una herramienta eficaz y necesaria para producir los alimentos que la humanidad requiere. Si bien es cierto que en numerosas ocasiones las técnicas para el uso de los mismos no han sido las más adecuadas, es posible controlarlas, mejorarlas o modificarlas juiciosamente. No se debe condenar una alternativa tecnológica que permite, si es racionalmente aplicada, aprovechar mejor el potencial productivo de la tierra, y mejorar las expectativas de salud comunitaria. Tampoco se debe permitir que un conjunto de opiniones, frecuentemente impulsivas y carentes de serenidad, desvirtúen o bloqueen la investigación o la actividad industrial productora de preparados destinados a lograr beneficios positivos en el campo del control de plagas y enfermedades vegetales y animales, y que, como toda actividad científica y económica, requieren del estímulo para ser operativas. El incentivo condicionante de tal operatividad lo representan las expectativas de beneficio y de reconocimiento de la actividad, el apoyo y el impulso oficial, y la solidaridad de una opinión pública madura y consciente de la necesidad y de las ventajas del uso de agroquímicos. Sin lugar a dudas, todo ello ha de ser también articulado de modo responsable, descantando totalmente las tentaciones especulativas y los dudosos intereses creados que a veces orientan los objetivos económicos y comerciales de fabricantes y distribuidores de este tipo de preparados.

Es necesario ponderar seriamente las posibles alternativas sobre la base de la utilización racionalmente administrada de las mismas. El futuro del control de plagas y enfermedades vegetales debe estar orientado por la combinación del uso de pesticidas perfeccionados, con la generalización de variedades mejoradas y resistentes, y con el uso de otros insectos, parásitos, patógenos y depredadores que actúen como agentes biológicos contra las especies nocivas, lo cual se denomina, de acuerdo con sus características y grados de combinación, control "biológico" o "integrado".

En un planeta como la tierra, donde los problemas de desnutrición y deficiente alimentación afectan inclusive hoy a sectores de población de países muy avanzados, y en un mundo en el cual, en líneas generales, el cincuenta por ciento de la población se compone de desnutridos, y el sesenta y cinco por ciento de personas no se alimenta adecuadamente, es indispensable anteponer la mayor producción de cosechas a la legislación insensata e histérica. Es fundamental, en otras palabras, promover un adecuado uso de pesticidas y fertilizantes, puesto que, de lo contrario, el mundo estará condenado a padecer inanición. La utilización racional de estos productos no constituye amenaza de envenenamiento químico alguno, y toda la legislación al respecto debe compatibilizarse con los aspectos que directa o indirectamente dependen o condicionan el nivel de desarrollo de una nación en particular. No hay que olvidar que la reglamentación del uso de pesticidas repercute en campos muy distintos, pero especialmente interconectados entre sí, como son el de la salud pública, la sanidad ambiental, y las actividades de producción y elaboración de alimentos y materias primas agrícolas que constituyen la base de otros núcleos de actividad económica.

La posición contraria al uso indiscriminado de pesticidas dentro de la latente controversia mundial no deja de tener justificaciones bastante concretas. Aplicaciones de pesticidas han sido favorables al aumento de rendimientos agrícolas en muchas ocasiones, pero indirectamente esta técnica ha contribuido a la destrucción de aves, a crear inmunidad en las plagas, a desequilibrar peligrosamente el ambiente y a contaminar alimentos cuando su enfoque no ha sido el apropiado. El aparecimiento de resistencias en los insectos perjudiciales atacados con productos químicos ha significado el retorno del problema al cabo de pocos años de tratamientos sistemáticos. En Perú, por ejemplo, tratamientos exitosos permitieron controlar, en el remoto año 1949, el gusano algodonero en la región del valle de Cañete, aumentando considerablemente los rendimientos, pero cinco años después la plaga reapareció inmune a los insecticidas, generando un desastre económico. Paralelamente, la desaparición de aves fue sustancial, y solamente la utilización de métodos de control mediante el uso racional de pesticidas permitió posteriormente volver a equilibrar la situación a niveles aceptables.

Otros casos son también característicos y significativos. En Canadá los insecticidas convirtieron algunos arroyos otrora abundantes para la pesca del salmón, en corrientes sin vida. Algo similar ocurrió en Egipto con el control de la mosca con DDT, además de la resistencia que el insecto desarrolló contra este producto. Los fertilizantes químicos, en contra de lo que comúnmente se cree, también pueden actuar como contaminantes. En efecto, cuando en los cursos y depósitos de agua existen cantidades excesivas de nutrientes, principalmente Nitrógeno y Fósforo, provenientes del lavado de terrenos fertilizados con dosis excesivas o métodos inapropiados, se favorece el desarrollo y la proliferación de algas y plantas acuáticas. El metabolismo y la descomposición de las mismas pueden agotar la reserva vital de oxígeno existente en el agua, ocasionando la muerte de peces y otras manifestaciones de vida orgánica sistemática, y remitiendo a estas reservas de agua a la condición de muertas o pantanosas como consecuencia del proceso denominado "eutrofización".

Ante este amenazador envenenamiento progresivo del ambiente y de la raza humana como consecuencia del uso de agroquímicos, aparece en contrapartida un esbozo de respuesta racional, representado por la actitud prudente de emprender la revisión sistemática de los procedimientos de producción agrícola, de control sanitario y de fertilización con productos químicos, para así perfeccionar y adoptar alternativas que ofrezcan mayores garantías. Este es un tema que abre el campo a amplias áreas de investigación, con indiscutibles probabilidades de éxito, aun cuando los esfuerzos necesarios para ello sean costosos y requieran de bastante tiempo. Aun así, mientras la investigación no descubra nuevas y mejores opciones técnicas, los agroquímicos deberán seguir constituyendo la herramienta vital para lograr rendimientos productivos adecuados, y para vencer en la lucha contra plagas y enfermedades que compiten con el hombre por alimentos, o que amenazan su salud y su bienestar físico. De momento, debe concentrarse la atención en la forma de utilizarlos adecuadamente, más que en prohibirlos tajantemente.

## V - "REVOLUCION VERDE" Y DESARROLLO SOCIOECONOMICO

> "Tradición no es hacer las cosas como las hacían nuestros abuelos, sino como ellos las harían si actualmente viviesen"
> Diderot

Las expectativas de escasez de alimentos como consecuencia del progresivo aumento de la población mundial despertaron hace algunos años atrás la inquietud por paliar anticipadamente los efectos nefastos de una situación de este tipo. El resultado ha sido la aparición, sobre todo durante los últimos tiempos, y como producto de la investigación especializada, de una serie de innovaciones técnicas en el campo de la agricultura, o, en otras palabras, de la explotación del medio ambiente en beneficio humano. Tales innovaciones han sido posibles en gran parte gracias a los adelantos de la biotecnología y de la ingeniería genética.

Los rendimientos de nuevas variedades de trigo, arroz, sorgo y maíz son actualmente espectaculares, y han podido beneficiar rápidamente a una gran cantidad de países como resultado de los ágiles métodos de información, difusión y divulgación.

Sin embargo, las expectativas implícitas en esta auténtica "revolución verde" son de tal magnitud en lo que respecta a la solución del problema mundial del hambre, que también están expuestas a ser desvirtuadas o mal conceptuadas en perjuicio de sus efectos teóricos, como consecuencia de la controversia y de la polémica especulativa. Este hecho es aún más relevante si se considera la incidencia del fenómeno en el proceso de desarrollo de los países emergentes, cuyas posibilidades sociales y económicas están sujetas a la trayectoria de las actividades básicas directa o indirectamente vinculadas a la agricultura y al entorno rural.

Las actividades agropecuarias y forestales adquieren en estos casos una destacada importancia frente a los problemas más fundamentales que afectan al hombre: la pobreza, el crecimiento demográfico, el desempleo y la crisis del medio físico.

Los fundamentos técnicos de los adelantos obtenidos en este terreno son innumerables, pero no es el objetivo detallarlos en esta ocasión. Lo que sí es interesante analizar, son algunas de las consecuencias prácticas de la aplicación de sus resultados.

Fue la adopción de semillas mejoradas la que permitió que Paquistán incrementara espectacularmente en cerca de un sesenta por ciento su producción de trigo entre 1967 y 1969, convirtiendo entonces al mismo tiempo a este país, de segundo beneficiario de la ayuda en alimentos de Estados Unidos, en nación prácticamente autosuficiente en abastecimiento de este cereal. El mismo "milagro" científico permitió incrementar la producción triguera de la India en un cincuenta por ciento entre los años 1965 y 1969, lográndose un autoabastecimiento de alimentos básicos de esta sobrepoblada población en 1972. El uso de nuevas variedades de arroz ha permitido que Filipinas deje de importar este producto básico. Numerosos países subdesarrollados de África han iniciado también serias campañas que algún día, si las condiciones socio políticas lo permiten, les permitirán gozar de beneficios similares. Los resultados en América Latina son también significativos en términos globales, y los avances al respecto han sido ya una realidad, especialmente con relación al maíz y otros cultivos básicos, y en cuanto a la satisfacción de necesidades urgentes en el terreno de la desnutrición. Las perspectivas de obtener variedades de alto rendimiento, a la vez que sumamente completas en cuanto a contenido nutritivo, están bien fundamentadas, y permiten visualizar el porvenir con mayor optimismo, sin que ello excluya un riguroso llamado a la sensatez y a la racionalidad de los sistemas de distribución e intercambio comercial. Por lo menos, la disminución del desequilibrio entre el crecimiento de la población y el de la producción de alimentos ha de permitir a los países en desarrollo enfrentar con más tiempo, aunque no por ello con menos rigor, el problema demográfico, tan amenazador en relación con las posibilidades de progreso efectivo. Es necesario que las naciones afectadas por este tipo de problemas sepan aprovechar los valiosos, aunque seguramente efímeros, períodos de alivio que permiten los avances tecnológicos en materia de mejoramiento sustancial del rendimiento de la producción agrícola. Situación que, por lo demás, resulta sumamente valiosa como contribución al posible relajamiento de innumerables tensiones sociales y políticas resultantes de una realidad desesperada, crónica y fuertemente limitante, que ha sembrado el pesimismo crónico en el tercer mundo desde tiempos inconmensurables.

Sin embargo, la "revolución verde" no constituye en sí la panacea o el milagro que teóricamente parece ser. Como resultado de la ciencia y de la tecnología, está sujeta a una serie de condicionantes, ya sean de orden técnico u operativo, o bien, a la generación de un sinnúmero de influencias sobre la sociedad, que incluso, de acuerdo con los factores en juego, pueden desvirtuar totalmente su efecto beneficioso. En efecto, cambios tan drásticos en el esquema productivo clásico de las áreas rurales de países en proceso de desarrollo, involucran serias y numerosas consideraciones de índole material social y político. En primer lugar, el aumento vertiginoso de la producción y de la productividad de las tierras no se logra con el sólo hecho de cambiar las variedades de las plantas cultivadas. Es necesario a la vez implementar sistemas completos, extensivos y onerosos de sanidad vegetal, que prevengan o controlen las plagas y enfermedades que, en grandes áreas de agricultura extensiva e intensiva, inducen el riesgo de generar serias pérdidas económicas.

Es fundamental, paralelamente, que el suministro de fertilizantes y de agua de riego sea gestionado de tal manera que su disponibilidad para las plantas de gran vigor y acelerado crecimiento asegure los rendimientos esperados, únicamente alcanzables cuando las condiciones ambientales, tanto naturales como artificiales, así lo permiten. Al igual que para los programas de sanidad vegetal en base al uso de pesticidas y equipo adecuado, las políticas de riego y uso de fertilizantes tienen factibilidades de aplicación a un costo que, para los países en desarrollo, resulta enormemente alto en proporción con la capacidad económica de los mismos, y con la importancia relativa de otro tipo de problemas inmediatos y más prioritarios. En el fondo, gran parte del "milagro" que representa la revolución verde está sujeto al uso racional, masivo y programado de agua, de fertilizantes, de equipos mecánicos y de pesticidas, hecho que implica grandes inversiones e innovaciones técnicas que muchas veces entran en conflicto con las limitaciones industriales, económicas o culturales de los países beneficiarios de dicha revolución.

En síntesis, la estabilidad de una política de desarrollo basada en la revolución verde no puede estar asegurada mientras no se tomen previamente las medidas de apoyo que requiere, e inclusive de aquellas que la deban acompañar como apoyo complementario. Con respecto a este último aspecto es necesario hacer notar que también el éxito productivo de la revolución verde implica tener preparada toda una infraestructura de procesamiento, elaboración, almacenaje, transporte y distribución de la producción, y, por lo tanto, de los correspondientes insumos, cuya magnitud es sustancialmente diferente de la que existe "a priori". En las naciones en desarrollo la agricultura avanza de acuerdo al modelo tradicional ajustado a un régimen de autoconsumo de subsistencia, que en ciertos casos puede absorber hasta el sesenta por ciento de la producción de cereales "in situ" solo para satisfacer las necesidades alimenticias básicas de la población local. Las mismas consideraciones son válidas en relación con los aspectos relacionados con la comercialización, los ingresos y los incentivos económicos derivados de la producción, aspectos por otro lado fácilmente transformables de beneficiosos en perjudiciales, si las estrategias políticas del momento, lugar o condición en que ocurre el proceso de desarrollo no son las adecuadas.

Naturalmente, todos los aspectos que implica la revolución verde, que a la vez constituyen la base fundamental de su éxito, pueden concentrarse en el blanco mismo tanto de sus causas como de sus efectos: el hombre. En efecto, no solamente el ser humano es el destinado a beneficiarse con los logros de esta revolución, sino que, simultáneamente, es el responsable de la puesta en marcha y del funcionamiento del nuevo concepto agrícola. Es la sociedad, a través de los oportunos estamentos públicos o privados, quien debe emprender la tarea de formar a los encargados de gestionar la revolución verde, ya sea bajo la forma de asistencia técnica, investigación, educación o, sencillamente, aplicación práctica y directa en el terreno de las labores aconsejadas por los nuevos descubrimientos. Ha de ser también el hombre el encargado de hacer buen uso de los resultados del nuevo proceso, y de ponerlo al servicio de una comunidad social progresivamente más fuerte, madura y equilibrada, una vez evaluadas en igual medida las alternativas de autoabastecimiento, mercado externo e integración económica regional.

Es el hombre, en último término, el encargado a nivel planetario de velar por que la revolución verde sea un instrumento de paz y estabilidad, y no una causa de conflictos causados por producciones de magnitud incompatible y reñida con los intereses del mercado internacional, con las políticas proteccionistas de algunos países industrializados, o con la necesaria armonía de los términos de intercambio mundial. Como ya fue comentado, no debe tampoco olvidarse que el milagro agrícola involucrado en la revolución verde supone costos de producción considerablemente más elevados que aquellos correspondientes a los métodos tradicionales de trabajo. Semejante realidad constituye un serio peligro para la sociedad rural de los países en desarrollo. En ellos, el acceso al capital o al crédito suele ser limitado, situación que desafortunadamente conduce a menudo a la heterogeneidad y a la persistencia de los vicios inherentes a la distribución de los beneficios económicos generados por la nueva tecnología. Algo similar sucede entre las áreas urbanas y rurales cuando se trata de establecer políticas de precios o subsidios para los productos agrícolas: se favorece o se perjudica en uno u otro caso la asignación de incentivos y de ingresos ajustados a las necesidades simultáneas de ambos sectores de la población.

Una vez más lo anterior pone de manifiesto que la planificación económica del desarrollo requiere de una perfecta compatibilización de los factores tecnológicos y sociales, para salvaguardar así la estabilidad de la sociedad, sin perjuicio de la introducción sistemática y progresiva de nuevos conceptos productivos y de nuevas estructuras organizativas. De otro modo, la brecha entre las minorías beneficiadas y las mayorías estancadas puede prolongarse indefinidamente, y aún acrecentarse. Mayores y mejores producciones de alimentos no constituyen solución alguna al problema de la alimentación humana si ello no cuenta con el apoyo simultáneo de la gestión programada del resto de las variables sociales y económicas. La revolución verde, pese a que encarna la esperanza de muchos habitantes del mundo, no deja de tener implícita la posibilidad de constituir fuente de ansiedades, aspiraciones e inquietudes, que en un momento determinado pueden llevar a situaciones de frustración, acentuando aún más el subdesarrollo, y precipitando violentas crisis sociales y económicas.

Frente a la dinámica global de los términos del desarrollo, esta situación puede igualmente convertirse en un motivo de aceleración de los procesos de cambio, o de modificación fundamental de su trayectoria, creando una incógnita que los modelos tradicionales no son capaces de explicar. Sin duda, es bastante conocido el efecto asociado que trae consigo la aplicación de una tecnología diferente e innovadora dentro de cualquier entorno clásico.

En el caso particular de la modernización agrícola, aun cuando los aumentos de la producción y de la productividad constituyen posibilidades reales, el consecuente incremento del desempleo o del subempleo rural, así como la concentración progresiva del ingreso, son también hechos bastante evidentes. Obedecen fundamentalmente a la tecnificación y a sistemas de tenencia inapropiados, consecuencia directa de la mecanización abrupta e indiscriminada, y de la concentración de recursos y beneficios. La participación ocupacional en las unidades de producción agrícola es decreciente debido al aumento de la productividad por persona, como resultado de la innovación en los procedimientos. Como producto de la generación de una población rural redundante, el fenómeno migratorio resultante pesa negativamente sobre las áreas urbanas, que actúan como receptáculo de la ola migratoria desplazada de los campos en busca de mejores expectativas.

En síntesis, todo posible beneficio o retraso al respecto recae en manos de quienes asumen las decisiones políticas y la planificación de la acción. Solamente la serenidad, la visión, la resolución y la oportunidad están llamadas a producir frutos compatibles con la necesidad de reconciliar en forma estable al hombre con su medio vital.

La revolución verde permite cuestionar la perspectiva del hambre, que según algunas teorías amenazaría a la humanidad como consecuencia de la explosion demográfica. Más aún, esta revolución posibilita vislumbrar el momento utópico en que todos los países del globo se autoabastezcan de algunos productos agrícolas, y tengan a su alcance aquellos productos complementarios que ellos no producen, pero que un adecuado sistema de intercambio permita distribuir equitativamente. Lo cual, simultáneamente, aumenta el plazo disponible para normalizar y estabilizar el proceso de crecimiento demográfico. Lo cual también corrobora el postulado, reiteradamente mencionado a lo largo de estas páginas, de que la alimentación de la humanidad no es un problema de "producción", sino más bien de "distribución".

El problema más candente de los países en desarrollo ha sido históricamente el del empleo y el de las alternativas sociales y económicas que implica la dinámica de los cambios. No se puede hablar de desarrollo ni de progreso si los beneficios forjados no alcanzan a la totalidad de la población. La desocupación o el subempleo no significan nada más que el desperdicio de una fuerza de trabajo, y la marginación de los individuos afectados tanto del proceso de crecimiento en sí como de sus beneficios. La legitimación de una fuerza de trabajo excesiva debe ser evitada, compatibilizando los recursos humanos con dicho proceso de desarrollo. La clave está en valorar el crecimiento demográfico en función del potencial laboral que representa, y con la perspectiva que necesariamente exige la velocidad con la cual marchan los acontecimientos en las esferas científicas y tecnológicas. La agricultura en sí misma constituye una fuente limitada de trabajo, y solo el desarrollo gradual de actividades complementarias o derivadas puede paliar en parte esta desventaja, en beneficio del equilibrio migratorio y de la eliminación de la tradicional pugna rural-urbana.

Por otra parte, la capacidad de absorción laboral de las industrias, y en general, de las ciudades, si bien es cierto es de mayor magnitud y dinamismo que la existente a nivel rural, acusa también una capacidad limitada de expansión y de absorción de la inmigración masiva. Además, dicha masa migratoria está integrada por elementos poco capacitados para el desempeño de trabajos diferentes a los de tipo puramente rural.

En resumen, el problema laboral tiene su origen, al menos en cierta magnitud, en las áreas rurales. De modo que también la solución debe partir desde allí, llevando a cabo programas de reforma agraria e industrialización horizontal, y estableciendo adecuadas políticas de distribución de ingresos que permitan aprovechar los resultados de la producción moderna, en beneficio de todos los integrantes de la sociedad rural, y en equilibrio con la industrialización y el progreso global.

Sin entrar a analizar las causas específicas que han llevado a producir situaciones de desequilibrio socio económico entre las áreas rurales y urbanas, y sin fijar mayormente la atención en la diversidad de fenómenos paralelos que acompañan a este esquema, es fundamental reconocer que solamente la implementación de estructuras sociales distintas, en las cuales la distribución de los factores productivos y del producto sean más justas, produce efectos positivos sobre la marcha del proceso de desarrollo. En forma paralela, la única forma de aprovechar racionalmente el medio ambiente productivo rural, en este caso representado por la agricultura, la ganadería y la silvicultura, es explotarlo convenientemente haciendo uso integral del mismo, lo cual solo es posible si se ajusta equilibradamente la acción del hombre a sus necesidades de vida, e independientemente de todo interés mezquino y de las incoherencias de los vicios históricos. Los abusos que el hombre ha cometido con la agricultura extractiva han respondido casi siempre a exagerados afanes de lucro o a negligencias complacientes, más que a verdaderas necesidades vitales. Estos mismos abusos en más de una oportunidad no han generado otra cosa que el deterioro gradual del potencial productivo del sustrato, comprometiendo el ritmo de producción progresiva y sostenida que tanto precisa la abundante, creciente y a la vez expectante población del globo.

Las reformas agrarias y de estructuras de distribución de ingresos son materias que conciernen directamente a los países interesados, quienes las emprenden de acuerdo con sus necesidades y características de desarrollo social y económico, y en consonancia con las distintas políticas que adoptan a tales fines. Como estrategias de acción es necesario señalar que representan oportunidades realmente concretas de conciliar las necesidades básicas del hombre con su medio ambiente, y a la vez, con las aspiraciones intelectuales, éticas y estéticas que exige hoy en día una sociedad que busca liberarse de los excesos ocasionados por un mal uso de la tecnología y de las diversas manifestaciones de la civilización. Todo ello, ajustado también a valores más dignos y a la vez mucho más simples. Tal es el movimiento que ha predominado en algunos países actualmente industrializados, principalmente en las sociedades de consumo, y tal deberá ser la actitud de las naciones que inteligentemente sepan aprovechar la experiencia de los hechos y las oportunidades que ofrece la acción audaz y previsora.

Como se acaba de analizar, revolución verde y reforma agraria parecen estar íntimamente ligadas en todo lo que tiene relación con la explotación productiva del medio ambiente con fines netamente humanistas. Sin embargo, ambas estrategias, así como todo intento de mejorar alguna fase del desarrollo de las actividades agrícolas como parte de un sistema económico dinámico, deben alcanzar profundamente a todos los agricultores, principalmente a aquellos situados en extremos contradictorios, como son por un lado los minifundistas, y, por otro, los latifundistas. Estos últimos, si bien tienen a su alcance la tecnología y el capital para aprovechar los beneficios de la revolución verde, corren el riesgo de aumentar aún más las diferencias en la distribución de los ingresos, por lo cual constituyen la preocupación primordial en todo proceso de reforma agraria, lamentablemente muchas veces distorsionado por la manipulación política.

Naturalmente, tanto la reforma agraria como la revolución verde resultan a su vez inoperantes sin el auxilio de la formación y de la capacitación que, ágilmente coordinadas con la función investigadora, integran la fuerza encargada de dirigir los cambios estructurales y técnicos hacia el logro de objetivos socio económicos idóneos. Si a ello se añade un sistema ágil de participación campesina, así como el complemento, dentro de un plan rural integral, del crédito oportuno y racional, de la comercialización, de la industrialización realista, y de las políticas de incentivo, los efectos positivos no pueden hacerse esperar largo tiempo. No obstante, la eficiencia y la disciplina son decisivas en tal sentido. La definición oficial de políticas es básica, así como lo es la institucionalización estructurada, operante y eficaz. Sin duda, el progreso y el desarrollo no solamente se estancan como consecuencia del tradicionalismo y de la superstición rural, sino que, en numerosos casos, puede sufrir los efectos de un esquema socio económico desfavorable, o de una estrategia política errónea.

Volviendo nuevamente a analizar los peligros sociales que lleva implícita la revolución verde, es necesario hacer hincapié en la incongruencia que invariablemente esta última acarrea entre las aspiraciones que despierta y las frustraciones que puede originar. El llamado efecto "demostrativo" que produce la comparación entre situaciones de adelanto y de atraso, puede llevar, por efecto de la comunicación exagerada o descontrolada, al culto de lo superfluo, al consumo suntuario, y, por tanto, al bloqueo del ahorro por la ocurrencia de pretensiones de consumo que sobrepasan las posibilidades reales de satisfacción. Esta situación, visible tanto entre los estratos de una determinada sociedad como entre países de diferente grado de desarrollo, puede constituir otra causa de inestabilidad social, a la cual los medios de comunicación conducen desaprensiva y aceleradamente al poner en contacto realidades marcadamente diferentes, y al crear expectativas fuera de contexto. Este fenómeno es marcadamente más intenso en el momento en que los desequilibrios comerciales, el afán especulativo y los intereses creados entran en juego. La promesa de un mundo maravilloso para el cual no existe una demanda que vaya más allá de ciertos grupos de élite, sólo produce estados ansiosos, cuya ausencia de satisfacción lleva a la desilusión.

A este marco teórico, válido para situaciones globales dentro de una determinada estructura socio económica, no escapa tampoco la revolución verde, cuando las expectativas materiales demasiado optimistas no logran superar las interrogantes que plantean sus efectos físicos, económicos, sociales y políticos. En un momento determinado, sobre todo si éste es crucial para el desarrollo de una nación, puede ser muy contraproducente el hecho de que un aumento de la producción no satisfaga los incrementos paralelos de las expectativas que despierta, sobre todo si este abismo se manifiesta como resultado de una falta de organización y de gestión. Por otro lado, tampoco hay que olvidar que algunas veces el problema tanto o más importante no es el de aumentar la producción de alimentos, sino el de gestionar los excedentes de producción, coyunturales o crónicos, que por una u otra razón se producen en ciertas áreas del planeta, generalmente ya desarrolladas, y que evidencian una vez más las incoherencias del sistema distributivo y de la extrema polarización entre hambre y opulencia.

La mayoría de las medidas precautorias que es preciso tener en cuenta al pretender hacer un uso desarrollista de la revolución verde, radican en el reconocimiento honrado de la posible distorsión de la ecuación entre aspiración y logro, punto crítico donde yacen muchas de las dificultades del progreso y del desarrollo. Esta distorsión puede constituir un factor importante del despertar de la agresividad rural si la justicia social y económica y la política redistributiva no contraponen alguna posibilidad de compatibilizar ambos conceptos. Los efectos de la agresividad rural, manifestados tarde o temprano en forma de revolución política, violenta o no, pueden representar una perspectiva nefasta para algunos, o el instrumento y la oportunidad de auténtico desarrollo para otros.

La revolución verde, al suministrar valiosos instrumentos para la lucha contra el hambre como consecuencia de una explotación productiva, innovadora y racional del medio natural, está abocada a destruir innumerables abusos, extremos e intereses creados, y a despertar la inquietud por afrontar y solucionar el problema de la justa distribución de los recursos productivos y del equilibrio y de la dignidad del hombre dentro de su medio. Como producto de ello, y sea cual fuere el tipo de revolución política, social o económica que la acompañen, inducirá inevitablemente cambios decisivos en las estructuras políticas, sociales, económicas y culturales de los países, sean estos emergentes o avanzados, y definirá actitudes y posiciones variadas en las relaciones entre todos ellos.

En todo caso, por su naturaleza y efectos, la revolución verde está destinada también a constituir un hecho dinámico y prolongadamente perdurable dentro de la sociedad, como lo demuestran los diferentes hitos y triunfos logrados por ella a lo largo de su compleja historia. Las perspectivas del progreso tecnológico avalan este postulado, puesto que su base conceptual radica precisamente en los fundamentos de la investigación y de la ciencia, que siempre estarán indisociablemente vinculados al progreso de la humanidad.

## VI - ECONOMIA Y MEDIO AMBIENTE: UN COMPROMISO VINCULANTE

> "Lo más importante en este mundo no es dónde estamos, sino en qué dirección nos movemos"
> Goethe

Las organizaciones mundiales encargadas de regularizar el crédito de los países industrializados hacia las naciones del tercer mundo han entrado desde hace ya tiempo a considerar los factores ambientales en la tramitación de los préstamos. En síntesis, pretenden establecer normas y criterios para verificar la valorización de proyectos y ponderar sus efectos sobre el entorno, no para obstaculizar el proceso de desarrollo económico, sino más bien para fomentar un buen uso de los recursos y evitar el deterioro del medio humano a corto y largo plazo.

Pese a que casi todo el mundo condena la contaminación y el deterioro del entorno, el rechazo de una solicitud de crédito o de ayuda económica por razones ecológicas provoca casi invariablemente disgustos e incomodidades a los países aspirantes, máxime si la relación de dependencia de éstos últimos es de grado avanzado. No obstante, ello crea el ambiente propicio para efectuar estudios más profundos y para revisar y modificar los aspectos susceptibles de cambio y adaptación a los intereses de la comunidad.

La cuestión ecológica se puede distorsionar de tal forma que parezca una proyección paternalista de los países aportadores de ayudas, o que se preste a ser interpretada por muchos estados en desarrollo como la justificación al amparo de la cual los poderosos intentan una progresiva reducción de sus compromisos respecto al desarrollo económico de los emergentes, o que induce el incremento de barreras arancelarias que atentan contra los términos internacionales de intercambio comercial en perjuicio de los segundos. De hecho, la aplicación de normas ecológicas constituyó un frecuente motivo de disputas y conflictos en Europa, donde algunos países se quejaron en su día de la prohibición que otros efectuaron a la importación de sus vehículos y productos alimenticios, con el pretexto de que expelían demasiados contaminantes, o que no cumplían las normas de calidad o las cuotas de importación acordadas.

Independientemente de lo anterior, los economistas conocen bien el empleo de las tradicionales normas de control sanitario que afectan al comercio internacional, como para desentenderse actualmente de las implicaciones involucradas en determinantes de tipo ecológico, de mayor repercusión, trascendencia y amplitud de efectos. De hecho, hasta cierto punto, las normas de protección sanitaria del comercio internacional poseen también indiscutibles connotaciones ambientales.

Si bien es cierto que las normas de protección ambiental adoptadas para la regularización del crédito internacional han abarcado campos específicos, como son el uso de pesticidas en la agricultura, la construcción de represas y el control de la natalidad, cabe esperar aún procedimientos más perfeccionados y cada vez más rigurosos que desde ya plantean áreas de posibles problemas. Naturalmente, los inconvenientes deben ser obviados en la medida en que las partes interesadas estén dispuestas a transigir con una gran flexibilidad de criterio, y a reconocer que a la luz de las medidas propuestas se amparan intenciones positivas.

En la medida en que las naciones emergentes estén dispuestas a aceptar este tipo de regulaciones en su propio beneficio, y de acuerdo a una concepción previsora y visionaria, gran parte del éxito estará asegurado. Sin embargo, si los países o instituciones que otorgan la ayuda no adoptan políticas flexibles, prudentes y acordes con las condiciones locales de los presuntos favorecidos por dicha ayuda, ni eliminan toda insinuación de dominio o compromiso dirigido en la aplicación de los procedimientos de control y fiscalización, poco se puede esperar que el sistema opere en momentos en que cada nación defiende su identidad y su independencia con mayor ahínco, y en un mundo en el que las apremiantes necesidades de la comunidad obligan a adoptar actitudes que van más allá de la tradicional consideración de fronteras, barreras o diferencias que separan a los hombres. La imparable evolución de la humanidad hacia la globalización integral avala esta realidad.

Complementariamente a las anteriores consideraciones, y ya como una alternativa diferente, es útil también reflexionar sobre el requisito de modelar un nuevo concepto de progreso. Al mismo tiempo que la idea de progreso como ideal se ha filtrado en los países en desarrollo, las naciones industrializadas tratan de hacer frente a las consecuencias de sus excesos y desenfrenos. Por lo tanto, aparece como incógnita el poder distinguir entre las consecuencias de que los países ricos ayuden a solucionar sus problemas a los de menos recursos, frente a la posibilidad de que estos últimos lo hagan independientemente, aplicando los predicamentos de su propia iniciativa. Para los primeros, esto último representa la ocasión de desligar su responsabilidad frente a problemas que incumben a todo el planeta; para los últimos, significa la oportunidad de decidir, luego de asistir como observadores de la intensificación progresiva de los serios y vertiginosos males que aquejan al planeta, si prefieren seguir o no la misma trayectoria y los mismos modelos conceptuales de desarrollo. Una decisión por la primera alternativa deja de inmediato en claro que los resultados a obtener, en circunstancias en que las determinantes pueden ser diferentes de las que configuraron el modelo original, obligarán con toda seguridad a cambiar la trayectoria, y a adaptarla a la nueva realidad local. Este hecho supone un desafío en el cual deberá invertirse el máximo de imaginación y de audacia.

La ecología ha llegado al extremo de tener que plantear y asumir una verdadera "lucha de clases" a nivel tecnológico, ya que son los países más avanzados los que tienden a provocar el mayor perjuicio ambiental. Se ha transformado así en una ciencia rejuvenecida al cambiar los elementos de juicio de las nuevas generaciones, quienes a menudo enfocan el problema de la vida y de la esencia del hombre como reacción y alternativa contra la violencia y la guerra. La eterna tarea y lucha del ser humano por controlar el medio ambiente ha producido un peligro inminente que ahora es reconocido en casi todos los ámbitos y niveles, y esto coincide con un despertar repentino de la humanidad que le hace buscar ansiosamente el freno que evite la destrucción y el deterioro de su medio vital.

La humanidad, de continuar creciendo al ritmo presente, y aún si se mantiene dentro de su nivel actual de población, es posible que logre alimentarse convenientemente, pero dará origen a asombrosos conflictos con cualquiera de sus movimientos instintivos. No es ético ni lógico seguir estimulando y alimentando el apetito de lo innecesario, la seducción de lo inútil y la pasión por lo superfluo, sin antes cubrir las necesidades imprescindibles para la supervivencia, que no solamente se limitan a materias relacionadas con la alimentación.

La transformación de las costumbres suele ser lenta, ya que depende esencialmente de la persuasión para modificar los hábitos más arraigados de la especie, e implica irremediablemente el sacrificio de aspectos suntuarios por parte de la población, en beneficio del bien de las mayorías. Es posible producir más alimentos y distribuirlos mejor con sistemas económicos de ámbito multinacional que permitan su llegada a las bocas más necesitadas, para así combatir la desnutrición y prevenir el hambre. Es también posible y fundamental alternar lo anterior con procesos educativos a largo plazo, que produzcan cambios favorables en las actitudes y en los hábitos de nutrición y consumo, y eviten el despilfarro y la corrupción creados por efectos de la industrialización exacerbada. Es factible, paralelamente, convencer al género humano sobre los inconvenientes y peligros de la tecnología mal gestionada, y confiar en cambio en el restablecimiento del orden y de los valores genuinamente humanos como consecuencia de la prevalencia de la inteligencia sobre la desmesurada ambición.

Frente al caótico mundo que el hombre ha creado por

agregación, integración, acumulación y aglomeración, ha de surgir una forma de organización más compleja que lo salve, ya que la supervivencia de la humanidad tiene que ser planificada sobre la tierra, territorio de recursos finitos y limitados. Se cuenta para ello con eficaces herramientas científicas y tecnológicas, cuya eficiencia y cuya eficacia dependen solamente del uso que se haga de ellas, del ritmo que les impriman los que deben manejarlas, y de la responsabilidad que asuman quienes tienen la obligación de dirigir su trabajo. Una labor de este tipo requiere básicamente de una proyección global a nivel internacional, desvinculada de predicamentos políticos, económicos o de ideologías de concepto.

Se ha de fundamentar el derecho equitativo de todas las naciones, evitando el peligro del predominio de la opinión de una minoría de países desarrollados, sobre todo cuando se trata de decisiones concernientes al bienestar de toda la civilización. Sin duda, el más antiguo de los poderes de la sociedad civil, y a la vez el de mayor fuerza y trascendencia, es el del número, el de las mayorías, el de las aspiraciones, el de las grandes tensiones históricamente acumuladas. Poder que, en último término, ha sido el motor de gran parte de las revoluciones que conoce la historia.

Toda acción tendente a preservar los caracteres favorables del medio ambiente requiere de un capital humano altamente cualificado y responsable, de instituciones dotadas de fuerza para promover la acción, y de financiación oportuna y garantizada. Pensando en términos de medio ambiente y desarrollo, un alto porcentaje del producto nacional bruto de cada nación debería destinarse anualmente a conservación y mejoramiento del patrimonio natural, tanto con fines sociales como económicos. Preservar y promover un ambiente sano es factible solamente asumiendo actitudes positivas de prevención y de defensa, que deben ser meditadas al margen de ideologías o de intereses específicos, exceptuando los de repercusión estrictamente humanitaria.

El capital humano, idóneo y culto, encargado

desinteresadamente, o involucrado en la acción positiva, debe ser adecuadamente incentivado para permitir el desarrollo de sus aptitudes en beneficio de la sociedad. Mentalidades audaces, a la vez que previsoras, poseen la visión necesaria para detenerse a considerar por un momento las ventajas de su labor en bien de todos. Si estas mentes abiertas tienen la responsabilidad de la gestión y de la planificación, su importancia como actores de primer plano es aún mayor. El deber de la sociedad es otorgarles las herramientas y darles las oportunidades para que actúen y devuelvan al medio humano su condición de equilibrio dinámico y de fuente de vida, expansión, libertad y bienestar.

Se debe dar por desterrada la "erosión moral", retratada históricamente en la condición de marginación del hombre rural, como consecuencia directa de una falta de organización y responsabilidad administrativa de las políticas de defensa del medio, y de oportuna gestión de las comunidades encargadas de la explotación de la tierra, sobre todo de su parte renovable.

Debe entenderse, por encima de cualquier otro mandato, que la valoración económica que se hace de las actividades de extracción o explotación de los recursos naturales, llámense éstas agrícolas, forestales, mineras, pesca, caza o industrias derivadas, es errónea si no se la asocia a la idea de futuro y de equilibrio ambiental. Por este motivo la valoración, más que en términos económicos, debe ser efectuada en términos biofísicos, si se quiere ajustar el potencial disponible de la tierra a las auténticas necesidades elementales, pero permanentes y progresivas, de la creciente población y de las generaciones venideras. Un nuevo concepto de "balance ecológico" debe también constituir la base de cálculo a la hora de evaluar la productividad y rendimiento de todas las actividades industriales y empresariales, en contraposición a los tradicionales indicadores fundamentados en expresiones puramente contables.

Hasta hace relativamente poco sólo un grupo de idealistas románticos, fascinados por el encanto de la naturaleza, consideraban la moderna tecnología como una maldición ecológica. A medida que se pudo demostrar que la explosión tecnológica acelerada ocasionaba problemas concretos, las ideas evolucionaron también globalmente, ya que los costos sociales de la contaminación se fueron haciendo más perceptibles. El rendimiento económico resultante de la aplicación desenfrenada de la ciencia, en comparación con los costos sociales de la contaminación, comenzó a preocupar a los economistas, casi en la misma medida en que inicialmente motivó la acción de biólogos y sociólogos.

Ejemplos de esta evolución pueden ser observados día a día como reflejo de opiniones provenientes de todos los sectores de la producción y de la sociedad, y en este mismo sentido se ha acuñado y difundido ampliamente la expresión de que "quien contamina o deteriora el medio ambiente ha de pagar los costos correspondientes". Afortunadamente, muchos han llegado también a percibir que la tecnología, bien canalizada y controlada, puede contribuir favorablemente a la solución de muchos de los problemas por ella generados, pero han de ser los mecanismos aportados por nuevos enfoques económicos los que permitan una lógica distribución de los costos del deterioro. En consecuencia, se debe asumir este principio lógico y aplicarlo a la hora de implementar los mecanismos que permitan asignar los costos medioambientales, imputándolos y repercutiéndolos equilibradamente a los niveles correspondientes, con equidad y racionalidad.

Además de ponderar las inquietudes sociales que trae consigo el problema ambiental, es necesario precisar la naturaleza clave de los perjuicios y sus causas, y establecer una escala de prioridades en los países en vías de desarrollo, donde la pobreza, el hambre y la falta de educación no permiten evaluar el verdadero peligro del enemigo invisible e intangible representado por el deterioro de los recursos naturales. La miseria, que a menudo precede e incluso acompaña al proceso de desarrollo, representa la forma más cruel de contaminación ambiental, por cuanto significa la contaminación del propio ser humano.

En los países en desarrollo se da generalmente una escala de valores y prioridades dentro de la cual el control ambiental ocupa un plano secundario en comparación con el que se le otorga en las naciones desarrolladas. Este hecho es comprensible, ya que los países en desarrollo concentran sus esfuerzos en el aumento de la producción, antes de preocuparse por los problemas del deterioro del medio. La explotación masiva y urgente de los recursos naturales, así como el estímulo de la industrialización, los lleva a producir desequilibrios susceptibles de evaluación solamente e largo plazo, ya que la planificación, aunque bien intencionada, es frecuentemente ciega, y está dominada por la ansiedad de bienestar a corto plazo. De hecho, esto repercute directamente en sectores como la agricultura y el medio urbano, donde la necesidad de resultados y de beneficio inmediato no permite imaginar con visión a futuro los aspectos negativos de una política carente de perspectiva.

Por otro lado, el costo de la gestión del medio representa para los países emergentes valores proporcionalmente mucho más elevados que una inversión destinada a un aumento de la producción básica, cuyos frutos se hacen evidentes dentro de plazos sustancialmente más cortos. Ello no ocurre en sociedades económicamente más poderosas. Y a nivel empresarial ocurre algo similar, puesto que la capacidad de cooperación en dimensión ambiental se ve limitada por la escasez de recursos económicos sobre todo si la magnitud de la empresa no es lo suficientemente importante.

En líneas generales es conveniente frenar también las ideas de nacionalismo y las actitudes de soberbia cuando se trata de la aplicación de puntos de vista foráneos, sobre todo cuando sus ventajas ecológicas son obvias. La tecnología de vanguardia, cuya aplicación ha demostrado enormes beneficios en países industrializados, debe predominar sobre el supuesto orgullo que significa hacer uso de políticas autóctonas muchas veces improvisadas, que a menudo resultan inoperantes y desprecian la realidad de los hechos concretos avalados por la experiencia. Actitudes como éstas se suelen justificar como reacción frente a supuestas tendencias colonizadoras o imperialistas por parte de los más poderosos, pero aun así, no se debería hablar de fronteras de ningún tipo al plantear acciones a largo plazo que comprometen un patrimonio frágil y escaso, propiedad y responsabilidad de todos, como es el medio ambiente.

El predominio de la emoción sobre la lógica de la razón nubla muchas veces el correcto juicio y el análisis concreto del problema y de sus soluciones alternativas. La práctica de políticas originales pero de fondo excesivamente subjetivo y poco práctico implica altos costos, y no siempre la eficacia ideal. El proceso en sí debe ser evolutivo, y resulta inteligente en este sentido aceptar un comienzo de tipo imitativo para luego evolucionar, cuando los hechos lo permiten y existe para ello una adecuada infraestructura, hacia tendencias de tipo adaptativo e innovador. De todos modos, la coexistencia de una y otra fase puede ser factible, según se trate de las distintas ramas de la producción o de la sociedad comprometidas con la solución del problema.

En términos económicos, el proceso conlleva igualmente la generalización más amplia de los postulados antes planteados en relación con la investigación agrícola, en cuyo caso, de acuerdo a la situación de cada país en cuestión, debía comenzarse a niveles básicos de mayor retorno inmediato y de mayor interés nacional, obviando innumerables riesgos, para favorecer luego la evolución paulatina hacia niveles más técnicos y científicos, esta vez mediante la introducción progresiva de la tecnología de países más avanzados. De este modo el proceso se acelera, y un marco de cooperación e intercambio sin fronteras permite visualizar el uso económico, ágil y efectivo de la tecnología y de las fuentes de financiación e información. Las prioridades adquieren de este modo un valor real más ajustado al costo de las soluciones, puesto que se hace uso de recursos disponibles localmente. Y el paso hacia etapas de autodeterminación y autosuficiencia se logra también de modo más rápido, una vez que el estancamiento producido por la pretensión, la soberbia y el exagerado amor propio es superado.

Un país en desarrollo necesita hacer pleno uso de los recursos de que dispone. Pero este hecho, pese a involucrar prudencia operativa, no debe dejar de lado la consideración permanente de las metas del progreso y la aplicación de los sistemas tendentes a alcanzar estos objetivos lo más rápido posible. La originalidad en sí es válida solo cuando se trata de agilizar el desarrollo de recursos naturales con la certidumbre de un beneficio neto a corto plazo, y sostenido a largo plazo, sobre todo si dichos recursos son abundantes frente a la escasez económica global. En el caso de la agricultura, tratándose de aumentar la producción de alimentos, se hace muchas veces necesaria la aplicación de técnicas o prácticas revolucionarias cuyo retorno económico a corto plazo es innegable. La osadía ocasional y fundamentada es, por lo tanto, de gran beneficio, pero ello no significa que la marcha global de la política agraria no deba ser prioritaria, sistemática y progresiva, combinando la investigación básica local con la importación e intercambio fundamentado y específico de tecnología más avanzada. La investigación local debe hacerse también autóctona cuando se trata de problemas especiales inherentes a una determinada localidad o territorio, pero sin despreciar la experiencia que puedan aportar las ciencias y conocimientos provenientes de fuera. Es posible encontrar numerosos y variados ejemplos de este tipo de requisito en el campo de la silvicultura, del regadío, de la minería y de la pesca en los países emergentes, todos los cuales involucran necesariamente una proyección técnica y económica a largo plazo que asegure rendimientos sostenidos.

Teniendo en cuenta a la vez la relativa escasez económica y científica de los recursos operativos de los países en desarrollo, y la posibilidad para los mismos de contar con la ayuda financiera o tecnológica proveniente de las esferas internacionales y de los países más ricos, la estrategia global para los mismos comienza invariablemente con la toma de conciencia, desde el principio, sobre las ventajas de la preservación y protección del hábitat, anteponiendo las medidas preventivas pertinentes al eventual problema de la contaminación y de la devastación. Los países en desarrollo tienen la ventaja de contar con un ambiente en el cual generalmente los problemas de desequilibrio causado por la civilización son aún inexistentes o muy incipientes, y disponen por lo tanto de la oportunidad de adoptar selectivamente una tecnología exenta de peligros de contaminación, evitando así los errores cometidos durante la industrialización de los países más avanzados.

En términos generales, la escasez de recursos económicos necesarios para hacer frente a los problemas ambientales puede ser sustituida por una sana dosis de rigor y buen criterio en la planificación del conjunto de las actividades sociales y económicas. Si además existe la predisposición hacia una cooperación de tipo internacional, la conservación ambiental del mundo se puede lograr a un costo aceptable y asumible, ya que la unificación de esfuerzos y recursos está ciertamente destinada a controlar las acciones contaminantes del ser humano a través de la creación de una conciencia universal, o por lo menos, de la aplicación de una política multinacional que obligue a cada individuo a pagar justamente por el uso del sustrato vital, un derecho que también implica obligaciones y responsabilidades.

Cabe suponer, y de hecho ya se han hecho evidentes variados síntomas, que la necesidad que impone la conservación de la naturaleza y el medio ambiente ocasiona aspectos contradictorios a las aspiraciones del mundo en desarrollo. La necesaria industrialización de los países emergentes está sujeta cada día más a la opinión y fiscalización de los incondicionales de la ecología, y su influencia es ya marcada a niveles de toma de decisiones, sobre todo a la hora de considerar los pro y los contra que representan para el entorno las impactantes obras que requiere el desarrollo. Muchos programas o proyectos de gran magnitud tienen en cuenta hoy en día el juicio de los defensores de los recursos naturales y de los expertos ambientales surgidos en este ámbito, y valoran seriamente las consecuencias que pueden suponen para el medio. Tales planteamientos son válidos por sí mismos cuando se trata de programas cuya trascendencia ambiental es de envergadura, como sucede por ejemplo con los proyectos de construcción de embalses y represas, los planes de urbanización, la construcción de carreteras, y el diseño y la localización de las infraestructuras de depuración y tratamiento de aguas y residuos generados por la industrialización y el consumo masivo. Inclusive, el comercio internacional de productos peligrosos o nocivos susceptibles de propagar enfermedades perjudiciales tanto para el hombre como para la agricultura y el medio ambiente, está hoy día minuciosamente reglamentado y controlado.

Un caso conocido puede servir de curioso ejemplo en este sentido. Se refiere al discutido proyecto que en su día planteó la posibilidad de acondicionar el Canal de Panamá a un funcionamiento a nivel del mar. Esta iniciativa supuestamente había de producir efectos negativos en la flora y en la fauna marinas al mezclarse libremente las aguas de los océanos Pacífico y Atlántico, cuyas consecuencias afectarían al propio ser humano. Los expertos señalaron entonces que ciertos peces del Atlántico apareados con la misma especie del Pacífico producirían crías estériles. Además, las algas que pasasen de un medio al otro podrían crear un llamado "ciclo de toxicidad", que sería fatal para los peces. Los tiburones del Pacífico, más feroces que los del Atlántico, podrían incluso devorar a los turistas de Miami.

Los peligros que encierra la transformación tanto gradual como drástica del medio ambiente deben ser tenidos en cuenta a conciencia. Aludiendo a otro ejemplo, la construcción años atrás de la presa de Asuán en Egipto produjo un sinnúmero de efectos secundarios, entre los cuales puede mencionarse el aumento de la frecuencia de ciertas enfermedades. Y también es significativo el caso del canal de Welland, que en 1932 unió el Atlántico con los Grandes Lagos de Norteamérica, e hizo que la lamprea del océano llegara hasta estos últimos exterminando la trucha y otros peces de interés, amenazando seriamente la industria pesquera regional.

La construcción de nuevas carreteras en ciertos lugares puede favorecer, por el movimiento de vehículos, personas y mercancías que ellas provocan, la transmisión de ciertas enfermedades. Esta evidencia ecológica sirvió a expertos ambientales de prestigio internacional para argumentar en contra de la construcción del último tramo de la carretera Panamericana, entre Panamá y Colombia, con el argumento de base de que presumiblemente contribuiría a propagar la fiebre aftosa a Norteamérica y América Central.

Los ejemplos analizados, así como otros innumerables casos que alcanzan diariamente a la opinión pública, explican el aumento de sensibilización en relación al tema. Hoy en día, cualquier industria que se instala en un país determinado, o cualquier modificación progresista que tienda a elevar el nivel de vida y de desarrollo de una nación o región concreta, debe ante todo someterse a la ponderación minuciosa de su eventual impacto sobre el entorno. Sin tomar las medidas pertinentes, obras de tal trascendencia pueden representar progreso económico evaluable en forma tangible en el corto plazo, pero también pueden ocasionar a futuro trastornos difíciles de ponderar, si no se analiza la situación en términos objetivos desde el principio, incluso desde el punto de vista de la inversión económica, que suele en la mayoría de los casos ser importante.

Según varios informes, los costos de la contaminación atmosférica y sus perjuicios son directamente ponderables en términos económicos. En Estados Unidos, país en el cual los problemas de la contaminación debidos a la industrialización han hecho crisis desde hace años, y donde las medidas de control son por ello más exigentes, los costos económicos de la contaminación del aire alcanzan una cifra valorable en varios millones de dólares anuales, y a importes superiores incluso a los invertidos en educación. La reducción del cincuenta por ciento de la contaminación atmosférica produciría teóricamente un ahorro anual importante únicamente en lo que se refiere a costos directos de los servicios de salud.

En las áreas metropolitanas la contaminación del aire significa sobrecargar considerablemente los gastos de mantenimiento de los inmuebles. Las pérdidas agrícolas directamente producidas por la contaminación atmosférica alcanzan cifras astronómicas. Y ello sin considerar además los costos indirectos de los efectos de este tipo de contaminación, que, aunque sean solo ponderables en términos de largo plazo, son indudablemente muy elevados.

La calefacción y las industrias de las grandes ciudades han hecho que estas últimas vean aumentada su temperatura ambiental entre dos y tres grados en relación a sus áreas circundantes de campo o montaña, y que sufran una concentración sustancialmente más acentuada en cuanto a polvo ambiental. La cantidad de precipitación aumenta en ellas entre un ocho y un diez por ciento, la luz ultravioleta recibida disminuye entre un cincuenta y un noventa por ciento, y la cantidad de luz solar que las alcanza sufre una reducción de alrededor del treinta por ciento, sin considerar el apreciable aumento de la concentración de compuestos tóxicos como monóxido de carbono, anhídrido sulfuroso, óxidos de nitrógeno e hidrocarburos. Ello conduce a la creación de microclimas locales sumamente perjudiciales para la salud, y, por agregación, a la degradación del equilibrio climático mundial.

Sobre la base de lo anterior se puede pensar que el problema de la contaminación atmosférica es algo muy particular que afecta solamente a las áreas de gran concentración urbana y altamente industrializadas, como son las grandes capitales o ciudades del mundo moderno. No obstante, los efectos de la contaminación son mucho más generales, y su trascendencia es amplia, situación que también ocurre en general con cualquier tipo de efecto perjudicial para el medio ambiente. Esta realidad permite confirmar que ecología y economía son dos disciplinas cuya consideración y aplicación conjunta en la práctica ha de trascender cualquier tipo de frontera, sea ésta de tipo físico, político o cultural.
Es indiscutible, y ello merece ser nuevamente recalcado, que es el hombre, protagonista del progreso y de la civilización, que ha causado la mayoría de los trastornos ambientales, como

consecuencia de una probablemente bien intencionada búsqueda de bienestar, sin dar la debida importancia a los problemas asociados a tal inquietud. Nadie puede actualmente negar las ventajas y beneficios que el progreso aporta a la humanidad. Se cuenta actualmente con medios de subsistencia y con condiciones de vida cotidiana que no existirían sin la contribución de la misma ciencia y de misma la tecnología que a la vez son la causa del deterioro del hábitat natural. Gracias al progreso, el hombre de la sociedad industrializada está en condiciones de hacer frente a las presiones del medio, a las enfermedades, al hambre, y cuenta con importantes ventajas en materia de calidad de vida, movilidad y comunicaciones. Ha mejorado sus expectativas de vida al nacer, e incrementado su edad media de vida.

Sin embargo, siendo el deterioro ambiental un problema creado por obra del hombre, y siendo tan globales sus consecuencias para un entorno físico que pertenece a todos y que no tiene fronteras, es imposible enmarca regionalmente las responsabilidades. Se hace necesaria una estrategia de amplio ámbito que neutralice los efectos negativos del deseo exagerado de bienestar material. El medio ambiente es único y universal, y tal vez el disfrute de sus características más simples y primitivas constituya el lujo más apreciado por las futuras generaciones. La industria seguirá produciendo sus frutos y beneficios como lo ha hecho hasta ahora, pero sólo la cooperación unánime y solidaria de cada uno de los integrantes del planeta hará posible poner dichos logros plenamente al servicio del hombre, obviando las posibilidades de daño colateral, directo e indirecto, tanto a corto como a largo plazo.

No hay que olvidar que el costo de la destrucción o del deterioro del medio natural incide a todos los niveles de la sociedad, en forma permanente y en continuo aumento. Aun cuando gran parte de la población no comprende aún ni aprecia la influencia negativa que el abuso de la naturaleza representa para las futuras generaciones, la situación no es por ello menos real ni tácita. Más aún, corre el riesgo de hacerse cada día más difícil de remediar sin tener que entrar a efectuar inversiones de considerable magnitud.

Profundizando sobre este tema, hay que aceptar que el costo de la contaminación representa un gasto que toda la sociedad debe asumir para paliar los inconvenientes del progreso y las amenazas a las condiciones ideales de vida. Lamentablemente, el actual esquema socioeconómico permite que en muchos países las empresas públicas, la industria, la minería y los automóviles, para citar solo algunos ejemplos, contribuyan significativamente a contaminar el medio. En consecuencia, los gobiernos deben sufragar los gastos derivados de esta situación de deterioro físico, y los particulares se ven forzados a pagar los servicios médicos y sanitarios para sanar las afecciones broncopulmonares, oculares o psíquicas que los afectan como resultado de su exposición a agentes nocivos, por poner algunos ejemplos. Es un costo que, desde luego, ya se repercute a nivel individual en los países más avanzados, tanto mediante sistemas tributarios, como a través de los propios mecanismos del mercado, donde los productos industriales de consumo social resultan recargados en su precio en proporción al costo del control de la contaminación de la industria que los produce, creando una verdadera "inflación social". Inflación que, por lo demás, tiene sus raíces en la presión que parte de la sociedad ejerce contra los abusos y excesos de una industrialización que ha entrado en complicidad con la ambición desmesurada del hombre por bienestar tecnológico, para promover en cambio el restablecimiento de los valores simples y esenciales de la vida.

Las actividades sociales, económicas e industriales encargadas de controlar la contaminación están destinadas necesariamente a frenar los abusos tecnológicos con la implementación de una verdadera "anti tecnología", compatible a la vez con el progreso. No obstante, el recargo de costos que ello supone para los productos industriales debe ser pagado por el consumidor, como justo mecanismo que permita a cada cual responder por la parte que directa o indirectamente le corresponde como usuario del medio, y como actor de las actividades que presionan sobre él. Es importante que el público acepte y asuma pagar este precio para poder vivir en un ambiente sano. Y es también indispensable que se efectúen las inversiones que el caso implica para evitar estos inconvenientes cuando exista la oportunidad para ello, lo cual es especialmente aplicable a los países en transición como medida previsora.

Hasta hace algún tiempo atrás, los organismos e instituciones vinculados a la economía de las naciones o del mundo como un todo, principalmente aquellos relacionados con crédito, financiación y ayuda, mostraban una actitud indiferente hacia los aspectos que comprometen la integridad de la naturaleza y del medio ambiente. Las circunstancias han cambiado mucho con el transcurso de los años, y hoy en día la influencia política, social y económica de este tipo de organismos se hace notar, a veces polémica y controvertidamente, en las esferas de la actualidad internacional y de la opinión pública. Ha surgido de modo subrepticio un concepto que asocia toda actividad de la economía a su armonía con el sustrato vital. Este concepto se expresa sintetizado en el término "medio ambiente humano". La importancia de este concepto, que expresa un motivo de preocupación, es de tal magnitud, que toda actividad económica se proyecta y evalúa hoy en función de las consecuencias que representan sus alternativas operativas con relación al ambiente terrestre. No solamente esto constituye una realidad que las empresas deben ponderar y asumir en beneficio de su propia viabilidad y seguridad funcional, sino que, paralelamente, es una fuerza determinante de presión, respaldada por una opinión pública cada día más consciente y numerosa, seriamente sensibilizada por los problemas relativos al deterioro ambiental. Además, las distintas metodologías científicas y técnicas que encuentran aplicación práctica en la industria, tienen ciertamente efectos ambientales, cuya incidencia y magnitud dependen de innumerables circunstancias que no viene al caso detallar en esta ocasión.

Aun cuando en líneas generales y a primera vista el problema ambiental global puede aparecer como algo técnicamente sencillo y definido en sus causas, aunque no en sus efectos y en su solución, no resulta fácil precisar cuál es en este terreno la función y la responsabilidad de las instituciones destinadas a financiar el desarrollo a escala mundial. No constituye novedad alguna el hecho de que el crecimiento de la sociedad industrial afecta adversamente, de múltiples maneras, pero no irremediable o previsiblemente, al medio humano, y que las naciones industrializadas, a pesar de los esfuerzos realizados y de las presiones existentes, no toman aún en la debida proporción las precauciones para evitar estos efectos contraproducentes. Generalmente son los hechos consumados los que habitualmente impulsan la acción correctora, como ha quedado frecuentemente demostrado al ocurrir casos de episodios singulares dramáticamente expuestos por los medios de comunicación.

Quizá el ejemplo más típico que merezca ser citado en este sentido es el de la contaminación de los grandes lagos de Norteamérica, continente desarrollado y a la vez azotado por los excesos de la industrialización. Grandes extensiones de agua pura fueron consideradas durante años como el recipiente natural y cómodo de los vertidos industriales y desperdicios de sus zonas circundantes, hasta que se descubrió que este recurso era limitado. Algunos de estos lagos fueron transformados de tal manera que perdieron su dinamismo biológico debido a los efectos de la contaminación. Surgió repentinamente la necesidad de combatir la destrucción y los daños ocasionados al reconocerse la existencia de tan grave situación, provocada durante años por la ausencia de toda actitud preventiva, y fue necesario asumir paralelamente los altísimos costos que supuso la acción correctora.

Los efectos ambientales de la industrialización adoptan numerosas manifestaciones, que abarcan desde las consecuencias de la extracción de los insumos producidos por la naturaleza, las repercusiones de su transformación en productos elaborados y la utilización de los mismos, hasta los efectos resultantes de la eliminación en forma de residuos o desechos de estas materias, o de partes inutilizadas de éstas, una vez que han cumplido su función y perdido su valor económico.

Calcular el costo que suponen los efectos ambientales negativos de la industrialización es relativamente fácil a nivel de empresa o de determinada actividad económica, siempre y cuando se trate de evaluaciones directas de tipo cuantitativo relacionadas con hechos definidos. Lo que es más difícil es justificarlo junto con los costos normales de producción dentro del sistema de gestión. El problema se acentúa cuando se trata de ponderar los efectos indirectos de estas actividades y la influencia que ellas tienen, solas o en conjunto, sobre otras facetas productivas, o sobre el medio humano global, considerado más allá del problema meramente local.

Por lo tanto, el problema básico radica en la manera de hacer frente a estos costos, en cómo repercutirlos justa y equitativamente a las empresas responsables, y en cómo poder identificar a éstas últimas, teniendo en cuenta que los efectos alcanzan mucho más allá del ámbito de influencia de determinada actividad. Considerando la situación como un todo, se puede inferir que parte importante de la respuesta tendente a clarificar estas incógnitas se encuentra en el establecimiento de un sistema legislativo integral y multisectorial, que considere tanto la responsabilidad diferencial de cada actividad, como la amplitud y el alcance de sus efectos directos e indirectos sobre la sociedad, lo cual implica la consideración de la máxima expresión del concepto de medio ambiente. La eficacia de un sistema de legislación ambiental global supone el desarrollo paralelo de estrategias de gestión, que definitivamente eliminen toda posibilidad de retorno a las situaciones primitivas de hechos consumados.

Para los países en desarrollo, ésta es necesaria y forzosamente la única alternativa y la oportunidad más valiosa de anteponer las medidas preventivas, correctoras y racionalmente progresistas a toda posibilidad de contradicción. Constituye además para estos la auténtica posibilidad de compatibilizar su verdadera dotación de recursos naturales con las expectativas y posibilidades que ofrece el desarrollo socio económico regional, nacional e internacional.

Volviendo a un tema anteriormente planteado, otra faceta de los aspectos económicos del desarrollo frente al medio ambiente la constituye el dilema que se presenta una vez más a las instituciones que otorgan financiación y ayuda para dicho desarrollo. Hay que evitar por todos los medios que esta ayuda se traduzca en consecuencias nefastas para el medio humano, e impedir que se repita lo ocurrido en los países desarrollados como resultado de una industrialización descontrolada. La magnitud de este verdadero "stress" industrial ha demostrado ser de tal magnitud, que es imposible pretender y conseguir un desarrollo industrial equilibrado si no se trata a la vez de evitar, con el máximo de rigor, los efectos negativos de la avanzada tecnología, los cuales a menudo, aunque no siempre de modo evidente, son superiores a los beneficios efectivos y fehacientes de dicha industrialización.

Lamentablemente, los costos inherentes a una acción preventiva son sumamente elevados si se considera el esquema económico vigente en los países en proceso de transición. Sin embargo, este costo representa sólo una pequeña parte del precio que es necesario pagar para aliviar una situación que se transforme en crítica por efecto de la falta de acción, lo cual justifica en gran medida cualquier intento en dicha dirección, aun cuando éste implique esfuerzos y sacrificios importantes.

El verdadero problema radica en la dificultad que existe para efectuar la estimación objetiva de estos costos, y la distribución de su amortización entre los responsables, sobre todo debido a que toda evaluación "a priori" resulta bastante relativa para cada situación en particular. Como en el caso global del problema ecológico, toda la información existente en cuanto a "costos de contaminación" está basada en hechos consumados, y en el mejor de los casos, obedece a estimaciones basadas en modelos de simulación tan teóricos como especulativos. De allí la vital importancia de implementar, dentro del sistema de planificación y de control global, los instrumentos que permitan efectuar apreciaciones previas a todo proyecto que involucre cambios e influencias sobre el medio y sobre los recursos naturales, principalmente cuando se trata de proyectos de gran envergadura. Toda insinuación cualitativa debe ir acompañada de los mínimos antecedentes cuantitativos que permitan tomar las decisiones correspondientes con objetividad y coherencia.

Al margen de algunas situaciones irreversibles generadas por el deterioro del medio ambiente, como es el caso de la extinción de numerosas especies animales, es preciso considerar, en beneficio de toda acción preventiva o correctora, aquellos casos en que es posible recuperar el equilibrio perdido, aunque ello sea difícil y costoso. En este punto es también necesario hacer notar la importancia de una acción integral y solidaria, que alcance inclusive a los niveles de las esferas internacionales. Dicha acción, por motivos obvios, implica a su vez dificultades considerables en cuanto a la ponderación y atribución de los costos que representa. Puede darse el caso, por ejemplo, de la implementación de proyectos cuya fuente de energía sea el gas o el petróleo, productos fósiles de origen orgánico y recursos no renovables, pero cuya combustión contribuye sin embargo a elevar los niveles de dióxido de carbono en la atmósfera.

En relación a iniciativas de esta naturaleza, los organismos financieros, fiscalizadores y legislativos pueden decidir favorable o desfavorablemente, o bien, condicionar su decisión positiva a la adopción de medidas que compensen los efectos ambientales negativos del proyecto. Una medida de esta naturaleza puede ser, por ejemplo, la reforestación compensatoria en áreas disponibles para ello, que no necesariamente deban estar en la misma región o país donde se pretende implantar el proyecto en cuestión. Algo similar está en la base de aquellas estrategias internacionales que permiten a los países en desarrollo saldar parte de su deuda externa a cambio de inversiones y obras enfocadas a la protección o recuperación ambiental.

Se puede deducir fácilmente que la complejidad de las soluciones a adoptar son tanto o más complicadas que el problema ambiental en sí, y que las mayores dificultades residen en la tradición e inercia que marcan tanto el funcionamiento de las empresas como de las naciones entre ellas. La distribución de los gastos de financiación, así como de los beneficios directos e indirectos producidos por el desarrollo a nivel local, debe en casos como estos atravesar fronteras internacionales y administrativas que es necesario eliminar totalmente cuando el objetivo de la acción es la salvaguarda del medio humano. Si bien es cierto que la puesta en marcha de iniciativas de este tipo aún no se ha generalizado a niveles prácticos de aplicación, es necesario reconocer que constituye una posibilidad bastante concreta e interesante de propiciar a corto plazo. Mientras la auténtica planificación ambiental de efecto planetario está aún en proceso de gestación, resulta indispensable plantear este tipo de interrogante, y al mismo tiempo advertir que la evaluación de cada una de las actividades e iniciativas de la economía no pueden ya ser concebidas con la sola aplicación de la ecuación costo-beneficio, ya que el significado de estos dos últimos conceptos habrá de ser significativamente diferente en términos tanto teóricos como prácticos del que actualmente se les atribuye. Además, al efectuar cualquier evaluación en este terreno es forzoso introducir en el análisis la consideración de numerosas variables sociales y humanas, tanto cuantitativas como cualitativas, que obligan a modificar sustancialmente los métodos tradicionales de apreciación económica.

Un último razonamiento debe cerrar el capítulo relativo a las relaciones entre economía y medio ambiente, y es el de la reiteración de la idea de que los grandes problemas que ha vivido y que vive actualmente la humanidad son esencialmente derivados de una deficiente "distribución", entendida en el sentido conceptual más amplio del término. Mientras no sean erradicadas las distorsiones generadas por políticas inapropiadas y conflictos de intereses, presentes con carácter crónico en múltiples niveles y circunstancias, no será posible que la producción de alimentos, los beneficios del progreso, la asignación de ayudas y recursos de todo tipo, y el ejercicio de derechos y responsabilidades en relación al medio físico, favorezcan y afecten por igual a todos los integrantes del sistema social y económico del planeta.

El mundo está viviendo un proceso de gran apertura y de intensos cambios hacia la liberalización del comercio internacional, hacia el predominio de la economía de mercado, y hacia la globalización del concepto de gestión, que pone en entredicho los esquemas del intervencionismo del estado en la economía y en el impulso del desarrollo. Puede que esta tendencia señale el camino que conduzca a la consolidación de un nuevo mandato dentro del contexto de la solidaridad y de la cooperación mundial, identificando opciones más racionales en cuanto a distribución. No existen soluciones mágicas para salvaguardar los recursos del planeta, pero sin un solidario e imaginativo esquema de distribución, toda producción de alimentos, todo beneficio del progreso, todo derecho y toda responsabilidad serán absolutamente estériles, por muy admirable que sea su proyección y loables sus intenciones. Sin distribución equilibrada y justa, los logros de la civilización sólo generarán frustración, inquietud, tensión, desconfianza, confusión y estancamiento global, perpetuando así los crónicos vicios de la historia.

## VII - DEMOGRAFIA Y ECOLOGIA

> "Ninguna nación tiene el derecho moral de permitir que su población exceda la capacidad productiva de sus dominios, a menos de estar dispuesta a aceptar un nivel de vida más bajo"
> George B. Cressey

Fueron necesarios dieciocho siglos para que la población mundial aumentara de doscientos cincuenta a mil millones de habitantes. En cambio, hoy la población crece a razón de unos mil millones cada quince años, es decir, que dicha población mundial está creciendo a un ritmo unas treinta veces superior a la tasa media de crecimiento registrada en el intervalo comprendido entre el primer siglo de la era cristiana y el año 1.650. En general, en los países menos desarrollados el ritmo de crecimiento de la población es aún superior.

La situación así planteada no solo obliga a estudiar sus causas y a proyectar sus consecuencias a largo plazo, sino que obligatoriamente lleva a la necesidad de considerar seriamente la planificación demográfica en el contexto de la sociedad moderna, para adaptarla a las perspectivas de desarrollo socio económico sostenido que pide una humanidad cada día más numerosa y con mayores aspiraciones.

Son numerosas las personas que sufren y que han experimentado en alguna ocasión el pánico generado por la explosión demográfica. Incluso, de acuerdo con algunas teorías, la inminencia de nuevas eras de hambrunas en ciertas localidades del planeta constituye una triste realidad. No obstante, a pesar de que sin lugar a dudas la actual población del globo ha llegado a las cifras más altas de su historia, también, en términos generales, los actuales niveles de vida registran valores "absolutos" que sobrepasan en gran magnitud aquellos que han caracterizado a cualquier otro período dentro de la historia de la humanidad. Paralelamente, nadie puede negar que las perspectivas de progreso hacia el futuro permiten asegurar con bastante optimismo la superación de la trayectoria demográfica, asumiendo previamente que se emprenda una rigurosa planificación internacional.

Como ya se adelantó, los amplios horizontes que abre la llamada "revolución verde" y el aumento de la productividad agrícola, y por lo tanto, de la producción de alimentos, permiten predecir con bastante confianza que ciertos productos básicos, como arroz, trigo, maíz y otros, pueden aún ver sus rendimientos ostensiblemente incrementados mediante la tecnificación, el análisis y la puesta en práctica del conocimiento científico y de la investigación. Y esto último, sin tener en cuenta que los beneficios inherentes a la industrialización y a la tecnología son cada día más espectaculares, como lo ha demostrado la revolución experimentada durante los últimos años en diversas áreas.

Si al mismo tiempo se tiene en cuenta que para duplicar la población mundial se necesitan aproximadamente treinta y cinco años, los antecedentes para analizar y discutir el problema con calma, aunque no por ello con menos seriedad y celeridad, resultan mucho más objetivos. Naturalmente, la explotación de las innumerables fuentes potenciales de desahogo del problema poblacional que representan las anteriores premisas, no deja de tener una estricta dependencia de los grandes cambios sociales y económicos implícitos en una etapa tan compleja, dinámica y característica como es la actual época que vive la civilización mundial. Sin embargo, las posibilidades son reales e inmensas, y solamente requieren de serenidad y de amplitud de criterio para ser aprovechadas. En el fondo, la situación plantea la necesidad de actuar con un mínimo de agresividad controlada, de audacia, de visión previsora y de cordura.

En términos económicos, no interesa sólo el hecho de evaluar si la humanidad es o no capaz de ajustarse a las elevadas tasas de crecimiento demográfico actualmente registradas. Se trata más bien de evaluar hasta qué punto mejorarán las perspectivas de desarrollo si se logra reducir dichas tasas, para lo cual las estadísticas disponibles resultan sumamente claras e impresionantes. En término medio, los países desarrollados dedican más del sesenta y cinco por ciento de las inversiones totales a mantener el ingreso per cápita, mientras que la cifra correspondiente a las naciones menos desarrolladas es inferior al veinticinco por ciento.

De lo anterior resulta obvio deducir las ventajas de cualquier tipo de estrategia enfocada hacia la promoción del incremento del ingreso nacional, la reconducción y equilibrio de la dinámica de la población, y la complementación e interacción entre éstas y otras alternativas positivas. El costo de los planes demográficos, de acuerdo a lo que señalan estudios y experiencias sobre el particular, es reducido, en proporción relativa a los gastos totales que implica el proceso de desarrollo, aun cuando debe ser considerado como inversión complementaria y necesaria de este último, y como apuesta a largo plazo para la consolidación de sus resultados favorables.

Teniendo en cuenta las repercusiones económicas de la población en relación al desarrollo de los países, se pueden establecer los postulados que siguen a continuación.

- Puesto que es de suponer que las tasas de mortalidad seguirán reduciéndose, y que es prácticamente imposible modificar a corto plazo la tendencia de los fenómenos migratorios, los efectos de la planificación equilibrada de la demografía, principalmente mediante la reducción de la tasa de natalidad, son los destinados a regularizar en mayor proporción las manifestaciones sociales, económicas y ecológicas de la humanidad, principalmente de la humanidad en proceso de desarrollo y crecimiento. Así, si la natalidad se reduce, la población total también disminuye en términos relativos. Al disminuir esta última, el ingreso nacional, multiplicado a su vez en relación a una menor población, se reparte entre un número inferior de personas. Esto, suponiendo que el ingreso nacional permanezca estable, o inclusive aumente proporcionalmente, ya que la capacidad productiva de una economía depende de la acumulación de capital, de la cantidad y de la calidad de su población activa, de la tecnología, y de la riqueza y gestión de los recursos naturales, factores que en ningún momento se contraponen al control y planificación de la natalidad.

En este sentido es preciso recalcar que el término "control de la natalidad" no debe implicar solamente "reducción de los nacimientos", sino que, en un sentido amplio, debe incluir todos aquellos aspectos destinados a la habilitación sostenida de grupos demográficos en auto equilibrio, compatibles con la totalidad del potencial del resto de recursos disponibles. En síntesis, se trata de "administrar" la dinámica poblacional de acuerdo con las características de cada país.

- En cualquier sistema económico las posibilidades de ahorro aumentan al disminuir la natalidad, y este efecto, cuya primera manifestación aparece a nivel del núcleo familiar, integra finalmente el esquema de la nación entera, a través del desplazamiento del ingreso desde el consumo que suponen la educación y formación de los hijos, hacia el ahorro privado o la inversión pública. Naturalmente la idiosincrasia y el nivel cultural de los individuos como tales determinan la efectividad de estos aumentos del ahorro, puesto que también es posible que el traspaso del ingreso sea dirigido hacia nuevas opciones "consumistas" a nivel individual, o hacia el financiamiento de las rentas públicas y de las burocracias administrativas, en perjuicio del ahorro nacional. De todas formas el argumento es válido, y es susceptible de ser ajustado a un programa de acción global como aporte digno de consideración.

- A corto plazo, quince a veinte años, la reducción de la natalidad no influye en la población activa de un país, puesto que toda persona que formará parte de la última durante ese período ya habrá nacido en el momento de efectuar cualquier evaluación o de iniciar una determinada campaña. En los países en los cuales hay un exceso de mano de obra o donde el desempleo es elevado, dicha reducción no afecta ni al ingreso per cápita ni al ingreso nacional durante el período inicial, y la estrategia destinada a paliar los efectos negativos inmediatos debe considerar alternativas de otro tipo, sin descuidar la validez ni menospreciar la viabilidad y factibilidad del sistema a largo plazo. Sin embargo, hablando en general, es indispensable reconocer que a largo plazo la población activa se reducirá, y que el éxito en el aumento del ingreso total e individual después de un lapso de tiempo de quince a veinte años dependerá de la magnitud del incremento de la renta, del ahorro y de la inversión realizada durante el mismo, así como de la calidad y cantidad de población activa disponible para hacer uso racional de los demás recursos existentes.

También es interesante destacar que, en términos teóricos. el nivel de vida de un país cuya tasa de natalidad se redujese sistemáticamente, sería al cabo de treinta años un cuarenta por ciento superior al que se registraría en caso de no modificar la tendencia de la situación original, y que se elevaría a más del doble al cabo de sesenta años.

- La reducción de la natalidad se traduce, en principio y también de modo teórico, en
un mejoramiento de la calidad de la población activa, debido a la promoción directa de factores como mejor nutrición, salud y educación que permiten una mejor calidad humana y de vida. A la vez, ésta es la causa y el efecto de que el ingreso sea relativamente mayor. La población activa se va así convirtiendo en un grupo más diestro y preparado en la medida en que los recursos económicos, educacionales, culturales y alimenticios per cápita aumentan su proporción e incidencia.

No obstante, hay que considerar que todo proceso de expansión económica, sobre todo si se lo planifica en función de una industrialización básica y de un uso exhaustivo de mano de obra o capital humano, como normalmente lo requiere la condición característica de los países en desarrollo, debe ir acompañado de una poderosa infraestructura de fuerza laboral. Como lo ha demostrado la historia de los países más avanzados, los períodos de expansión económica casi siempre han ido acompañados de tendencias demográficas crecientes, y a pesar de que las condiciones del crecimiento puedan entonces haber sido de diferente tipo, la validez del marco global aún se mantiene como tal.
Por otro lado, la tendencia hacia la formación de una estructura

poblacional juvenil como consecuencia de índices de alta natalidad, supone necesariamente la aplicación simultánea de una política alimentaria, educacional, sanitaria y cultural que permita el aprovechamiento futuro del potencial humano involucrado en la primera, en beneficio del ritmo de progreso que requiere cada vez más preparación y más aptitudes para asumir las tareas productivas. Lo contrario significa una explosión demográfica con conflictivas características de círculo vicioso, la cual no da lugar más que al analfabetismo, al hambre y a la miseria. Sin dejar de lado, por cierto, la evidencia ampliamente comprobada en las esferas de la sanidad, relativa a las lesiones y deficiencias irreversibles de orden físico e intelectual que deja en el ser humano una infancia que haya acusado insuficiencias alimenticias, y que comprometen seriamente la disponibilidad adecuada de capital humano apto para respaldar todo proceso de desarrollo productivo a medio y largo plazo.

En definitiva, se trata de enfocar los problemas de acuerdo a una realidad más moderna y actual, que incluye entre sus instrumentos la tecnología y la planificación estratégica integral. En todo caso, hay que volver a insistir sobre el hecho de que, sea cual fuere la situación planteada, se trata de no adoptar actitudes regresivas en cuanto a población se refiere, sino más bien de implementar medidas progresivas y progresistas que hagan de la demografía un instrumento positivo y dinamizador del progreso, y no un motivo de estancamiento del proceso de desarrollo.

- Resulta igualmente interesante detenerse a reflexionar sobre los efectos resultantes de un desarrollo dinámico. En otras palabras, cabe también hacer mención a algunos efectos que el desarrollo económico propiamente dicho produce en la tasa de crecimiento demográfico.

Con el incremento del ingreso per cápita ocurren cambios considerables en materia de urbanización, educación y empleo que vienen supuestamente a reforzar los efectos del descenso inicial de la natalidad. A la vez, un rápido desarrollo económico acelera el descenso de la mortalidad, ya que en los países en desarrollo esta última se concentra en la población infantil. Si bien es cierto que frente a los cambios positivos de su ingreso, y al ver que aumenta el número de sus hijos que llegan a la edad adulta, los cabeza de familia deberían aparentemente tender a la nivelación óptima y programada de las tasas de natalidad, no hay que dejar de considerar la posibilidad opuesta. En efecto, frente a horizontes de mayor seguridad y bienestar, los responsables pueden caer precisamente en lo contrario, como resultado de una falta de visión a futuro, y a causa de un excesivo y momentáneo entusiasmo material y de una euforia fuera de contexto. Esta última es la situación que puede caracterizar a un proceso de desarrollo acelerado, puesto que la tasa de natalidad de un país que ya ha alcanzado un alto grado de desarrollo se reduce generalmente en un cincuenta por ciento o más.

En realidad el problema radica en que se desconoce en qué momento de la trayectoria del desarrollo tiende a producirse un aumento o una disminución de la tasa de natalidad. Algunos expertos estiman que muchos países que actualmente tienen un bajo ingreso per cápita tardarán de treinta a sesenta años en alcanzar el nivel de industrialización requerido para inducir una disminución espontánea de la natalidad. El costo de esta larga etapa, como se deduce fácilmente, es considerable, y al mismo tiempo justifica nuevamente la adopción de una planificación más inmediata que se anteponga al estancamiento o a la lenta progresión a la cual obliga el tradicionalismo histórico, al margen de las tensiones sociales que el proceso también conlleva.

- Existe el argumento que defiende las ventajas de la población numerosa, fundamentado en el hecho de que el consumo total se acentúa, lo cual trae consigo la ampliación y agilización del mercado y de la comercialización, y por lo tanto, la dinamización de todo el conjunto de la economía. Tal afirmación, aunque cuantitativamente válida, requiere de un análisis más profundo de sus aspectos cualitativos. Sin duda el argumento funciona cuando se trata de una economía cerrada, sin comercio exterior, pero una vez que este último es factible, la especialización y las nuevas alternativas hacen necesario un nuevo enfoque técnico. Por otro lado, al defender este argumento se tiende a confundir la demanda que es fruto de una "necesidad" de subsistencia derivada directamente del aumento poblacional, con la verdadera demanda por "capacidad", cuya base la constituye el poder adquisitivo valorado en función de potencial de compra en cantidad creciente de bienes y servicios, cuya calidad también ha de ser mejorada para ajustarse a la dinámica que modifica los hábitos de consumo al transformar y mejorar progresivamente el nivel de vida.

En términos absolutos parece que cuanto mayor es la reducción de la tasa de natalidad, mayores han de ser los beneficios económicos y sociales que de ello derivan. No obstante, una tasa de natalidad nula constituye un contrasentido social, puesto que los beneficios de una disminución poblacional, válidos en términos de aumentos del ingreso per cápita o del ingreso total a medio plazo, se oponen en mayor o menor grado al subjetivismo y a la incidencia de otro tipo de valores de índole sentimental y humano, tanto o más importantes que el bienestar económico y material cuando se trata de mantener una sociedad en justa armonía estructural. El ingreso en sí no constituye el único indicador de bienestar social que debe ser maximizado a lo largo del proceso de desarrollo, sobre todo porque históricamente las características y las tendencias evolutivas de los pueblos siempre han ido acompañadas de proyecciones esencialmente humanistas.

Obviamente, la estabilidad económica es el instrumento fundamental que garantiza la necesaria seguridad para permitir la manifestación sostenida del resto de los valores de la sociedad. Pero como tal, debe ser considerada un "medio", y no un "objetivo" ciego. En síntesis, la base económica debe ser puesta al servicio del progreso y del desarrollo, y es este último el que debe generar los beneficios sociales y los mecanismos que configuren la dinámica de la población humana sobre la base de las diferentes premisas anteriormente detalladas.

Las ventajas de la reducción de las tasas de natalidad en un determinado país pueden ser evaluadas en función de la magnitud en que se reduzcan sus inversiones de parte del producto interior bruto destinadas a suplir el aumento poblacional, en beneficio de un ingreso per cápita constante. Pero este potencial de ahorro no guarda relación con la densidad de población de una nación determinada, como podría suponerse, ya que el verdadero problema demográfico viene determinado por todo un conjunto de factores correlacionados, que van desde la eficiencia en el uso de los recursos productivos, hasta la adopción de políticas y estrategias de desarrollo más o menos coherentes. Sin embargo, ello no excluye la posibilidad de que alguno de estos factores en particular tenga en determinado momento una influencia predominante sobre el problema poblacional, y por lo tanto, sobre las características del desarrollo, de la economía y del equilibrio de una determinada sociedad.

En términos absolutos y globales las implicaciones económicas comprometen seriamente las posibilidades de desarrollo de aquellos países más poblados, sobre todo si sus índices de natalidad son altos. Las inversiones globales necesarias para suplir el aumento poblacional en materia de sanidad y alimentación, por ejemplo, y para mantener o aumentar el ingreso per cápita, adquieren en estos casos especial relevancia, así como también la adquiere la ayuda requerida de los países donantes o de los organismos de fomento al desarrollo. La complejidad del problema obliga a considerar conjuntamente la totalidad de las circunstancias que diferencian a los países industrializados de los países en transición, para deducir de ellas las alternativas y modelos más favorables al progreso de estos últimos, sobre la base de los antecedentes que proveen tanto la experiencia como la historia.

El problema demográfico marcha a la par, junto con las manifestaciones de subdesarrollo y de marginalidad de algunos países, con el proceso de crecimiento socioeconómico. A nivel mundial, hoy en día el número de analfabetos y desempleados es superior al que existía hace sólo algunos años atrás. El subempleo y la marginalidad salarial se acentúan día a día, incluso en algunos países industrializados, y los excedentes humanos desplazados de las zonas rurales y del proceso productivo de algunos países subdesarrollados, agravan el hacinamiento y el desequilibrio de las ciudades, y generan los conocidos problemas sociales derivados de la migración desesperada y descontrolada. Todo lo cual aumenta la gravedad del problema económico derivado de la excesiva concentración de los beneficios del progreso, al punto de que, en líneas generales, parte importante de la población del planeta vive hoy sustancialmente alejada de una participación efectiva en los frutos del desarrollo. Una vez más, igual que lo que ocurre con la alimentación y con los recursos económicos, la esencia del problema radica en la deficiente "distribución".

Si se tiene en cuenta el ritmo del crecimiento poblacional mundial, no es difícil inferir la necesidad de ampliar la capacidad productiva general para incrementar las expectativas laborales y materiales de aquellos que aún no han sido incorporados plenamente al disfrute de los beneficios que debe suponer una "civilización" tan avanzada como la actual. En este proceso de mejor explotación de los recursos disponibles debe desempeñar un papel predominante cada individuo, cada familia y cada pueblo o nación, con la responsabilidad que les exige la trascendencia del problema. Dicha responsabilidad implica una clara conciencia con respecto al desafío que suponen las altas tasas de crecimiento demográfico, y en relación a los beneficios que implica su reducción y control para los pueblos que las soportan. Supone al mismo tiempo la responsabilidad simultánea de impulsar activamente el desarrollo hasta alejarlo de toda posibilidad de estancamiento.

Esta responsabilidad generalizada debe inclusive abarcar las esferas internacionales, ya que es difícil pretender el crecimiento económico acelerado de naciones marginadas de la cooperación multilateral y de la ayuda de las más poderosas.

Para atender demandas sociales multiplicadas día a día y evitar el deterioro progresivo de las naciones en vías de desarrollo, se debe de considerar a la sociedad humana como un todo solidario e indivisible, puesto que en el fondo, y de acuerdo con una visión amplia del panorama mundial, lo que acontece en cada país siempre tiene necesariamente algún tipo de influencia o de repercusión en los demás, y condiciona el esquema de la evolución global de la sociedad.

El futuro no es ya susceptible de ser planificado en términos locales u obedeciendo a intereses que no sean los de la mayoría. Recíprocamente, ninguna comunidad puede resolver sus problemas de fondo si no los considera dentro de una perspectiva general y como parte de una estrategia integral. Más que una comparación entre situaciones extremas, es necesario hoy día compatibilizar las posibilidades que existen para aprovechar las manifestaciones exitosas del progreso, en beneficio de los aspectos marginados por motivos que ya no pueden aceptarse. Esa ha de ser la verdadera responsabilidad del presente y del futuro para toda la humanidad.

Desde una perspectiva histórica, es posible constatar que en general los pueblos practicaron una demografía espontánea, a menudo obviando las potenciales restricciones planteadas por la eventual escasez de víveres al aumentar la población más allá de ciertos límites. Los medios de control fueron generalmente primitivos: aborto, infanticidio, eutanasia, etc. Platón recomendaba el infanticidio, Aristóteles el aborto, y el abandono de los recién nacidos fue un hecho usual en la antigüedad.

Confirmando ciertos aspectos de la teoría darwiniana de la selección natural, el hambre, la miseria, la enfermedad y los conflictos bélicos jugaron un destacado papel regulador de la población en las naciones primitivas, así como la alta mortalidad infantil y la muerte materna por mayor vulnerabilidad ante los peligros del parto. Esta situación perduró hasta que los progresos de la agricultura, la sanidad y la cultura permitieron poco a poco un mejoramiento de las condiciones para la población. Afortunadamente, la influencia de las guerras y de las epidemias, importante en el pasado, no ejerce hoy una acción considerable ni decisiva que contrarreste los efectos de la natalidad.

A pesar de ello, es necesario volver a insistir sobre un punto que parece contradictorio: es difícil que con una acción globalmente planificada el aumento de la población supere la disponibilidad de los recursos del planeta. El progreso de la agricultura y de la tecnología es aún esperanzador, siempre y cuando sea ponderado en términos racionales y objetivos. Muchos países industrializados, e incluso algunos en proceso de transición, acusan tasas de natalidad decrecientes, y pese a que la disminución simultánea de la mortalidad es también un hecho, no compensa los efectos del primer fenómeno, sino solo temporalmente. Muchos pueblos acusan aún natalidades muy elevadas, que se asocian también a una considerable mortalidad, ambas como producto de su estado de subdesarrollo. Si bien una y otra disminuyen paulatinamente con el progreso y el nivel de bienestar, no lo hacen simultáneamente ni en la misma proporción, lo cual crea ciertas diferencias entre países con poblaciones en fuerte crecimiento, y naciones caracterizadas por cifras estacionarias, en las cuales la situación puede cambiar con bastante rapidez obedeciendo a la dirección del proceso de desarrollo y a sus determinantes políticas, sociales y económicas. Hoy en día, inclusive en las naciones pobres, en las cuales la importancia del hecho es más decisiva, la posibilidad de que una nueva carga familiar degrade el nivel de vida de dicha familia es un concepto sobre el cual se está tomando conciencia, y sobre el cual cabe reflexionar, inclusive desde el punto de vista ético. El niño debe representar un motivo de satisfacción espiritual y de orgullo, así como una expectativa para el núcleo familiar, y no un riesgo para la integridad de la vida conyugal y social.

Por lo tanto, este último aspecto no justifica la inmoralidad implícita en la actitud de aquellos matrimonios sanos y provistos de recursos suficientes que limitan exageradamente su progenie con justificaciones egoístas y antisociales, ejemplo deplorable que han dado en numerosas ocasiones los sectores más favorecidos, cuyas disponibilidades materiales permitirían en cambio la incorporación a la sociedad de hombres física y culturalmente dotados para hacer frente a las responsabilidades del crecimiento socioeconómico. Ejemplo insólito y nefasto que, por otro lado, no ha significado otra cosa que la histórica consolidación del proceso de concentración del poder económico en manos de minorías privilegiadas, en perjuicio de mayorías carentes de expectativas y de oportunidades de expansión, con toda la gama de secuelas y de acumulación de vicios, tensiones y conflictos que dicho tipo de estructuras ha generado, y que todo proceso racional de desarrollo ha tenido y tiene la obligación de erradicar.

El mayor o menor nivel de densidad poblacional de una región varía de acuerdo al carácter y proporción de sus actividades, que pueden ir desde las agrícolas básicas hasta diferentes grados de industrialización. Influyen también en este aspecto la distribución urbana y rural de los habitantes, y su nivel social y económico frente a las expectativas del progreso. En el fondo, dicha densidad corresponde a la síntesis de una serie de factores relacionados con el tiempo, el lugar y las circunstancias intrínsecas que rigen los niveles de organización regional, nacional e internacional.

De acuerdo con lo anterior, se puede llegar a dos extremos bien definidos y antagónicos que difícilmente logran reconciliarse a lo largo de las diferentes etapas de desarrollo de un determinado país. Por un lado, una población con insuficiente número de habitantes acarrea casi siempre pobreza y estancamiento, debido a las limitaciones que ello supone en relación a los recursos humanos necesarios para llevar a cabo las actividades económicas. Por otro, una excesiva densidad poblacional tropieza con las inflexibles consecuencias de la ley física de los incrementos decrecientes, según la cual, a partir de ciertos límites, todo nuevo esfuerzo o aporte económico extra al sistema es cada vez menos productivo en términos relativos. Alternativamente, a través de la tecnología es posible dilatar o retardar la llegada de las situaciones críticas, salvo cuando dichos cambios obedecen a razones de fuerza mayor, como es el caso de las guerras y de las catástrofes naturales.

Paralelamente, si en una nación en vías de desarrollo la población no crece, y acusa en cambio características estacionarias o inclusive regresivas, esta realidad la conducirá al estancamiento general. Una situación así planteada significa renunciar a la creación de nuevas actividades y fuentes de ocupación, y perpetuar indefinidamente las sucesiones de tipo familiar en el dominio de los recursos productivos, eliminando todo incentivo y atractivo económico y social, opacando y desmotivando el ingenio, la iniciativa y la creatividad característicos del género humano. Es necesario también reconocer que situaciones de este tipo pueden igualmente ser el resultado de deficiencias de carácter político por parte de los correspondientes estamentos gubernamentales, pero tal premisa no excluye en todo caso la necesidad de promover un crecimiento continuo, aunque moderado, de la población. En definitiva, se trata de fomentar la necesaria exaltación del hombre como consecuencia del pleno florecimiento de su personalidad, y del estímulo del disfrute de una existencia con contenido y sentido.

Esta promoción del crecimiento demográfico moderado y sostenido necesita naturalmente de una rigurosa planificación, cuyas estrategias sean compatibles con la situación espacial, temporal y ambiental del país de que se trate, especialmente si éste vive una etapa de transición evolutiva sujeta a los desequilibrios y a las inestabilidades propias del proceso. La reducción de la mortalidad, la orientación de los procesos de migración y el control de la natalidad son instrumentos que deben ser manejados luego de la consciente ponderación de sus efectos, riesgos y beneficios.

Es importante añadir que la vida humana es algo muy valioso como para exponerla al derroche irreflexivo. En términos puramente económicos, la masa humana genera su respectivo rendimiento, valorable en función de la productividad y vida útil de cada uno de sus componentes, del costo social que representa la formación de un hombre durante el período que va desde su nacimiento hasta su edad productiva, de la pérdida que puede suponer su muerte prematura, y de la mala inversión que puede significar el no apoyar y motivar adecuadamente su potencial laboral durante las etapas de su plena integración en el proceso productivo.

Frente a situaciones de explosión demográfica, es interesante recalcar objetivamente los trastornos diferenciales que ellas producen dentro de una sociedad. Efectivamente, son los sectores de más escasos recursos aquellos que sufren las consecuencias más lamentables del fenómeno. Es en dichas esferas, marginadas generalmente de los adelantos de la sanidad, de la tecnología y de la cultura, así como de los escasos beneficios socioeconómicos disponibles en naciones con este tipo de problemas, donde tienden a proliferar y a propagarse los efectos de la miseria. La perpetuación de taras producto de la promiscuidad, el círculo vicioso del hambre y de la desnutrición, la pobreza y la delincuencia, azotan irremediablemente las áreas marginales con un ímpetu avasallador e incontrolable, a la vez que se transmiten y acentúan en ellas las ansiedades y el pesimismo colectivo ante expectativas aparentemente remotas o simplemente inexistentes.

Otra manifestación del crecimiento anormalmente acelerado de la población en relación con el desarrollo de los recursos productivos, la constituye la tan comentada dinámica de migración rural-urbana. Dentro del esquema histórico de los países desarrollados este fenómeno ha obedecido, entre otras razones, al auge industrial y al aumento de la productividad agrícola por individuo como resultado de la tecnificación. Sin embargo, en el caso específico de una nación en particular, puede que el marco histórico y tradicional pierda validez, ya que, pese a que el fenómeno se asocia también al desarrollo industrial, puede además tener origen en la baja producción agrícola y en el exceso de población rural en relación al estado de tecnificación y explotación de los recursos agrícolas. Aun cuando el potencial de estos recursos sea amplio, es posible que su utilización esté muy lejos de ser el apropiado. Es así como en áreas rurales de ciertas naciones las tasas de natalidad son las más altas del país, lo cual nuevamente resalta la importancia de los valores culturales, éticos y sociales, y la relación que existe entre éstos últimos y determinadas estructuras socioeconómicas, como podría ser la de la propiedad de la tierra, o la de la política que condiciona determinados procesos de cambio o de estancamiento crónico en uno u otro momento histórico.

De allí que el problema de la sobrepoblación sea, por sus determinantes y por sus efectos, mucho más difícil de solucionar que el de una escasa densidad poblacional, aun cuando la solución en este último caso debe también ser aplicada con cautela. Tanto las oportunidades como la magnitud del éxito de las estrategias demográficas son mayores en los casos en que se trata de aumentar la población, ya que en principio se cuenta normalmente para ello con las políticas y con las infraestructuras que aseguran dicho éxito. Lamentablemente, situaciones de este tipo no se dan muy a menudo en el poblado mundo de hoy. Actualmente se trata más bien de hacer frente al desequilibrio que amenaza producirse entre el exceso de crecimiento demográfico y la disponibilidad de un conjunto limitado de recursos de sustentación.

Sobre todo en las naciones más atrasadas, los estudios demográficos rigurosos y de gran profundidad no han sido posibles de llevar a cabo de modo global, hecho que normalmente ha obedecido a la relativa escasez de fuentes estadísticas, cifras, descripciones e interpretaciones fiables sobre los aspectos específicos que los condicionan, como son, entre otros, los índices de natalidad y mortalidad, la magnitud de las migraciones nacionales e internacionales, la composición de la población de acuerdo a grupos de edades, sexo y ocupación, y el grado de educación de la masa poblacional en general. Sin embargo, es de gran valor, al menos para iniciar la planificación demográfica y para lograr establecer los antecedentes de tipo preliminar, tener en consideración algunos trabajos sobre el tema, por muy limitados y aislados que puedan ser éstos, así como la acción llevada a cabo por algunos organismos especializados, sobre todo si son de ámbito internacional.

Sobre la base de un predicamento como el anterior, y considerando que en el tercer mundo se concentra una parte no despreciable de la población mundial, aparece como requisito inmediato el de analizar, con enfoque global, la dinámica y las proyecciones de la población humana dentro del marco social, económico, y principalmente, ecológico. La tasa de crecimiento vegetativo del mundo en desarrollo, la dinámica migratoria que determina en uno u otro momento el movimiento de las masas humanas, y la amplia variedad de situaciones observable entre un país y otro, dificultan en gran medida el análisis de conjunto. Pero, a pesar de ello, existen aspectos comunes a la dinámica poblacional del planeta, como son entre otros el éxodo rural-urbano desenfrenado y ciego, y el desequilibrio crónico entre la tasa de aumento poblacional y el incremento de la producción, lo cual estanca el desarrollo en términos absolutos.

Por lo tanto, la complejidad del problema condiciona la puesta en marcha de una campaña bastante complicada para lograr soluciones más o menos lógicas. Más que traducirse en estrategias parciales o aisladas, la acción debe materializar una serie de instrumentos que permitan una verdadera orientación hacia el equilibrio. La acción promotora de una apropiada estrategia demográfica, que permita llegar al punto en que los coeficientes de natalidad y de mortalidad se diferencien sólo en la magnitud de la tasa vegetativa de crecimiento compatible con los recursos disponibles, es una labor que demanda la responsabilidad de las generaciones actuales para salvaguardar las futuras.

Hoy en día, la solución no está en exponer las tendencias demográficas a la suerte que tuvieron en Europa occidental y Norteamérica a comienzos de la revolución industrial, ya que las condiciones eran entonces muy diferentes, y no ocasionaron las presiones que hoy producen en los países en desarrollo. Además, el dinamismo de las economías emergentes está hoy muy lejos de parecerse a la situación de aquellos años de expansión acelerada que entonces disfrutaron Estados Unidos, Inglaterra y Alemania, puesto que el proceso de desarrollo en sí no posee punto de comparación entre estos casos y aquellos. Tampoco ofrece punto de comparación en este sentido la composición de las correspondientes corrientes migratorias, que son las que facilitan en gran parte el ajuste de la dinámica poblacional cuando éstas son holgadas y equilibradas.

La situación socioeconómica de los países en transición, enfrentada con las características de su desarrollo y de sus costumbres, exige una acción decisiva pero compatible con etapas paulatinas y progresivas, que contradicen algunos métodos drásticos como el aborto masivo, adoptado en países que, al igual que Japón, poseen una idiosincrasia diferente, y que han vivido problemas y situaciones de otra índole. A diferencia de países como la India y Egipto, donde el peso de la fuerte densidad demográfica constituye el problema básico, otros países en vías de desarrollo, salvo algunas excepciones, se ven desfavorecidos por una elevada tasa de incremento vegetativo, y por una importante concentración humana. Felizmente este es un hecho sobre el cual se ha tomado conciencia tanto a nivel individual como público, y ello constituye el elemento más valioso para evaluar serenamente la necesidad de un plan concreto de soluciones para salir del círculo vicioso causante de los trastornos sociales y económicos, a la vez causa y efecto del mal uso de los recursos naturales que componen las fuentes de alimentación, expansión y bienestar del ser humano.

Naturalmente, la primera proposición de acción que surge sobre la base de esta realidad es la de incluir, en todo plan dirigido hacia la racionalización demográfica, el control y la planificación de la población a partir, básicamente, del núcleo familiar. No obstante, una estrategia de este tipo se opone a una fuerza bastante importante y muy arraigada en muchos pueblos del tercer mundo, representada fundamentalmente por sus tradiciones sociales, religiosas y culturales, reñidas muchas veces con los métodos modernos de planificación y control. Ello fundamenta una vez más la necesidad de optar por un conjunto organizado de medidas, cuya justa proporción promueva el efecto deseado luego de una o dos generaciones. La formulación simplificada de objetivos, así como la adopción de tácticas aisladas, no son válidas ni efectivas para dar solución a situaciones que en realidad son producto de una multiplicidad de factores que actúan conjuntamente. Los métodos individuales aislados sólo poseen valor demostrativo o publicitario, aspecto complementario del programa básico global. Es este último el que realmente está llamado a ser puesto en marcha con éxito, luego de compatibilizar sus objetivos con el logro de cambios reales y progresivos, con los del resto de los programas sociales y económicos, con los medios disponibles, y de acuerdo con las condiciones particulares que caracterizan al desarrollo de cada nación.

No se debe dejar de considerar simultáneamente que la resistencia inherente a una sociedad diseminada, tradicional, heterogénea y muchas veces analfabeta y apática, a menudo poco consciente de la magnitud y de las repercusiones de los trastornos a que lleva la sobrepoblación, constituye un aspecto no menos despreciable. El conjunto de la situación debe ponderarse económicamente para equilibrarlo con otros tipos de inversiones sociales y materiales, y para ajustarlo en último término a la demanda de los elementos puramente humanos que implica el progreso de la civilización.

Es aquí precisamente donde adquieren un valor significativo tanto las fuentes estadísticas como la investigación y la información, enfocadas hacia el estudio y la divulgación de las relaciones dinámicas entre la agricultura, la industria, la educación, la economía, la sociología y la ecología. Sólo a través de esta vía es posible llegar al verdadero conocimiento de las actitudes de los diversos grupos poblacionales frente a las alternativas del presente y del futuro de la demografía, y no mediante la sola consideración de cifras empíricas y de índices carentes de perspectiva dinámica, en base a los cuales se tiende a menudo a generalizar sin verdadero fundamento. Por lo demás, como en toda acción planificadora, las estrategias han de promover la participación voluntaria y espontánea de los actores y agentes del cambio. La persuasión, y consecuentemente la identificación con los objetivos de dicha acción, debe prevalecer sobre todo intento de imposición o de presión represiva, alternativa que no tiene lugar ni fuerza moral en los tiempos que actualmente corren.

Solo una vez analizadas las cifras fehacientes, y considerada la situación específica de cada nación en particular, es posible deducir con objetividad la conveniencia de programar su demografía para adaptarla a su situación de desarrollo, a su disponibilidad de recursos naturales, y a la factibilidad de lograr el equilibrio ambiental, social y económico. Al igual que en el caso de los recursos naturales, no se trata de adoptar una actitud estática o de estancamiento frente a la población humana, que es esencialmente dinámica. Más que tender irreflexiva y ciegamente hacia el control generalizado de la natalidad como único medio de despejar la incógnita demográfica, se hace necesario gestionar sabiamente la planificación de la familia, adecuando su dimensión al sinnúmero de determinantes que condicionan la optimización de la vida del hombre como tal sobre el planeta.

Es aquí donde una vez más, en términos objetivos, adquieren verdadera trascendencia la educación, la consolidación de los sistemas de sanidad y seguridad social, la vivienda, el ocio, la alimentación y todas las demás determinantes económicas que precisa el progreso de la sociedad. Es importante tener presente que "demografía" y "desarrollo" no son términos incompatibles, sino más bien dos conceptos cuya expresión individual es imposible de lograr sin el auxilio y el complemento del otro. En última instancia, son ellos los que conjuntamente determinan el destino de los recursos naturales, tanto si la relación recíproca entre ambos y estos últimos resulta favorable o regresiva a corto, medio o largo plazo.

Cuando se analiza el problema de la expansión demográfica de un país comparándolo con su tasa y sistema de desarrollo, se cae muchas veces en controversias que no son otra cosa que el reflejo de situaciones analizadas desde uno u otro extremo. Así, por ejemplo, hay quienes piensan que el control masivo de la natalidad puede llevar a largo plazo a una desesperada situación de escasez de mano de obra y de envejecimiento de la población activa. Otros, sin negar el fundamento bastante objetivo de esta posibilidad, sostienen que una población más numerosa, y por lo tanto una mano de obra más abundante, es susceptible de generar lógicamente una mayor producción, pero que ésta, si bien puede ser superior en términos absolutos a nivel nacional, puede igualmente comprometer seriamente la equidad de distribución de ingreso per cápita o el índice de producción por persona activa. Aún más, de acuerdo con esta segunda posición, un descenso programado de la natalidad se puede ver ampliamente respaldado por la creciente disponibilidad relativa de capital y de otros recursos productivos acumulados por el sistema socioeconómico.

Ante teorías tan opuestas y contradictorias, cada una de las cuales cuenta con argumentos válidos y coherentes, es preciso adoptar una posición crítica que, lejos de inclinarse abiertamente en uno u otro sentido, se ajuste a la realidad del ámbito donde deban adoptarse y aplicarse las estrategias del caso. Sin embargo, ello obliga a un análisis más profundo de la dinámica población-recursos.

Resulta así fundamental, por ejemplo, distinguir claramente entre sobrepoblación en relación a los recursos naturales, y sobrepoblación en relación a la totalidad de los recursos disponibles. Naturalmente, la clave decisiva deberá darla la segunda. Es frecuente asociar el término sobrepoblación a determinada situación relativa a "número elevado" de habitantes por unidad de territorio habitable o cultivable, olvidando que, en un mundo moderno y multifacético como el actual, los recursos naturales como tales no significan nada sin su consideración ordenada con el resto de los recursos de la sociedad, con la ciencia y la tecnología, y con las necesarias políticas de gestión conjunta y racional. Analizando el caso desde este punto de vista, bien puede entonces hablarse de sobrepoblación no solo cuando la densidad humana es excesiva, sino que también en aquellos casos en que los recursos económicos, tecnológicos, naturales o administrativos son escasos o deficientes en relación a un determinado grupo de población, que no necesariamente ha de ser el más numeroso. En la medida en que un descenso de la tasa de natalidad, o que un aumento relativo de todos los recursos integrados, se hagan evidentes, se estará aliviando el mismo problema con distinta estrategia, pero igualmente beneficiosa en cuanto a resultados.

La decisión en cuanto a qué camino seguir requiere obviamente de un conocimiento detallado de la realidad local y de la factibilidad inmediata y futura de las opciones elegidas, así como de una madurez consolidada a nivel de los responsables que asegure la oportunidad y coherencia de dicha decisión. Este postulado constituye la base fundamental para enfocar el crecimiento de los países en transición de acuerdo con sus realidades más objetivas y con sus posibilidades concretas de desarrollo integral.

Es muy importante tener presente que aumentar la cantidad de recursos disponibles por habitante constituye un reto permanente para todo país en transición. Considerando, como ya se analizó anteriormente, que las estrategias basadas en la planificación familiar y en el control de la natalidad producen efectos evaluables sólo a largo plazo, es mucho más importante lograr previamente un incremento sostenido de los recursos socioeconómicos relacionados con la disponibilidad de capital y la productividad por habitante. Llegando a este punto, es indudable que toda acción tendente, por ejemplo, a mejorar la producción agrícola mediante la ciencia y la tecnología, adquiere un altísimo valor cuando esta realidad se complementa con la planificación social y económica de todo el resto de los elementos que integran la trayectoria del progreso. Sin embargo, tal y como se analizó al comentar específicamente las estrechas relaciones entre agricultura y medio ambiente, es muy importante evitar que todo intento de incremento de la productividad mediante la tecnificación agrícola se vea reñido con la plena garantía de un uso racional de los recursos humanos y naturales.

Si las posibilidades anotadas como ejemplo para el caso de la agricultura son lo suficientemente fundamentadas, también gozan de perspectivas favorables las oportunidades de incrementar el rendimiento de todo tipo de recursos potencialmente interesantes, para lo cual solamente es preciso un mínimo de racionalidad, de capacidad y de lógica empresarial. La industrialización constituye un claro ejemplo de lo anterior, y la actividad industrial no solo es compatible con la totalidad de los demás recursos, sino que constituye a la vez el mayor incentivo y la mejor alternativa para lograr el fortalecimiento progresivo de los núcleos sociales del globo. Naturalmente, la compatibilización de la realidad demográfica con todos y cada uno de los factores anteriormente analizados, es una condición obvia, necesaria y permanente para lograr un desarrollo equilibrado, libre de las tensiones que provoca el exceso de la primera en relación a la relativa escasez de los últimos, y ajena al estancamiento a que lleva la omisión de cualquiera de ellos.

Una vez expuestos objetiva e imparcialmente los anteriores criterios, se debe volver a recalcar la conclusión a la que siempre suelen llevar las estrategias y las alternativas planteadas por la problemática del medio ambiente: la redistribución a todos los niveles, en el sentido más amplio de la palabra, es una necesidad imperante para la humanidad. Es necesaria no solamente en términos de descentralización demográfica o de regionalización del uso y destino de los recursos socioeconómicos, sino que, a la vez, desde el punto de vista del mejoramiento y de la defensa contra agresiones de los recursos disponibles, tanto a nivel individual como colectivo. La adecuada gestión de la distribución equilibrada de recursos constituye la base para lograr un aumento sostenido de la producción y del ingreso per cápita. Es necesaria en un sentido amplio y global, ya que el desarrollo es una cadena sin fin de situaciones interdependientes que interactúan requiriendo una permanente coordinación.

En términos demográficos, la redistribución es importante para aspectos tan básicos como aquellos que, de modo natural, han promovido la inquietud de los países del tercer mundo por los planes de reforma agraria, de vivienda, de sanidad y de desarrollo sectorial a varios niveles. Es igualmente importante no sólo como objetivo a plantear por demógrafos, sino también como actividad a desarrollar mediante la colaboración interdisciplinar entre éstos y políticos, sociólogos, economistas, ingenieros, ecólogos y todo tipo de profesionales directa e indirectamente comprometidos con el equilibrio de la ecuación hombre-medio ambiente.

Para alcanzar objetivos de redistribución global, considerados desde un ángulo estrictamente demográfico, es preciso vincular conceptualmente las estrategias pertinentes con las tendencias históricas, institucionales y tradicionales de cada nación, e implementar decididamente las medidas necesarias sobre dicha base. Los objetivos han de ser fijados previa meditación serena y rigurosa, respetando los más genuinos y esenciales derechos de la sociedad, pero obligando simultáneamente a todos y cada uno de los ciudadanos a asumir el ejercicio de la responsabilidad a que les obliga su indisociable relación con el medio ambiente. Para llevar a buen fin el desempeño de este deber, las cifras, estadísticas, gráficos y fórmulas solamente constituyen herramientas complementarias, y no determinantes absolutas.

## VIII – AMBITO POLITICO Y LEGISLATIVO: MARCOS CONCEPTUALES PARA UNA ESTRATEGIA AMBIENTAL RAZONABLE

> "El progreso y el desarrollo son imposibles si uno sigue haciendo las cosas tal y como siempre las ha hecho"
> Wayne Dyer

Cuando se habla del enfoque político y del precepto jurídico que han de regir la adecuada gestión del medio humano, se cae normalmente en una situación de contrasentido práctico, ya que gran parte de las acciones que hasta la fecha han sido emprendidas como consecuencia de ello poseen una característica común a todas ellas: perfección en los medios, y confusión en los objetivos.

Hasta cierto punto, y aun cuando la intención no sea tal, ésta es también una de las razones por las cuales a lo largo de las reflexiones efectuadas en estas páginas no ha sido posible concretar conclusiones que vayan más allá de planteamientos generales, a veces ambiguos, otras relativos, según haya sido el punto de vista desde el cual se ha efectuado el análisis. Una vez más, son la complejidad y el carácter pluridisciplinar del tema ambiental la causa de esta percepción, y el motivo por el cual el debate sobre el medio humano sea un proceso en permanente evolución, dentro del cual no caben dogmas ni prejuicios. Se ha de asumir definitivamente que es difícil, sino imposible, disociar los componentes del sistema ecológico mundial, ya que está integrado por factores interrelacionados que influyen mutua y recíprocamente entre ellos, siendo inútil la consideración de uno prescindiendo de la alusión simultánea a todos los demás.

Es por ello que al plantear la temática del medio humano desde el punto de vista político y jurídico se ha de jugar una vez más con estas variables, asumiendo que las conclusiones definitivas quedarán aún por formular. No obstante, como ocurre al analizar cualquiera de las múltiples facetas relativas al entorno ecológico, el indispensable ejercicio de reflexión resulta siempre positivo y útil, y al menos debe generar inquietud a nivel de quienes desean tomar parte activa en la acción, como mínimo a la hora de diseñar el marco apropiado para ella.

En la tecnológica era de principios del siglo XXI es difícil encontrar un sector de la superficie terrestre que escape a los cambios realizados por la mano del hombre. Más aún, es un hecho concreto el que durante los años venideros todo el medio ambiente se verá afectado en alguna forma por la acción humana, y en consecuencia, por la política pública que determine los matices de esta acción a partir de las esferas nacionales e internacionales. La gestión del medio humano condicionará su supervivencia o su deterioro como tal, dependiendo de las medidas positivas o de las actitudes pasivas que los gobiernos y las organizaciones comprometidas adopten a tales efectos.

Ningún lugar de la tierra donde el hombre haya estado presente desarrollando sus actividades está libre de serios daños, a pesar de que la humanidad ha conseguido también algunos éxitos aislados, parciales y del todo insuficientes en la corrección de su condición ambiental. Los gobiernos generalmente se han situado a la cabeza de estos daños, muchas veces inconscientemente, otras con buenas intenciones, a veces inadvertidamente. El balance es sin embargo categórico y simple: las pérdidas y costos involucrados en actitudes y en acciones desorientadas, demuestran el fracaso que supone un aparente deseo de progreso que no respeta las leyes condicionantes de la supervivencia. Todo ello muchas veces como consecuencia de deficiencias institucionales que permiten la adopción de criterios científicos o tecnológicos sin ponderar la necesidad de variar, actualizar y adaptar a la realidad del siglo XXI el modo de pensar que imperaba al desencadenarse a mediados del siglo XIX la revolución industrial.

La política pública y privada en relación al medio ambiente merece por lo tanto ser formulada y definida de acuerdo con los valores genuinos del medio. Más que otorgar prioridades al breve plazo, debe enfocar y puntualizar objetivos más amplios, que sean evidentemente mucho más utilizables como procedimientos que aseguren la protección de algo tan dinámico y complejo como dicho medio. Dentro de los mecanismos más o menos estructurados y formalizados que integran la mecánica operativa de un gobierno, lamentablemente las respuestas a estas necesidades no son sino parciales, y las políticas relativas al medio ambiente son a menudo desorganizadas e incoherentes. Por el hecho de no percibir al medio ambiente como una unidad, sino como algo más bien disgregado y fundamentalmente asociado en sus manifestaciones parciales a problemas de índole económica, el fraccionamiento, y no la cohesión, es el exponente que caracteriza casi siempre a la política pública ambiental tradicional. Las consideraciones económicas tienden a gobernar y a definir, y los factores ecológicos, éticos y estéticos rara vez reciben la debida atención.

Si un gobierno no se ve motivado por el firme propósito de salvaguardar el medio ambiente como un todo monolítico, las políticas de él derivadas solamente serán proyectadas hacia aquellas manifestaciones ambientales identificables desde el punto de vista restringido de la economía y del poder político, y este último se podrá ver a veces influenciado por connotaciones de opinión pública que le muevan hacia acciones y decisiones marcadas a menudo por el oportunismo o por el electoralismo.

Para que la autoridad política actúe con eficiencia y con la eficacia requerida en materia ambiental, es preciso que la sensibilidad popular y las definiciones políticas sobre responsabilidad de acción global encuentren cabida en las esferas de control público y privado, con la debida representatividad y oportunidad. Los procedimientos operativos y ejecutivos deben unificarse, tratando de obviar la tradicional polarización que debilita los esfuerzos en juego en beneficio de intereses creados, de soluciones parciales y momentáneas, y del deterioro gradual. Por ejemplo, el uso de las aguas, la explotación forestal y minera, y el control de los recursos productivos, implican distintas responsabilidades públicas que los grupos organizados de la sociedad condicionan a la estructuración, regulación y ejercicio de una política, sin la cual se ponen en juego los intereses y las necesidades de la propia comunidad.

Obviamente, la coordinación y cooperación entre dichos grupos, que frecuentemente entran en competencia y conflicto, es a menudo difícil o imposible, ya que existe en todos ellos la ausencia casi total de una percepción "ecológica" del concepto "política" que guíe convenientemente las relaciones recíprocas. De este modo, ni el cuerpo electoral, ni los líderes políticos, ni los administradores públicos, dan la debida importancia al decisivo efecto de la acción gubernamental sobre un cambio que afecte, de uno u otro modo, al estado del medio ambiente.

En la búsqueda de una base más sólida para la política relativa al medio ambiente humano es preciso recurrir a los mismos principios utilizados para la acción política global, es decir, al estímulo de la percepción popular y a su sensibilización en cuanto a necesidades e intereses. Por lo tanto, las decisiones previas sobre política ambiental están directamente asociadas a la implementación de esfuerzos educacionales y formativos intensivos y masivos, que deben diseñarse y definirse de acuerdo al liderazgo político y científico que interprete adecuadamente las necesidades genuinas de la relación hombre-medio, y que ayude a identificar y a valorar aquellos aspectos de mayor trascendencia inmediata. Solo de este modo es posible abrir el pensamiento de la sociedad hacia la comprensión profunda de la universalidad y de las limitaciones del hábitat, y del papel que el hombre desempeña dentro de este conjunto de interacciones. En el fondo, es una de las maneras de apoyar y canalizar, mediante la acción política, los conocimientos que la ciencia ha entregado a la sociedad para ponerlos directamente al servicio de esta última, con un sentido de cohesión y claridad de objetivos.

La adopción del concepto educacional y formativo implícito en una política novedosa como la planteada debe también ser total. No solo debe inducir a la toma de conciencia popular, sino que, simultáneamente, debe alcanzar con adecuado grado de influencia a la opinión de los dirigentes, orientando los procedimientos de los organismos públicos y de la actividad privada. Esto es un requisito fundamental debido a que dentro de los conceptos tradicionales de gestión y control, predominan las tendencias con contenido económico, que sólo admiten parcialmente los factores sociales y psicológicos de la sociedad. El proceso político educacional y formativo planteado como estrategia de acción novedosa en relación al medio humano implica paralelamente la obligación de considerar prioritariamente los principios biofísicos de la sociedad moderna, dejando en segundo plano, aunque sin excluirlos, los tradicionales y aislados valores puramente materiales y económicos.

Una política ambiental basada en la educación sistemática de la población ofrece indiscutibles ventajas, pero se enfrenta también a algunos inconvenientes operativos. Al margen de los amplios requisitos financieros y humanos que requiere una acción de esta índole, es fundamental considerar que la educación del pueblo es un proceso lento, y que este proceso es especialmente engorroso cuando se le enfoca a producir cambios sustanciales en las actitudes y valores tradicionales de la comunidad. Muchas veces, es incluso un proceso que requiere el paso de varias generaciones antes de alcanzar el adecuado grado de sensibilización y compromiso que el tema requiere.

Por lo tanto, el énfasis debe ser puesto donde adquiera mayor valor inmediato en el momento, con la debida agilidad e insistencia, para evitar que la lentitud pasiva conduzca a contratiempos y fracasos. Paralelamente, la investigación sobre los mecanismos y las estrategias destinadas a moldear el hábitat en beneficio del hombre, deben aportar nuevo material para la implementación gradual de una política ágil e imaginativa en términos del corto, medio y largo plazo, para llevar así a cabo proyectos definidos y coherentes en materia de administración del medio ambiente. Los problemas del hombre y de la naturaleza son al mismo tiempo locales y universales. La comunicación permanente a nivel internacional, por lo tanto, es uno de los requisitos más esenciales para garantizar soluciones integrales a los problemas del medio en forma coordinada y solidaria, que vayan más allá de correcciones parciales de la problemática local, la cual en el fondo forma parte de la misma y única trama mundial.

La protección del medio ambiente plantea exigencias bastante concretas a la economía y a la política, que adquieren forma a través de la urgencia de emplear enfoques globales en una planificación a largo plazo. Si se toma como punto de partida la firme decisión de salvar a través de ello la esencia de la vida humana, surge el requisito de ponderar previamente y en términos objetivos cuáles son las necesidades verdaderamente genuinas del hombre, y qué tipo de actitudes desmesuradas son las que en dicho sentido han contribuido a desvirtuar la relación hombre-medio hasta llevarla a niveles críticos.

Como alternativa de materialización y de aplicación práctica de estos fundamentos, que implican también principios éticos y morales, aparece el ejercicio jurídico del derecho humano, cuyos efectos son más inmediatos si se considera comparativamente la trayectoria de otras alternativas de acción, como por ejemplo la educación, a la que anteriormente se hizo alusión, cuyos resultados concretos no son susceptibles de evaluar sino al cabo del paso de varias generaciones.

El concepto dinámico de la relación hombre-medio debe ser valorado en función de la perpetuación benéfica y sistemática de esta relación, no en términos inmediatos, sino que considerando la responsabilidad que cabe a la comunidad frente a las generaciones venideras. Del mismo modo, y como deducción lógica de lo anterior, el concepto del derecho de propiedad o uso del sustrato y sus variables debe ponderarse en términos de la función social y humanista que ésta debe cumplir, y no ya en términos puramente especulativos. La relación de uso y disfrute del medio debe enfocarse en último término como un potencial de acción recíproca entre éste y la comunidad, es decir, que toda utilización del medio que descuide el interés de la humanidad, debe ponerse a disposición de una autoridad jurídica auténtica y formalmente establecida, objetiva, directamente encaminada al restablecimiento de la protección de la esencia de la vida humana, y al despertar de la ética que mueva y guíe en dicho sentido la responsabilidad que debe poseer cada individuo.

Surge a estas alturas la necesidad de definir la amplitud de este campo de acción jurídico, y aparece nuevamente como imprescindible la creación de un auténtico derecho internacional que facilite el acceso a la definición de procedimientos que comprometen un patrimonio planetario, complejo y limitado como es el medio ambiente, sometido a las actitudes irreverentes del ser humano. Es notorio en tal sentido cómo los esfuerzos más loables por preservar el medio natural mueren muchas veces en la barrera infranqueable de la soberanía de los estados y de los intereses mercantiles, a pesar de las buenas intenciones casi unánimes existentes en el mundo entero. La soberanía, que no es más que la expresión del poder, no puede continuar siendo el límite legítimo para la apremiante acción de tipo internacional, ni el escudo protector tras el cual pretendan ampararse quienes proceden a la explotación extractiva, irresponsable y típicamente antropocéntrica y egoísta del hábitat.

La legislación innovadora y revolucionaria debe proveer los instrumentos para reformular el tradicional concepto de economía, el cual considera al medio estrictamente como recurso natural, es decir, bajo su aspecto utilitario y generador de riquezas. Debe simultáneamente actuar como mecanismo ordenador y regulador de una inercia científica y tecnológica irreverente que históricamente ha ayudado a enfriar y a desvirtuar las relaciones del hombre con la naturaleza, la cual ha perdido su identidad constitutiva y su personalidad significativa a cambio de una mera clasificación como objeto.
Los nuevos principios jurídicos deben en síntesis incidir sobre la necesidad evidente de transfigurar la soberanía, a menudo

convertida en soberbia y en avaricia, en beneficio del establecimiento de postulados administrativos y fiscalizadores que permitan el cultivo de los nuevos valores, tan simples y lógicos en su esencia, a la vez que tan requeridos por la cultura contemporánea, y a los cuales va estrechamente ligada la sobrevivencia digna de todos los seres humanos.

Dentro de este nuevo precepto jurídico cabe también contemplar la justa y lógica preponderancia de los valores nacionales que configuran la característica diferencial de cada nación, y que, integrados a nivel planetario, dan forma a la riqueza y a la diversidad de la sociedad humana como ecosistema destacado y singular. Debe surgir un nuevo concepto de nacionalismo, en base a cuyo planteamiento sea posible conservar, mejorar y perpetuar los valores tradicionales y culturales de la sociedad local, respetando su trayectoria y su proyección histórica, pero enmarcando todo ello dentro del contexto de globalidad que exige la acción medioambiental solidaria para asegurar la evolución social y económica de la humanidad de modo progresista, pero armónico y sostenido a la vez.

Es cada vez más importante para la sociedad promover el intercambio cultural, tecnológico e ideológico a todos los niveles, con el fin de aprovechar las sinergias de la diversidad, eliminando a todos los efectos las fronteras de cualquier tipo que puedan bloquear el proceso cognoscitivo, y estableciendo los marcos jurídicos y políticos apropiados que permitan la libre circulación e intercambio mundial del patrimonio intelectual de la humanidad, creando para ello las condiciones motivadoras apropiadas. No hay que olvidar que el ser humano es inquieto por naturaleza, y que la tendencia al equilibrio ideológico en la sociedad obedece a menudo a la búsqueda por parte del hombre de expectativas y de incentivos que motiven su acción. Favorecer la orientación de esta acción y encaminarla por la vía apropiada es función de los estamentos jurídicos y políticos, mediante cuyas iniciativas se han de determinar las tendencias deseadas.

Favorecer e incentivar el intercambio intelectual constituye una buena estrategia para acelerar a nivel mundial la evolución social y económica de la humanidad, no sólo porque con ello se consigue promover el aprovechamiento más racional de los recursos humanos, sino que también el de todo el resto de los recursos productivos que configuran el entorno medioambiental. Todo esquema político y todo intento de ordenamiento legislativo debe favorecer la proyección universal del intelecto humano, y fijar las pautas para que su utilización esté armonizada con la explotación racional y sostenida del medio físico.

El marco político y jurídico destinado a orientar la estrategia medioambiental coherente que el mundo necesita, debe tener una proyección global y humanista, al igual que todas las acciones relacionadas con este ámbito. Hay que partir de la base de que, como ocurre en la comunidad científica, a niveles políticos y jurídicos no existen posturas ni criterios únicos en materia medioambiental, situación que es producto una vez más de la diversidad de la condición humana. Esta realidad ha llevado en numerosas ocasiones a que la temática medioambiental sea manipulada tendenciosamente no sólo por parte de los científicos, sino también de los políticos, los sociólogos, la clase empresarial y económica, y los medios de comunicación social, dirigiendo en todos los casos las posiciones, conclusiones y acciones hacia un determinado interés. Es aquí donde adquiere relevancia y trascendencia el debate inteligente, que puede constituir una valiosa plataforma generadora de ideas, iniciativas y puntos de vista ingeniosos si se actúa con espíritu constructivo.

Llevar a la práctica estrategias políticas y legislativas relacionadas con el medio humano implica también la necesidad de implementarlas de acuerdo con la realidad local dentro de la cual se ha de llevar a cabo la acción, pero sin perder su enfoque global y solidario para con toda la humanidad. Vuelve a plantearse por lo tanto, y una vez más, el requisito ineludible de tener en cuenta los aspectos relacionados con la histórica brecha norte-sur, o sea, con las diferencias existentes entre la situación de los países en desarrollo y la de las naciones industrializadas. Al formular nuevas políticas y nuevos marcos legislativos es preciso asumir también la implementación paralela de nuevos parámetros y criterios en relación al medio ambiente, los cuales en principio han de basarse en el aprovechamiento inteligente de la experiencia de las naciones más avanzadas, a nivel de las cuales se generaron en su día las rutinas del deterioro y del abuso de los recursos, pero donde también, por reacción, surgen muchas de las opciones correctoras.

Dentro de este contexto se han de buscar las pautas para establecer con responsabilidad los nuevos planteamientos en cuanto a esquemas de vida, consumo y comportamiento humano, pero sin olvidar ningún instante la necesidad de adaptarlos a la realidad y circunstancias de los países en desarrollo. Los cambios de orientación pertinentes han de ser formulados consensuada y solidariamente dentro de un esquema político mundial más participativo y equitativo, en el cual todos aporten su opinión y sus puntos de vista, y defiendan comprometidamente sus intereses específicos sin perder la perspectiva ni alejarse de la realidad del conjunto global.

Algunos sostienen que la intrusión y la intervención de los países de economía fuerte en las naciones del tercer mundo están justificadas si el objetivo es lograr el bien común. Esta es una visión un tanto parcial y miope del tema, que en todo caso debe ser sustituida por la voluntad de establecer una plataforma de debate multilateral en que pesen por igual los derechos y responsabilidades tanto del tercer mundo como del mundo industrializado. Por lo tanto, ante enfoques parciales del problema, o ante insinuaciones que tiendan a perpetuar posiciones antagónicas y atomizadas, cabe asignar a los estamentos jurídicos y políticos la misión de formular las reglas del juego que han de regir y dirigir las relaciones del hombre con su entorno, siempre con el reiterado objetivo de proyección sostenida y equilibrada a largo plazo. En todo caso, está claro que el mundo emergente está cada día menos dispuesto a soportar pasivamente ni la imposición de las medidas para corregir errores medioambientales que no han cometido, ni las consecuencias del deterioro ambiental que han producido las naciones más avanzadas como producto de su industrialización descontrolada. Ya no cabe, por lo tanto, una visión unilateral del proceso de desarrollo, pero sí en cambio el diálogo constructivo y solidario dentro de un marco político y de un orden jurídico que centren la reflexión y orienten la acción con criterios de conjunto favorables a toda la sociedad, erradicando definitivamente los conflictos de intereses y las presiones distorsionantes del poder económico.

A nivel de algunos estamentos internacionales se ha asumido que los problemas que afectan al medio humano son sólo síntomas visibles de desequilibrios más complejos y trascendentes generados por los modelos convencionales de producción y de consumo, y que son estos últimos los que constituyen el mayor obstáculo para conseguir un desarrollo estable. También se cuenta en principio con la tecnología racionalizada como base para solucionar los problemas derivados de la propia tecnología mal utilizada. Pero no se debe olvidar que el cambio global e integral que requiere la solución de la problemática medioambiental debe incluir también cambios culturales y de conducta, que obligan al replanteamiento de las opciones políticas y legislativas que, en último término, son las que dan sentido a la acción y condicionan su proyección equilibrada a largo plazo.

Los aspectos jurídicos y políticos de la gestión ambiental pueden poseer connotaciones específicas y concretas, propias de las disciplinas que representan. Pero su trascendencia hacia los ámbitos social, económico, tecnológico, e inclusive cultural, es innegable. De ahí su importancia como marcos de referencia a la hora de proceder a la planificación, control, seguimiento y evaluación de cualquier estrategia de acción que tenga relación con el entorno ecológico de la humanidad. También se ha que tener en cuenta permanentemente que la acción ecológica, enmarcada dentro del orden político y de los imperativos jurídicos, ha de ser coherente con el resto de planteamientos que componen su compleja proyección. Es fundamental en este sentido consolidar y proclamar los nuevos valores globales de esta acción, pero se ha de evitar ante todo limitar este enfoque a las buenas intenciones que prescindan del ejercicio práctico de dichos valores.

Intención y acción son inseparables cuando se trata de conferir coherencia a cualquier iniciativa relacionada con la gestión del medio humano.

## IX - ETICA Y MEDIO AMBIENTE: NUEVOS VALORES PARA UNA PROYECCION SOCIAL EQUILIBRADA

> "Suerte es lo que sucede cuando la preparación
> y la oportunidad se encuentran y se fusionan"
> **Voltaire**

Al hablar de medio ambiente se suele caer en la inevitable tendencia de analizar su problemática desde un punto de vista unidimensional. Por este motivo, se pierde frecuentemente la perspectiva polifacética que el tema posee tanto en sus componentes como en sus proyecciones e implicaciones globales. A través de una polémica estéril se llega así a la formulación de postulados parciales y relativos mediante los cuales se intenta atribuir a determinadas manifestaciones todo el protagonismo del contexto ambiental: cambio climático, destrucción de la capa de ozono, concentración y congestión demográfica, acumulación de residuos y agotamiento de recursos, para citar sólo algunas a título de ejemplo.

Ocurre igual fenómeno cuando se intenta efectuar un análisis de los aspectos éticos que inciden en el debate medioambiental. A lo largo de la presente exposición de puntos de vista se ha aludido, a veces reiteradamente, a diversos aspectos, pero indudablemente no a todos, los que configuran la problemática de este complejo universo. En muchos casos han sido insinuadas inclusive algunas implicaciones éticas que atañen directamente a alguna característica específica de dichos aspectos, sin que la relatividad y la subjetividad que subyacen implícitamente en el tema hayan permitido concluir la reflexión con planteamientos ni absolutos ni definitivos.

Hablar de medio ambiente y de desarrollo sostenido obliga muchas veces a asumir importantes niveles de abstracción, que sugieren la tentación de sintetizar hechos ambiguos dándoles una cierta forma tangible, para así poderlos manipular con mayor facilidad a la hora de razonar sobre ellos. Y cuando se intenta hablar de ética en relación al medio humano, casi automáticamente surge como posibilidad la de materializar dicho concepto en el término "calidad de vida".

Calidad de vida es también un término relativo. El grado de percepción y de expresión del mismo depende de la posición de cada ser humano dentro de su contexto socioeconómico inmediato. Depende de su sensibilidad y de su propia percepción del entorno. Depende de sus condicionantes culturales e históricas, de su motivación, de su actitud ecológica, de sus aptitudes específicas, de su experiencia y de su riqueza racional. Pero lo que es indiscutible es el hecho de que el nivel de calidad de vida de todos y cada uno de los integrantes de la comunidad depende de, y condiciona indisociablemente, la relación hombre-entorno en su expresión más amplia y completa.

Últimamente, la ecología se ha transformado en una nueva teología. Ahora constituye una auténtica doctrina para quienes abiertamente admiten que el medio ambiente humano se deteriora rápidamente, y que el ecosistema mundial tiende al colapso. También es el elemento motivador y la justificación programática de numerosos movimientos que, con militancia o no, intentan reivindicar la causa medioambiental, plantear la crítica constructiva o destructiva, o implementar la acción positiva o especulativa. Y en paralelo a todo lo anterior, existen mínimas evidencias tanto para soportar como para rechazar esta generalización, ya que es un hecho que algunos factores del medio parecen estar mejorando, al mismo tiempo que otros llevan la dirección de una clara e implacable decadencia.

Desafortunadamente, una mayor preocupación ecológica ha sido acompañada por una noción equivocada de que la ciencia y su aplicación tecnológica son, de una u otra manera, la única causa de los problemas de la humanidad. Según algunos, si los científicos cesaran simplemente de jugar con el mundo, la naturaleza restablecería el balance y todo volvería a estar bien. Este concepto se generaliza ampliamente en relación al sector primario de la economía, sobre todo a las prácticas agrícolas y forestales, y particularmente al uso de pesticidas. El uso de estos materiales es observado como un crimen contra la naturaleza, cometido por gente indiferente o descuidada con respecto a las consecuencias de sus actos.

Los agricultores presienten a menudo que se les señala y acusa selectivamente como los principales responsables de dañar el ambiente. Sin embargo, en estos tiempos de controversias y de confrontaciones dialécticas, la agricultura no puede ser considerada como algo distinto y único en este sentido, ya que las industrias del petróleo, químicas, farmacéuticas, mineras y energéticas toman también su parte en el asunto. La industria automotriz representa un caso crítico y extremo. Y la construcción de carreteras, puentes, fábricas, puertos, canales, obras hidráulicas, sistemas de saneamiento, las curtiembres y las papeleras, son también sectores igualmente comprometidos con la problemática del medio físico. Todos estos actores situados en el escenario medioambiental interactúan estrechamente entre ellos con una marcada dinámica de relación causa-efecto.

El juego del ambiente ha llegado a ser un pasatiempo internacional. Muchos problemas ambientales inclusive se han solucionado mediante alternativas que a su vez causan contaminación, extendiendo los inconvenientes en forma prolongada, sin llegar verdaderamente a soluciones definitivas ni eficaces. De este modo el juego ecológico no concluye nunca, y cuantos quieren pueden participar en él.

La trayectoria evolutiva del mundo corresponde a algo que parece ser un fenómeno cíclico, aparente desde la propia aparición del ser humano sobre la tierra, hecho que es aplicable a cualquier orden de cosas. Después de largos períodos de equilibrio global, caracterizados por etapas de progreso acelerado y de expansión optimista, llega el momento de la decepción y de la evaluación de los aspectos negativos. Después de la ola de optimismo, sobreviene la obscura realidad de los hechos, y así sucesivamente. No es extraño que a lo largo de este proceso aparezcan alternativamente posiciones de catastrofismo y utopía, generando ciclos que se retroalimentan dentro de un contexto de continuidad que sólo perpetúa los problemas de la relación hombre-medio. Tal dinámica induce muchas veces la exclusión social del hombre como actor responsable dentro de su entorno, quien, ante la incertidumbre, se ve obligado a refugiarse en una posición de espectador pasivo cuyos actos se basan en la improvisación, actitud peligrosa para la existencia y para la integridad de la humanidad, con cuya esencia no se puede jugar.

El mejor remedio para este mal es una buena dosis de perspectiva, la cual generalmente es un recurso escaso. Al igual que lo que se planteaba al hablar de la investigación agrícola, la ecología necesita integrar los recursos responsables del equilibrio ambiental con una buena dosis de anticipación. La perspectiva implica que se mire objetiva y analíticamente hacia la esencia de los problemas del medio. En primer lugar, se debe rechazar toda actitud parcial de pensamiento, ya que poco se puede hacer si los problemas no se analizan conjuntamente como provenientes de varios segmentos de la sociedad que entran en pugna defendiendo cada cual sus intereses particulares. Casos como estos son los que llevan ciegamente y sin fundamentos a algunas personas a pensar, por ejemplo, que la agricultura está obsesionada por envenenar a la naturaleza con los productos químicos que utiliza en sus procesos productivos, olvidando que su verdadero objetivo es mejorar la calidad y cantidad de la producción. La verdad es que la sociedad, es decir, cada uno de los ciudadanos, confundidos por la distorsión de los valores, dejan muchas veces de lado y durante demasiado tiempo sus "responsabilidades" tanto en el área ejecutiva como en la esfera del liderazgo, pero asumiendo en cambio sus "derechos" con total convicción y espíritu irrenunciable.

De este modo, prescindiendo de los criterios ambientales más esenciales, se acepta estoicamente la construcción de carreteras en sitios donde los ingenieros, de acuerdo a criterios estrictamente técnicos, consideran más apropiados. Se considera lógico que los asuntos de salud sean puestos en manos de los médicos, sus profesionales monolíticos. Que mejorar la situación de los estratos menos privilegiados y marginales de la sociedad sea encargada a instituciones y organismos de ayuda, de beneficencia, y a filántropos, sin tener en cuenta muchas veces que la caridad mal enfocada puede ser perjudicial si no permite a los que la reciben prescindir definitivamente de ella, y lograr su autosuficiencia. Y también, en dicho sentido, se considera normal que la industria automovilística trabaje arduamente en el ámbito ambiental para eliminar la contaminación proveniente de los motores, y que los científicos e instituciones guíen la agroindustria. Opciones de esta índole, lejos de constituir una estrategia integrada y coherente de acción, enfocada con sentido humanista y planetario, para salvaguardar unos recursos ambientales de naturaleza limitada, no son más que intentos parciales, de efecto puramente temporal, para resolver una cuestión que requiere enfoques globales y pluridisciplinares.

Cada una de las anteriores aseveraciones no puede ser aceptada aisladamente desde el punto de vista ético si se quiere considerar a la sociedad como un todo integrado y solidario. No se puede tampoco permitir que las prácticas agrícolas, o la industria, o la extracción petrolífera, sigan pasando desapercibidas ante la opinión pública, y que esta percepción decante sectorialmente sobre ellas la responsabilidad sobre el medio ambiente en beneficio de la impunidad del resto de las actividades económicas. Se puede afirmar, por ejemplo, que la agricultura no constituye solo una actividad productiva fundamental para el hombre, sino que es además la única actividad esencial para su subsistencia, lo cual no excluye su necesaria y equilibrada complementación con el resto de las actividades que configuran la trayectoria de la evolución de la humanidad hacia el progreso. La sociedad debe asumir y desempeñar un papel activo, responsable y consciente en el área de las decisiones relativas a su entorno, para asegurarse de que la tierra, el agua y los demás recursos naturales no sean explotados en forma derrochadora, o utilizados de modo incompatible con el interés universal.

Un conjunto múltiple de políticas ecológicas incoherentes, insensatas, resultado del pánico simultáneo en sectores de diferentes intereses comprometidos, constituye un claro síntoma de preocupación general. Pero cada uno de estos sectores debe procurar participar activa y coordinadamente en soluciones globales, sin dejar de relacionarse con ninguno de los demás comprometidos. Se ha de evitar por todos los medios aquellas acciones "miopes" que intentan generar cambios de actitud "maquillando" con lenguaje retórico sus objetivos, perpetuando de este modo la situación y el problema, de acuerdo con una expresión que en sí misma refleja la aberración de su propósito: todo tiene que cambiar para que todo siga igual. La complejidad y la diversidad del tema favorecen en gran medida este estilo de actitud, que se ve habitualmente reforzado por la comodidad que otorga la tendencia a dejar pasivamente que sea el tiempo el que permita que las soluciones, adecuadas o no, caigan por su propio peso.

La solución de conjunto, más una perfecta comunicación y un responsable grado de perspectiva, es la adecuada. Para ello los científicos y técnicos tanto del mundo agrícola como de la industria verdaderamente comprometida con el ambiente, deben asumir una mayor responsabilidad en la información del público en general, y reconocer al mismo tiempo que la sociedad tiene el derecho y la obligación moral de opinar y de participar en la acción que de ello derive.

Anteriormente ha sido comentado que uno de los factores que impide analizar el problema del medio ambiente con objetividad y realismo es la existencia, en todos los niveles culturales, de mentalidades poco abiertas y escasamente prácticas, que tienden a encarar determinadas situaciones de forma parcial y unilateral, considerando solo determinados aspectos de la realidad. Ello lleva a una situación de completo absolutismo a la hora de la acción, desvirtuando el fundamento ideal de un auténtico análisis ecológico, cuyo punto de partida debe ser la visión global de la complejidad y variedad de los integrantes y de los determinantes del equilibrio ambiental. No se puede considerar un factor de desequilibrio del medio sin asociarlo a todos y cada uno de los que influyen en la naturaleza, en su dinamismo, y en sus reacciones espontáneas frente a algún intento excepcional que amenace transformarla.

Por otra parte, la falta de conciencia de abstracción, así como la presunción desmedida de conocimiento, tienden a desviar las decisiones de aquellos cuya misión es la de dirigir, controlar y explotar las fuerzas de la naturaleza, hacia simplificaciones demasiado extremistas y peligrosas. Así, la creación inconsciente de problemas de gran envergadura lleva también a la adopción inconsciente de soluciones equivocadas o insuficientes, ya que la omisión de parte importante de los factores en juego no es apreciada oportunamente de forma significativa. De allí la necesidad de fortalecer y complementar ampliamente la definición conceptual de las obligaciones y funciones de aquellos cuerpos legislativos y políticos, y de aquellas organizaciones nacionales e internacionales pertinentes, para lograr de ellos, al margen de la eficiencia económica y operativa, la trascendencia inteligente, completa y perdurable de los beneficios que las acciones de éstos deben aportar al control de las relaciones del hombre con su entorno natural.

Dentro de la relatividad de los conceptos absolutos de "bien" y de "mal" o de "causa" y de "efecto", se hace necesario fijar pautas bien definidas en lo que concierne a la conservación de los recursos naturales, a la educación del hombre, y a la acción enfocada a la obtención de beneficios prácticos del conocimiento teórico y del razonamiento aplicado. Sobre esto último, resulta de gran importancia saber aprovechar la experiencia del conocimiento más avanzado, siempre y cuando su aplicación práctica se acomode a las nuevas situaciones específicas surgidas de la propia acción, sin pretender comparar entre sí casos similares que los caprichos de la naturaleza tornan completamente diferentes en su esencia.
En un mundo de cambios permanentes y de relaciones infinitamente complejas, se hace necesario abandonar definitiva y totalmente aquellos tradicionalismos y pensamientos doctrinarios estáticos, y sustituirlos por una acción más positiva y responsable. Como en toda ciencia, la

planificación de una sana ecología debe hacerse extensiva a la totalidad de las relaciones entre el hombre y la tierra, y entre aquel y su propia circunstancia, teniendo en cuenta la adopción, asunción y consolidación de nuevos valores humanistas que proyecten acciones basadas en conceptos éticamente compatibles con la esencia humana.

Frecuentemente se acusa a la ciencia y a la tecnología de gran parte de los inconvenientes y de lo que hoy se estima equivocado en el mundo moderno. Sin embargo, normalmente ningún científico actúa intencionadamente para producir el mal, ya que no posee para ello ni la voluntad ni el poder ni la sagacidad para lograr a cambio una ventaja práctica y un beneficio lucrativo del conocimiento. Por el contrario, es muchas veces quien aplica la ciencia a la práctica el causante de desvirtuar el fondo de dicha ciencia. Como investigador, el hombre de ciencia hace uso del método científico, herramienta que por lo demás está al alcance de cualquier individuo inquieto, cuya intención renovadora y cuya mente inquisitiva le motive a usar la ciencia dentro o fuera del marco de su actividad habitual, o sencillamente, como norma de comportamiento social. El uso del método científico no constituye de por sí un terreno exclusivo, aun cuando la ciencia sea el campo de trabajo únicamente para aquellos que le dedican su existencia y su fe motivadora.

El científico posee numerosos campos de acción para su actividad, y puede escoger entre ellos el que más le satisfaga profesionalmente, o el que aporte mayor cantidad de beneficios a sus objetivos de acción. De allí que moralmente el campo de acción del investigador debe situarse donde su sentido y su concepto de la responsabilidad se lo indiquen, considerando el logro del máximo de beneficios posibles a aportar a la comunidad. Además, por ética profesional, debe siempre dar a conocer los resultados de sus descubrimientos a dicha comunidad, y preocuparse por la difusión de su esencia, sus usos y sus aplicaciones prácticas. Una ciencia inédita deja de ser tal y se desvirtúa totalmente si no va más allá de la apreciación subjetiva, a nivel de autor, de un determinado fenómeno.

Pero el científico, al igual que el agricultor, el industrial, el obrero o el simple individuo, tampoco es el único responsable de mantener a su propia especie en equilibrio con el entorno. El comportamiento constructivo o destructivo del hombre en su medio se modifica y evoluciona a través del vínculo indisociable de todos y cada uno de los individuos con su complejo y diverso sustrato natural, incluso si éste ha sido modificado por causas artificiales. El hombre se diferencia del resto de los componentes del reino animal en que estos últimos manifiestan cambios en sus relaciones con el ambiente sólo como consecuencia de su evolución a largo plazo, y como resultado de variaciones evolutivas que puedan transmitirse hereditariamente. En cambio, el hombre influye sobre prácticamente todos los ecosistemas del mundo, y de allí que los problemas más urgentes de la humanidad no sean precisamente los económicos, sino los ecológicos y los sociales, a pesar de que la peculiar condición de la idiosincrasia humana tienda a considerar a los dos últimos con indiferencia, pasividad y desprecio. Ello vuelve a poner en evidencia que la percepción y la comprensión del problema ecológico no han de ser solamente función del investigador, sino que deben constituir el fundamento ético necesario a nivel de todos los grupos sociales.

Se hace indispensable la generalización global de la comprensión de la naturaleza, y la inspiración sincera y desinteresada que debe regir sobre el uso de los recursos naturales de los cuales depende la totalidad de la humanidad.

Es preciso lograr el convencimiento universal y unánime de la inevitabilidad de cambios fundamentales en relación al comportamiento humano frente a su medio ambiente. Si bien es cierto que el ecólogo, científico por excelencia de la relación hombre-medio, debe entregarse por completo a su ciencia en bien de todos, es también un deber de todos el colaborar con dicha labor. Pese a que es el primero quien debe inspirar, proponer y promover las pautas técnicas de acción, control y dirección comunitaria, las de explotación programada de recursos y territorio, las de protección del paisaje y sus usos alternativos, las de promoción de cambios ventajosos y fundamentales para evitar transformaciones inútiles, y las de sustitución de pérdidas históricas o contemporáneas por alternativas más favorables, ello no constituye excusa para quienes pretendan eludir sus propias responsabilidades y funciones en tal sentido.

El profesional-ecólogo, considerando como tal a cualquiera cuyas actividades posean base o proyección ambiental, aun cuando provenga de disciplinas diversas, tiene la responsabilidad de programar políticas y acciones serias para cuya implementación cada ciudadano, independientemente de su condición y trabajo específico, debe aportar su parte de colaboración. Colaboración que, en último término, no significa otra cosa más que el tributo obligatorio que deben pagar quienes hacen uso y frecuentemente abusan del medio ambiente en que viven.

Una de las mayores debilidades de la civilización contemporánea la constituye el excesivo valor que el hombre da a las cosas superfluas, y el abuso que hace de ellas en deterioro del medio, frecuentemente con fines absurdos. Es el caso, por ejemplo, del uso de productos de la tecnología, como el automóvil, sobre todo utilizado en medios urbanos. O el de objetos de consumo cuyo fin principal no es el de satisfacer necesidades esenciales, sino el desmesurado afán de comodidad o la ansiedad subjetiva, como ocurre con los ingeniosos y espectaculares envases que contienen muchos de los productos de uso cotidiano ofertados en el mercado, y cuyo valor supera a menudo el de su contenido. A pesar de que las actitudes humanas de consumo en todos estos casos son prácticamente inconscientes, el hombre experimenta un enorme sentido de frustración cuando es privado de cualquiera de estas pequeñeces a las cuales está tan acostumbrado, y que desvirtúan ampliamente tanto el concepto de equilibrio ambiental como el de racionalidad intelectual.
Es un hecho conocido que la empresa, el mercado y los

políticos incentivan la competitividad como argumento de crecimiento y progreso. Pero, por otro lado, se hacen diversos llamados a la estabilización y control de dicha competitividad para frenar las presiones que conducen al deterioro del medio físico y para asegurar una situación de crecimiento equilibrado y sostenido. Esta dicotomía de planteamientos puede inclusive provenir de las mismas fuentes, como producto de puntos de vista influenciados por la demagogia, los intereses creados o la "moda" del momento, creando en el ciudadano confusión, excitación e irritación, y opacando cualquier estrategia de acción sometida a la necesidad de basarse en planteamientos claros y coherentes.

Una equilibrada ética informativa, acompañada de oportunas estrategias de formación ciudadana, puede cambiar el curso opresivo de quienes concentran en sus manos la producción, dominan el mercado, elaboran las políticas e imponen los estilos y esquemas de vida, encaminando la acción hacia fines más humanistas, basados en el cambio radical y definitivo de los valores éticos y ecológicos. Tal y como ocurre con la ciencia y con la tecnología, la información, a través de sus múltiples y eficaces medios, puede constituir tanto un factor de presión conducente al deterioro del medio físico, como una herramienta para asegurar una vía de crecimiento equilibrado y sostenido.

Pocos perciben en su verdadera magnitud y trascendencia hasta qué punto el mercado ha llegado a alienar al ser humano, inclusive utilizando el argumento ambiental como arma persuasiva para presionar sobre el consumo. Es del todo dudosa la ética que subyace tras los refinados métodos de comercialización amparados por una publicidad agresiva y distorsionadora que frecuentemente crea falsas expectativas al ciudadano, promoviendo el consumo de productos supuestamente "ecológicos", cuya motivación de compra se genera más por imposición de la antes citada "moda", que por la adopción de una legítima conciencia medioambiental. A menudo se trata de productos que aparentemente pueden ser más sanos y "amigables" con el hombre y con su entorno, pero que muchas veces requieren procesos de producción tanto o más contaminantes que los habituales, y que frecuentemente van acompañados por campañas publicitarias de promoción detrás de cuya implementación se ocultan también serias agresiones al medio y a los recursos, entre las cuales no es despreciable la "contaminación intelectual", a la cual se alude más adelante.

Detrás de estrategias de este tipo se oculta casi siempre el interés mezquino, que logra su propósito utilizando y manipulando la sensibilidad del consumidor ignorante. Tal carencia de una auténtica ética comercial trasciende inclusive más allá de las fronteras, y pone en evidencia una vez más la clásica y conocida brecha existente entre países pobres y ricos, y entre estratos bajos y altos de la sociedad, donde se arraigan de modo nefasto las relaciones de servidumbre y dominio, y se perpetúa indefinidamente la distorsión de los valores esenciales de la sociedad, implantando en su lugar el culto a lo absurdo y a lo suntuario.

Los medios de comunicación social, proverbialmente poderosos y variados, juegan un papel muy importante en este terreno. A ellos puede obedecer tanto la creación de falsas expectativas por la práctica de la desinformación y del sensacionalismo, como la consolidación de una auténtica ética informativa que intente neutralizar las opciones de manipulación ciudadana, que muchas veces ejercen por su conducto el poder político y los grupos de presión mercantil. Apropiadamente dirigidos, los medios de comunicación social pueden cambiar la tendenciosa y ampliamente conocida inclinación a imponer pautas y estilos de vida reñidos con un entorno equilibrado y coherente.

El ejercicio ponderado de la ética informativa, acompañado de oportunas estrategias de formación ciudadana, puede cambiar las actitudes opresivas de quienes concentran en sus manos la producción, dominan el mercado, elaboran las políticas e imponen los estilos y esquemas de vida, dirigiendo dichas actitudes hacia fines más humanistas basados en el cambio radical y definitivo de los valores éticos y ecológicos. Tal y como ocurre con la ciencia y con la tecnología, la información, canalizada a mediante sus múltiples y eficaces medios, puede constituir tanto un factor de agresión como de protección para el medio humano. El resultado de ambas alternativas depende de cómo y en qué sentido sea utilizada la información.

Pero además, y sea cual sea su intencionalidad, la fuerza y el valor de la información como arma de influencia sobre el ser humano es enorme e indiscutible, ya que puede llegar a alcanzar su más profunda intimidad material e intelectual. El ejercicio de una apropiada ética informativa ha de constituir el motor dinámico del cambio cultural que requiere la sociedad para superar aquellos hábitos sociales que han sido adoptados por inercia, por comodidad o por imposición del mercado, y que han configurado modelos de comportamiento reñidos con los requisitos de un entorno físico y emocional estables. Para ello, los medios de comunicación han de ser rigurosos y objetivos, no solamente al registrar, sino también al procesar, interpretar y difundir la información, principalmente la de contenido ambiental. Esta función la han de cumplir aplicando enfoques polifacéticos, y aportando aquellos elementos de análisis responsable, de perspectiva y de debate constructivo a la sociedad, que así estará en condiciones de asumir las actitudes pertinentes con un mayor grado de sensibilidad y de madurez.

El nuevo mandato ético que ha de marcar las pautas de conducta racional para una supervivencia digna del hombre y de su entorno, exige cambios radicales en el modo de pensar y de actuar. Se ha de reflexionar sobre el tema con mentalidad amplia, abierta, proyectada a largo plazo, desterrando definitivamente las presiones atávicas e históricas que la sociedad ha llegado a absorber casi inconscientemente como producto de su evolución tecnológica y material. Esta realidad ha hecho perder a la sociedad toda visión en perspectiva de su destino, y le ha llevado a la pérdida de sus valores más elementales.

Es evidente además que el orden ético necesario a nivel planetario ha de ser generado desde las naciones más avanzadas, que disponen de la experiencia necesaria para reaccionar favorablemente. Pero si la experiencia de la historia, de esa evolución cultural de la sociedad, no va acompañada de la voluntad y de la decisión de cambiar, poco se puede esperar en este sentido. Tal vez la movilización masiva, producto de la sensibilización provocada por las presiones globales, sea la que haga posible este cambio, de acuerdo con un esquema diferente, dentro del cual la lucha por defender un entorno vital perteneciente a todos, elimine las fronteras físicas, ideológicas, políticas y culturales que a menudo bloquean la acción definitiva y el cambio de actitudes necesario a nivel de la sociedad.

Al conocido planteamiento de que se ha de pensar globalmente y actuar localmente en asuntos que atañen al medio ambiente, se ha de oponer a la vez la tesis contraria, o sea, la de reflexionar sobre los problemas locales asumiendo que influyen indisociablemente en la problemática universal del planeta. El medio ambiente pertenece a todos, y si los miembros de la sociedad no son parte de la solución, son parte del problema. La lucha por la defensa del medio humano constituirá sin duda la genuina base de confrontación humana en el futuro, como producto no ya de la búsqueda de soberanías territoriales, mercantiles o militares, sino como resultado de la toma de conciencia por parte del hombre de que cualquier perjuicio a su entorno perjudica a él y a todos sus semejantes, independientemente del lugar, momento y agente causante de la agresión.

Es obvio que la ciencia y la tecnología aportan claras ventajas en relación al bienestar humano. El problema radica sin embargo en la falta de discriminación en la utilización de dicha ciencia, y en la escasez de previsión y de sentido de perspectiva, que impide visualizar y ponderar justamente la vida de acuerdo a una escala de valores racionales. Dicho vacío dentro del género humano no viene a ser sino la consecuencia de la ya comentada manifestación histórica, y a la vez contemporánea, del mayor atavismo que el hombre haya heredado desde la época de las cavernas: su desmesurada ambición. Esta característica, lejos de llevarlo por el camino ideal, lo desvía frecuentemente de él para someterlo fatalmente a las consecuencias de sus actos, representados desde épocas remotas por las aberrantes y contradictorias relaciones entre el poder y la sumisión, la riqueza y la pobreza, la abundancia y la escasez, el auge y la decadencia. Porque la ambición, en términos absolutos, es una manifestación que necesariamente crea extremos opuestos que no obedecen a otra causa que a la escasez y limitación de recursos que la tierra puede aportar para la subsistencia, y por los cuales el hombre libra una batalla de conquista febril, próxima frecuentemente a la depredación. Esta lucha es instigada por otro atavismo ancestral no menos importante en el ser humano: su agresividad, generalmente manifestada en forma de violencia, envidia, explotación y guerra. Es difícil lograr la implantación y la pervivencia de valores éticos mientras no se superen estos atavismos por la vía de la razón.

En aquellos países en desarrollo donde las necesidades extremas y urgentes no se han manifestado como en otras naciones, en las cuales el látigo de la guerra, el hambre y la necesidad han obligado a adoptar medidas de protección y planificación de los recursos, la principal desgracia ha sido la de creer que dichos recursos eran infinitos. La ausencia de períodos verdaderamente críticos, así como la ayuda extranjera y la insuficiente madurez de los pueblos, han sido factores más que suficientes para encubrir la realidad y desencadenar el uso netamente extractivo del patrimonio natural, sin evaluar sus consecuencias a largo plazo, dando como resultado efímeros períodos de auge alternando con crisis periódicas cada vez más crónicas y profundas. Ni siquiera es posible pensar que las aparentes características de "paraíso", atribuidas incluso actualmente a algunos de estos países o regiones, sea fundamentada, ya que los aparentes períodos de abundancia y de belleza natural han sido locales y efímeros, logrados únicamente gracias al consumo de recursos limitados, con escasas posibilidades de recuperación, y con la seria amenaza de provocar una inminente "quiebra" ecológica.

Existen naciones en las cuales la gran solidaridad y el notable humanismo existente entre sus habitantes han llegado a configurar en ellas un clima de alegre entusiasmo y un saber vivir muy característicos. Una naturaleza pródiga ha acompañado frecuentemente a esta situación, permitiendo una holgura de funcionamiento social que, ante la bonanza del presente, ha hecho perder la visión y la responsabilidad por el futuro. Sin embargo, una cualidad ampliamente loable desde el punto de vista humano, ha ocasionado simultáneamente el atraso simultáneo y el descuido del pueblo en relación a sus responsabilidades para con la naturaleza, en beneficio del arraigo de actitudes aparentemente justificadas por el derecho inalienable a un sustrato de vida limitado, pero cuya condición de tal no es percibida por la sociedad deslumbrada por la abundancia inmediata. El conjunto de atributos que ha permitido ocasionalmente clasificar un país o región como un auténtico edén, sin más fundamento que la consideración emocional de aspectos estéticos puntuales y parciales, que no garantizan en ningún caso la persistencia de dichas cualidades, puede con el tiempo llegar a constituir sólo un vago recuerdo romántico de algo que fue, pero que la comunidad no supo conservar y perpetuar. Para evitar situaciones lamentables de esta naturaleza es preciso reaccionar convenientemente, haciendo buen uso de las múltiples herramientas que ofrecen la ciencia y la tecnología modernas si van acompañadas de racionalidad y de ética en la acción. En el fondo, se trata de manejar de otro modo los mismos procedimientos que han permitido la destrucción, con la diferencia de que ahora la base radica en utilizar de una vez por todas, y en forma organizada, la inteligencia humana.

El hombre, independientemente de su evolución normal y animal, representada por toda una secuencia de cambios biológicos manifestada a través de los años y de las edades, ha evolucionado también culturalmente, proceso que al igual que el primero resulta también integrable y transmisible de generación en generación por los mecanismos genéticos y por los procesos educativos. No obstante, es la evolución cultural del hombre, más que la biológica, la responsable de los avances y retrocesos que históricamente es también posible observar en el ámbito ambiental e industrial. La evolución cultural ha sido de tal magnitud, que ha superado los caracteres biológicos y puramente animales del hombre, quien los ha subordinado completamente al uso prioritario de la inteligencia. Así y todo, la asignatura pendiente de la humanidad es su evolución ética, que aún no ha sido manifestada como tal, por lo menos en lo que respecta a sus relaciones con el medio ambiente y consigo misma.

La evolución cultural del hombre es mucho más reciente que su evolución biológica, iniciada esta última desde el momento mismo de la aparición del primero sobre el globo. La transformación intelectual del hombre es permanente, nueva y vertiginosa, hasta el punto de que se desarrolla a una velocidad superior a la de la propia naturaleza humana. Esta realidad produce, con su avance acelerado, un verdadero desequilibrio entre vida y cultura, que corre el riesgo de convertirse en una auténtica dificultad para la adaptación del hombre a su medio ambiente de vida, rápida y drásticamente mutado por el mismo y por una tecnología ciega e irresponsable. Una sucesión de cambios violentos del medio físico puede en el futuro desencadenar una verdadera crisis fisiológica i psicológica en el hombre, debido al relativo desfase de su desarrollo natural con respecto a las manifestaciones desequilibradamente creativas de su intelecto, y por la ausencia de una definitiva evolución ética que acompañe a la percepción y gestión adecuada de los aspectos más transcendentes del cambio implícito en esta realidad.

Esta situación, tan ciega como inconsciente, ha sido la que a la vez ha permitido al hombre evadirse del problema ecológico y de la observación responsable de las leyes de la naturaleza, a las cuales ha puesto a su servicio sin ponderación ni visión, en perjuicio de su supervivencia. La selección biológica, tan favorable y útil para el establecimiento y consolidación progresiva de una especie perdurable e íntegra, debería ser acompañada, en el caso de la especie humana, por una "selección" tecnológica, científica y cultural que permitiese la complementación positiva de los aspectos animales y de las características intelectuales, antes de llegar a ocasionar los innecesarios conflictos inherentes al desequilibrio entre ambos. Queda claro, según este enfoque, que el aprendizaje evolutivo integral es el que ha de conducir al logro de la percepción ética por parte de la humanidad.

Para concluir esta parte del razonamiento relativo al tema, es útil dejar en claro que las diferencias que tradicionalmente han mantenido en desunión y conflicto a la humanidad, como son las causadas por idiomas diferentes, por sistemas políticos y religiosos, por costumbres regionales o por las distancias, no constituyen hoy argumentos válidos que justifiquen posiciones de indiferencia cuando se trata de asegurar la sobrevivencia del hombre y de su hábitat. Lejos de intereses egoístas y partidistas, la acción ecológica debe ser emprendida globalmente y solidariamente, previa meditación seria y fría en cuanto a la responsabilidad que debe pesar sobre cada uno de los integrantes de la sociedad.

Las decisiones para la acción deben ser tanto de orden ético como político, y no sólo de índole tecnológica y económica. Muchas veces una estrategia económica puntual o una iniciativa tecnológica parcial han traído como consecuencia la utilización desmesurada y comprometedora del patrimonio natural, lo cual ha llevado al clásico endeudamiento progresivo que luego ha de ser obligatoriamente saldado por cada nación, y en último término, por cada ciudadano considerado como parte de la sociedad, ya que los trastornos son generalizados a todos los niveles, y la responsabilidad cae necesariamente sobre toda la comunidad.

Los conceptos de ética y de solidaridad han de prevalecer sobre cualquier otro planteamiento, ya que en esencia ambos obligan a cada integrante de la sociedad a identificarse no sólo con las acciones globales de defensa de la integridad de su entorno, sino también con las consecuencias de los efectos negativos que puedan afectarlo como resultado de agresiones o de falta de planificación de su utilización racional y sostenida. Es preciso paralelamente establecer una "contra tecnología" eficaz que haga retroceder y permita erradicar los excesos de la ciencia, asunto urgente e indispensable antes de que la irreversibilidad de los efectos perjudiciales señale que ya es demasiado tarde.

Con anterioridad se aludió ya al término "contaminación intelectual", y es prudente y aconsejable efectuar un breve análisis de este concepto, que es a la vez la causa y la consecuencia más grave del problema del deterioro ambiental.

Originada en la raíz misma del intelecto humano, como consecuencia de un desenfreno irreflexivo e inconsciente de aquella facultad de inteligencia que hace al hombre diferente del resto del mundo animal, dicha contaminación se vuelve incontrolada e implacable para minar progresivamente la única herramienta diferencial que puede ser útil al hombre en su búsqueda de las condiciones óptimas de vida. Progresivamente gestada por la depuración del ansia de poder y lucro, transforma al individuo en la víctima de sus propias ambiciones descarriadas y de los procedimientos que conducen a su satisfacción, y en el sujeto y objeto de una agresividad incontrolada que desvirtúa completamente el fondo de las relaciones sociales, para llevarlas a un plano de ficción e inercia costumbrista.

La contaminación intelectual es el conjunto de circunstancias que hoy obligan al hombre a desconfiar de su vecino, a defenderse de sus semejantes mediante artificios legales o represivos, a pensar mal y a recelar de su superior o de su subordinado, o a menospreciar con resentimiento las esferas del poder al cual no tiene acceso. Es la razón fundamental que permite al individuo caer en un inconformismo crónico e incómodo que le lleva a la envidia, al odio, a la desesperación y a la frustración, haciéndolo esclavo de sí mismo.

Este sutil tipo de contaminación es el que estructura los

estados de psicosis colectiva que entorpecen el normal desarrollo de las actividades cotidianas de la sociedad, y el que causa el deterioro de los valores más nobles de la comunidad. Y todo ello, sin entrar mayormente a detallar aquellas manifestaciones de incivismo, incultura y vandalismo, producto de causas similares, que directamente comprometen la integridad de los aspectos físicos del medio ambiente.

Las causas directas y las manifestaciones objetivas de la contaminación intelectual son innumerables, a pesar de que frecuentemente pasan desapercibidas, y de que se integran en un sistema de vida que ha llegado a dominar inconscientemente al hombre. Bien conocidos como causa son, sin embargo, los efectos de la distorsión informativa tendenciosamente dirigida, y de los abusos publicitarios y periodísticos, así como de determinadas campañas espectaculares que, al amparo de intenciones sensacionalistas, oportunistas o simplemente especulativas, encaminan a la razón humana en uno u otro sentido, jugando con ella, esclavizándola y manipulándola finalmente en beneficio de dudosos y cuestionables intereses que carecen de toda racionalidad, y que sirven, por el contrario, objetivos sórdidos.

Bastante comentada y conocida ha sido la influencia de la televisión irracionalmente utilizada sobre el consumismo y el "esnobismo", afectando negativamente al desarrollo del ser humano, cuya capacidad de criterio y de discernimiento no puede ser moldeada por mecanismos que incluyan una insinuación de dependencia, esclavitud o servilismo hacia fenómenos inherentes a una sociedad deshumanizada, desmesuradamente tecnocrática y mercantilista. Muy evidentes resultan por lo tanto los efectos de este deterioro intelectual, evaluable en función de la enorme proliferación de los estados depresivos y de ansiedad, y de enfermedades y desórdenes mentales, psíquicos y fisiológicos de diversa índole que son tan característicos de la era moderna, pero que inclusive a menudo no tienen explicación clara. También habría que añadir que la contaminación intelectual es consecuencia de los fenómenos de congestión humana y de la pérdida y modificación del sentido de la comunidad, de la transformación de los atributos de la vida en sociedad, y de la explosión desesperada, ciega e incoherente de la violencia y de la delincuencia.

La contaminación intelectual constituye una realidad innegable en la actual sociedad desarrollada, aun cuando su presencia como factor alienante no es habitualmente reconocida ni aceptada como tal. Ante este hecho se impone la necesidad de reflexionar serenamente sobre los valores de dicha sociedad, ya sea ésta una estructura establecida y estable o en proceso de evolución, caso este último en que cabe la oportunidad de una acción preventiva. Es fundamental volver a plantear ciertas interrogantes que merecen ser discutidas, y cuyas soluciones requieren de un nuevo enfoque tanto ético como práctico. Ante todo, es prudente intentar liberar al hombre de los peligros actuales o futuros que generan simultáneamente y con efectos sinérgicos la contaminación y el deterioro de sus facultades más nobles, ya que cada día requerirá hacer más uso de ellas para afrontar racionalmente el resto de la nebulosa ambiental. Los peligros involucrados son en este caso mucho más serios, puesto que comprometen la esencia misma de aquello que permite al hombre proyectar su seguridad futura.

Considerando que la contaminación intelectual es lenta, y que sus síntomas son frecuentemente desapercibidos a lo largo de su manifestación como tal, pero que sin embargo es drástica y profunda en sus consecuencias, puede tornarse irreversible e incontrolable. Peor aún, puede dar origen a condiciones adversas a la hora de tomar decisiones acertadas de orden práctico, en el momento oportuno, en relación a los problemas específicos del medio ambiente como tal. Por ello es preciso volver a insistir sobre las ventajas de la prevención, sobre todo allí donde los efectos del deterioro intelectual de la comunidad aún no se han transformado en un problema real y crónico, situación que debe tenerse en cuenta al enfocar las estrategias de desarrollo de los países del tercer mundo, frente a lo cual la experiencia de los inconvenientes vividos en tal sentido por las naciones industrializadas ha de constituir razón suficiente para no volver a caer en los mismos errores.

Sería verdaderamente frustrante ver destruido al hombre, única especie racional del planeta, precisamente porque su razón haya sido desplazada a segundo plano por los imperativos de una emoción forjada por la contradicción irreflexiva y por el uso abusivo de sus facultades intelectuales. La inquietud está planteada, los expertos deben abordar el tema en toda su magnitud y complejidad, y una vez más, cada individuo debe efectuar una autocrítica serena y sincera sobre su propia posición con relación al fenómeno.

Las reflexiones sobre ética y ecología llevan inevitablemente a intentar enunciar los fundamentos para una nueva sociedad armónica y estable. Partiendo de la premisa simplificada de que la raíz de todos los problemas económicos y sociales derivan del excesivo aumento de la población y de la exagerada actividad extractiva e industrial que deteriora el medio ambiente, la única forma viable para evitar una eventual catástrofe humana consiste, al menos aparentemente y en ciertos aspectos, en construir una sociedad diferente. Es decir, una sociedad en concordancia con la capacidad de sustentación de la tierra, que fortalezca una condición de equilibrio sostenido, y no por ello menos dinámico, entre el hombre y el medio físico.

Esta premisa debe trascender hasta el punto en que toda decisión de incremento de producción de las actividades económicas, y por lo tanto, toda eventual posibilidad de deterioro ambiental, sea planteada con rigor y mesura una vez alcanzados los niveles óptimos de equilibrio, y superadas las carencias crónicas del mundo actual, representadas esencialmente por la irregular distribución de recursos y oportunidades.

Es cierto que la historia del desarrollo del planeta ha llevado a la cimentación de diversos tipos de sociedades que difieren en su esencia, unas favorecidas por la abundancia y el bienestar, otras agobiadas por el estancamiento y el atraso. Aun cuando ello ha obedecido tanto a la dispersión geográfica y a la diversidad política, como a la desmesurada ansiedad del hombre, la trayectoria de la destrucción de la tierra por el ser humano surge hoy en día como una triste realidad. Las fabulosas historias y teorías expuestas en antaño por aquellos que inclusive fueron tildados de fanáticos, locos o alarmistas, vuelven a ocupar un lugar preponderante, esta vez en las esferas científicas mundiales y a nivel de la opinión pública.

La sociedad ideal ha de ser armónica y estable. Ha de compatibilizar simultáneamente diversas alternativas que incluyan la mínima perturbación del hábitat, el máximo ahorro de energía y recursos no renovables, la eficiente estabilización de la dinámica poblacional, y la estructuración de sistemas sociales ajustados a la ética y a la recuperación de valores altruistas y humanistas, menos materialistas, que permitan al hombre gozar plenamente de las ventajas de la implantación de estos principios. Las medidas técnicas y administrativas conducentes a ello ya han sido en parte discutidas e implementadas para algunas de las actividades de la economía y de la ciencia, pero en todo caso es útil recordar que todas ellas no implican nada sustancialmente diferente de la necesidad de recuperar aquellas actitudes del ser humano más afines con las simples, pero implacables, leyes de la naturaleza.

Las alternativas destinadas a suprimir diferencias y deficiencias deben nuevamente encarar los históricos problemas derivados de éstas. Resulta imposible visualizar su éxito sin adecuar dichas alternativas tanto a los países desarrollados como a los del tercer mundo. Una vez más entra en juego aquí la relación recíproca que debe existir entre situaciones extremas frente a una determinada medida que pueda afectarlas con resultados opuestos si no se toman las precauciones del caso. Así, los países industrializados se ven nuevamente involucrados en la obligación moral de ayudar a los menos desarrollados mientras dura el período de transición y ajuste, es decir, hasta que una verdadera redistribución planetaria de recursos haya sido lograda y consolidada. Paralelamente, el traspaso de recursos debe por fuerza ir acompañado de una serie de iniciativas administrativas, sociales y económicas que permitan poner fin a los a menudo desenfrenados excesos de las naciones desarrolladas, de modo que la trayectoria de los sectores deficientes hacia el logro del estado óptimo evite todo crecimiento más allá de límites racionales.

No obstante, una utopía de este tipo, que pese a la relatividad de algunos de sus postulados es considerada cada día con mayor seriedad, requiere tanto de una nueva conciencia social como de una nueva noción económica. Con respecto a este nuevo concepto de economía, muchos se han atrevido a poner en tela de juicio el tradicional concepto de "producto interior bruto", cuantitativo e idealmente en constante aumento, para proponer a cambio un indicador constante identificado como "nivel básico cualitativo", suficiente y seguro para controlar y garantizar el bienestar sostenido del hombre dentro de una sociedad estabilizada y armónica.

De acuerdo con los valores anteriormente planteados, el tradicional producto interior bruto no representa otra cosa más que la cuantificación de los beneficios relativos obtenidos a un costo mayor que el de los propios recursos, ponderando el volumen de materias primas, muchas de ellas agotables, necesario para suplir los requisitos crecientes y excesivos exigidos por los confusos y descarriados valores de la civilización contemporánea. En otras palabras, una sociedad estable debe plantear la valoración de los niveles de vida no ya en términos de los instrumentos tecnológicos necesarios para lograrlos, o de los requisitos económicos para financiarlos, sino en función de la "calidad" espontánea y concreta que ese nivel de vida representa como consecuencia de un equilibrio dinámico entre el hombre y su sustrato. En el fondo, se trata de eliminar de la sociedad el excesivo bienestar ficticio, servil y alienante al cual lleva la exageración y el abuso de la tecnología, y cuya culminación adquiere expresiones alarmantes en las sociedades "consumistas", mal llamadas "de consumo", y sustituirlo por el bienestar racional. Este nuevo estado de cosas en ningún caso debe excluir a la ciencia, sino que la ha de situar en el verdadero contexto que debe ocupar. Tampoco esta sociedad ha de limitar el proceso de civilización progresiva y de progreso ascendente, pero sí ha de condenar radicalmente la interpretación errónea de sus objetivos, así como el uso desacertado del potencial en ellos implícito con fines egoístas, generadores de injusticia y de servilismo social y económico.

El planteamiento de una sociedad equilibrada supone el surgimiento de un neo-maltusianismo concreto. Si bien antaño los pronósticos de Thomas Malthus cayeron en descrédito debido a su falta de previsión con respecto a los adelantos tecnológicos, hoy adquiere nuevamente relevancia la amenaza de que la producción sea insuficiente para satisfacer las necesidades crecientes de la población, pese a que en este sentido el problema se plantea hoy más en términos cualitativos que cuantitativos, como consecuencia de la reiteradamente aludida deficiencia de los sistemas de "distribución" a nivel del planeta. Además, aun cuando el problema vuelve a plantearse en forma parecida, la diferencia fundamental radica en que la previsión de los adelantos tecnológicos es actualmente más viable, sobre todo en relación a los daños que estos últimos pueden causar al medio ambiente si no se racionalizan los procedimientos de su aplicación en la práctica.

De este modo, una sociedad en proceso de consolidación, fundamentada en principio sobre un modelo de economía deficiente, condiciona la necesidad simultánea de reducir el ritmo de crecimiento demográfico, y de estabilizarlo también a niveles constantes y equilibrados. Implica paralelamente la completa reconsideración de la distribución mundial de la producción, sobre todo en lo relativo a excedentes y déficits, que deben ser afrontados con novedosos términos y esquemas de comercio e intercambio internacional. Supone por último el cambio de los tradicionales sistemas de vida en sociedad, fundamentalmente por vía de la descentralización urbana y rural, y mediante la distribución armonizada de núcleos y centros de actividad perfectamente estructurados dentro de una trama territorial que permita obtener beneficios óptimos de recursos, servicios y oportunidades de todo tipo.

Todo lo anterior implica inevitablemente modificar una serie de caracteres y peculiaridades de la sociedad tradicional, a los cuales aspiran los pueblos como resultado de la excesiva presunción y comodidad humanas, y de su marcado aprecio y sumisión hacia esquemas y productos impuestos por el mercado, que aparentemente pretenden hacer más llevadero el diario vivir, pero cuyo precio es el derroche de materiales, la contaminación, la congestión y el deterioro del medio físico.

Los postulados anteriormente expuestos pueden parecer impracticables, e incluso utópicos. Pero de modo sincero y honrado es preciso reconocer una vez más que gran parte del problema ambiental deriva de la propia naturaleza humana, puesto que la actitud antropocéntrica del individuo no ha variado ostensiblemente a lo largo de miles de años. Ello ha creado, crea y creará crecientes demandas, mayor consumo, mayor presión social y mayor deterioro por contaminación, agotamiento de recursos y competencia multilateral y desenfrenada.

La sociedad civil tiene que acabar también con la absurda competencia del hombre contra sí mismo, y con la totalidad de los problemas ambientales que dicho esquema ha generado a lo largo de la historia, entre los cuales cabe inclusive incluir expresiones sociales tan aberrantes como el racismo, la xenofobia, el problema de los refugiados y las confrontaciones bélicas. La gran riqueza de los ecosistemas de todo tipo radica en su dinamismo y en su diversidad, y la humanidad no escapa a esta realidad si se la considera en términos de diversidad y de dinamismo social, cultural e histórico, valores que resulta mucho más positivo potenciar inteligentemente que contraponer competitivamente. Obviamente, es preciso poder definir un camino adecuado para alcanzar una sociedad planteada sobre la base de valores diferentes, alternativa que, sin lugar a dudas, no es ni fácil, ni rápida ni simple, habida cuenta de que las actitudes, costumbres, planteamientos e intereses que es necesario cambiar están demasiado arraigados en los sistemas socioeconómicos y políticos contemporáneos.

Cualquier intento de estabilización social y económica ajustado a una nueva ética y a un nuevo mandato de valores, aun cuando no aporte resultados inmediatos y espectaculares, puede al menos ampliar el plazo disponible para adoptar las medidas apropiadas que aseguren su éxito permanente y definitivo. Desde luego, este intento debe considerar globalmente la complejidad del medio y la variedad de alternativas complementarias que deben ser simultáneamente implementadas, sin olvidar la correspondencia que es preciso mantener entre el bienestar humano y el resto de las manifestaciones de vida organizada que con él comparten dinámicamente dicho sustrato.

El cambio de actitudes, la aceptación consciente de nuevos valores y la adopción de una nueva ética por parte del hombre constituyen condiciones indispensables y representan un reto ineludible para conseguir que incluso una utopía pueda ser alcanzable. Además de tiempo, cumplir este requisito requiere de un mínimo de voluntad y de sensibilidad por parte del hombre, para que así éste pueda asumir en la debida proporción la trascendencia de la relación que le vincula indisociablemente con su entorno.

# X - CIVILIZACION Y AMBIENTE: DOS HISTORIAS INTERMINABLES

> "La experiencia no es lo que le sucede a una persona;
> es lo que una persona hace con lo que le sucede"
> Aldous Huxley

La disputa entre el hombre y la naturaleza se inició probablemente en Asia Menor, hace unos diez mil años. El hombre del neolítico sintió la necesidad de dominar su hábitat en lugar de convivir armoniosamente con él. Bastó que inventara el fuego para desencadenar, entre otros fenómenos, el de la erosión del suelo y el de la contaminación del aire. Abandonó su vida nómada, destruyó bosques para cultivar la tierra, cazó animales en gran escala, hasta que solamente en el siglo XVII empezó a calcular comparativamente los progresos realizados, lo cual le ha llevado a ser catalogado en la actualidad como el ser viviente más devastador del planeta.

Conocido es el histórico caso de Éfeso, representante de una esplendorosa civilización de la cual hoy no quedan sino ruinas: las inundaciones provocadas por la destrucción forestal en las montañas que la dominaban provocaron el colapso del puerto debido a la acumulación de sedimentos, la formación de grandes pantanos, la proliferación de mosquitos y de la malaria, y, finalmente, la obligada migración de la población humana.

Muchas civilizaciones y procesos históricos de colonización surgieron y tuvieron éxito luego de moldear las costumbres del hombre en armonía con el medio ambiente y de adaptar adecuadamente su utilización de acuerdo con propósitos favorables a la comunidad humana. No obstante, son también numerosas aquellas que desaparecieron en mayor o menor grado como consecuencia del abuso que efectuó sobre este medio el mismo ser humano con otro tipo de intenciones. En épocas más actuales, los problemas ambientales han llegado a tener una importancia más inmediata, más trascendente y más espectacular, puesto que se agravan a medida que la capacidad humana se traduce en una fuente de cambios cada vez más drástica e irreversible. Es más: hay que destacar que en la época contemporánea los rápidos y espectaculares fenómenos engendrados por el desarrollo industrial representan realidades con respecto a las cuales el hombre no ha sido dotado de barreras naturales o adquiridas por un proceso paralelo de evolución, a pesar de que la tecnología permita igualmente aportar las alternativas para corregir o invertir la tendencia.

Si bien es cierto que los problemas ambientales no son nuevos, la conciencia de su existencia y de sus consecuencias futuras es relativamente incipiente y reciente, inclusive en momentos en los cuales, como se insinuaba anteriormente, se cuenta concretamente con las herramientas para contrarrestar los efectos negativos de la tecnología, y para evitar aquellos excesos que a menudo hacen de la vida moderna un entorno irritante, agobiante o inhumano, todo lo cual pone finalmente en tela de juicio la existencia misma del hombre sobre la tierra.

Llegando a este punto, la situación de los diferentes países del globo en relación con el medio ambiente plantea el análisis de dos posibles alternativas. Por un lado, en las sociedades más avanzadas, donde la tecnología y la industrialización han configurado un esquema de desarrollo avanzado, es la aplicación de esta tecnología la que determina la problemática del medio ambiente, según el uso razonable o el abuso indiscriminado que se haga de la misma. En cambio, en las naciones del tercer mundo, atrasadas o en proceso de desarrollo, donde el factor humano y el uso de los recursos naturales básicos caracterizan esencialmente las actividades productivas y económicas, es precisamente esta acción y relación directa hombre-medio la que determina las condiciones favorables o desfavorables para el ambiente.

Sin embargo, en ambos casos el problema radica en detener las actitudes y los efectos contraproducentes, conciliándolos al mismo tiempo con el adelanto y la consolidación del bienestar social y económico, considerando seriamente que la magnitud de cada aspecto conflictivo en particular, así como sus soluciones alternativas, dependen más de la realidad local que de su significado teórico global. En dicho sentido encuentra aplicación directa en este caso la conocida y difundida filosofía de actuación medioambiental basada en la frase "pensar globalmente y actuar localmente", cuya intencionalidad es la de impartir un sentido de responsabilidad solidaria y de coherencia al enfoque del problema.

Un problema que en una nación desarrollada es catalogado como crisis, bien puede pasar desapercibido en una nación en desarrollo, donde las prioridades del momento adquieren otra dimensión y obedecen a otro tipo de necesidades. Cada estado o nación es soberano en la determinación de su proceso de desarrollo, aun cuando su responsabilidad solidaria dentro del contexto planetario es un hecho no menos importante. En todo caso, resulta difícil por ello pretender equiparar estrictamente la realidad local al orden de prioridades surgido de situaciones diferentes no sólo en el tiempo y en el espacio, sino también debido a la naturaleza intrínseca de las determinantes humanas, culturales e ideológicas que intervienen en cada caso en particular.

La historia ha demostrado que es prácticamente imposible llevar a cabo el proceso de desarrollo sin ocasionar algún tipo de trastorno, por pequeño que sea, al medio ambiente o a alguna célula minoritaria de la comunidad, pese a que las mayorías puedan resultar ampliamente favorecidas como consecuencia de ello. El verdadero desafío radica en diseñar la fórmula que permita reducir al mínimo los efectos negativos del desarrollo, tanto sobre el ambiente como sobre la sociedad, mediante iniciativas racionales y objetivas.

A pesar de que la inquietud por el equilibrio del medio ambiente ha sido lenta y gradualmente asumida por el hombre, quién ha comenzado a reflexionar sobre las ventajas y sobre la necesidad de protegerlo, lamentablemente ha sido necesario que la acción correctora nazca de la urgencia de detener las innumerables situaciones que han hecho crisis durante los

últimos años. Los países industrializados ya no aceptan tan fácilmente que la contaminación es el precio de la prosperidad, y el tercer mundo empieza a ponderar seriamente las alternativas que le permitan hacer frente a la pobreza mediante el buen uso de los recursos y su compatibilización con el gradual proceso de industrialización. La verdadera oportunidad en ambos casos está estrechamente asociada a la posibilidad de una acción solidaria y coordinada entre los países desarrollados y emergentes, tomando como premisa el hecho de que la contaminación y el deterioro del medio no constituye obligatoriamente un mal que solo es consecuencia del progreso, lo cual debe permitir hacer mejor uso tanto de los recursos como de la experiencia acumulada, sin perjuicio de un análisis exhaustivo y prioritario de la realidad local.
Considerado en su esencia el medio ambiente es único, así como lo es la raza humana. Aun cuando las diferencias entre naciones han sido y están históricamente registradas, la dinámica de los tiempos contemporáneos no admite ya acciones que no sean globales, sistemáticas e institucionalizadas, que no garanticen resultados sostenidos a largo plazo, y que no estén marcadas por una proyección genuinamente humanista. Los problemas del medio ambiente son innegablemente de una magnitud demasiado grande como para que puedan ser aisladamente abordados por un sólo país, o por un sólo organismo o institución.

La Conferencia de las Naciones Unidas sobre el Medio Ambiente Humano, realizada en 1972 en Estocolmo, marcó una etapa trascendental en la historia de la inquietud del hombre por su medio natural y físico, y dejó demostrada la evidencia de que ninguna nación o población están libres de los efectos actuales y de las consecuencias futuras del deterioro y de la amenaza a la integridad biosférica del planeta. Esta misma ocasión sirvió para despertar definitivamente la inquietud de la opinión pública por promover una acción sin fronteras, y para ratificar la importancia que en dicho sentido representa la labor de organizaciones internacionales, las cuales gozan de una privilegiada posición que debería permitir y favorecer ágilmente la acción correctora y preventiva, con un adecuado conocimiento de causa y un mínimo de experiencia global.

Veinte años después, la Conferencia de Rio de Janeiro, organizada en 1992, volvió a revisar y a plantear las mismas filosofías y similares razonamientos en relación al tema. Y más recientemente, el controvertido Protocolo de Kioto, asumido en mayor o menor grado por los países industrializados como compromiso para reducir las emisiones de gases de efecto invernadero y paliar sus efectos sobre el cambio climático, constituye otra muestra contemporánea más de la voluntad subyacente de frenar el impacto negativo del progreso sobre el medio ambiente.

Lamentablemente, la perspectiva del tiempo transcurrido desde cada uno de dichos eventos permite hoy apreciar que muchos aspectos relativos a la acción sólo quedan en el ámbito de las declaraciones de buenas intenciones. La verdadera acción surge como reacción natural de la sociedad frente a los problemas, al margen inclusive de los acuerdos políticos o de los intereses creados que puedan en un momento determinado favorecer o frenar el proceso.

En todo caso, este tipo de iniciativas tiene la ventaja de generar, al menos progresiva y lentamente, el necesario grado de sensibilización y movilización popular que la sociedad requiere para actuar decidida y responsablemente en relación con la defensa de su entorno vital. Ha quedado históricamente demostrado, en relación a numerosos aspectos de la evolución social, política, económica y cultural de la humanidad, que el ritmo de progreso en tal sentido está siempre supeditado a un proceso de aprendizaje que no es consolidable ni productivo a corto plazo, sino que requiere en cambio de tiempo para permitir la asimilación paulatina de sus implicaciones esenciales. Mientras se consigue el objetivo, este esquema hace necesaria la adopción paralela de todas aquellas medidas de persuasión, presión, educación y fiscalización que siempre han acompañado al itinerario del progreso de la comunidad humana.

El progreso que lleva a la civilización de la sociedad es el responsable del deterioro ambiental, consecuencia, entre otros ejemplos, del uso irracional de pesticidas, detergentes y metales tóxicos, de las emisiones exageradas de dióxido de carbono, anhídrido sulfuroso y vapor de agua por parte de las industrias y vehículos motorizados, y de la generación masiva de residuos de todo tipo, factores que generan por efecto sinérgico y acumulativo el recalentamiento y contaminación de los mares y corrientes de agua, el cambio climático y otros innumerables efectos de implicación tecnológica que amenazan, según algunas opiniones, con hacer inhabitable el planeta.

Sin caer en el catastrofismo, hay que reconocer que la crisis ambiental es amplia, acumulativa y geométricamente ascendente, así como lo son sus causas y sus consecuencias. Obedece principalmente al derroche irreflexivo del planeta para dar satisfacción a intereses mezquinos asociados a sistemas económicos anómalos, al afán de crecimiento desmesurado, a hábitos de consumo irresponsables, a objetivos tecnológicos mal dimensionados, y a las pretensiones de una minoría voraz que prefiere el aprovechamiento lucrativo a corto plazo de los recursos naturales, en perjuicio de la estabilidad del futuro supeditado a los mismos.

La corrección de los errores ecológicos se encuentra en manos de cada uno de los miles de millones de seres humanos que habitan en estos momentos el planeta, pero siempre y cuando exista un mínimo de voluntad para ello. Sin embargo, la sociedad raras veces actúa a tiempo, como históricamente lo han demostrado las grandes civilizaciones del pasado desaparecidas por cometer errores similares, aunque cronológicamente muy alejados, de los actuales. El individuo del siglo XXI olvida fácilmente, o sencillamente ignora, que varios imperios desaparecieron debido a no haber sabido vivir en equilibrio con su sustrato natural. Es el caso de los Mayas, los Zapotecas, las grandes metrópolis del Tigris y del Eufrates, e inclusive, de Babilonia. En todos estos casos, y en muchos más, el hombre no supo comprender que para dominar a la naturaleza y ponerla a su servicio debe primero obedecer y respetar sus leyes más fundamentales.

El producto nacional bruto per cápita es en líneas generales varias veces superior en los países industrializados que en los subdesarrollados, y en estos últimos, este índice aumenta a la mitad de la velocidad que en los primeros, en tanto que la población de las regiones del tercer mundo crece a un ritmo tres veces superior al de los países desarrollados. Según fue adelantado, esto significa que, conceptualmente, el crecimiento demográfico, económico e industrial merece la reconsideración de sus términos y objetivos.

La marginalidad de los países pobres, traducida esencialmente en mortalidad infantil, analfabetismo, congestión urbana por migración rural, y subalimentación, es la que frena el progreso y el desarrollo. Las masas populares son excesivamente pobres para constituir un factor dinamizador de las precarias economías nacionales, para mejorar apreciable y sostenidamente el nivel cultural y sanitario de la población, o para inducir el crecimiento productivo y eficaz de las actividades agrícolas e industriales.

Las estadísticas son relativas, y su interpretación puede ser tergiversada e inducir a errores según el objetivo que persigan. No obstante, resulta interesante hacer notar, citando un ejemplo concreto, cómo la condición de marginalidad, a la que anteriormente se aludió, es consecuencia en gran parte de situaciones extremas de deficiente distribución planetaria de los recursos: Estados Unidos, con alrededor del seis por ciento de la población mundial, consume aproximadamente un veinticinco por ciento de la producción mundial de acero, un cuarenta por ciento de la de papel, un treinta y seis por ciento de los combustibles minerales, un veinte por ciento del algodón, y además de su propia superficie agrícola, utiliza un diez por ciento de las áreas cultivables del resto del mundo, ya sea de modo directo o indirecto. Con relación a Europa como conjunto, la situación alcanza niveles proporcionalmente similares.

Represas y embalses artificiales constituyen obras de ingeniería características del mundo civilizado, que básicamente pretenden ayudar a solucionar problemas de suministro de agua y de producción de energía. No obstante, tales soluciones se ven desvirtuadas cuando los estudios de ubicación, diseño y construcción de estas obras, así como los relativos a su posible impacto ambiental, no son lo suficientemente rigurosos como para evitar daños al medio ecológico, o inclusive, para no opacar el objetivo mismo de su establecimiento como proyecto a largo plazo.

En efecto, la construcción de numerosas represas artificiales modifica sustancialmente las leyes naturales, desencadenando frecuentemente lamentables consecuencias de diversa índole. Bien conocido es el caso del río Nilo, históricamente descrito como aquel que regaba y fertilizaba la tierra con sus crecidas estacionales, permitiendo abundantes cosechas durante siete meses al año y en forma indeclinable durante siglos. Una pequeña represa construida en Asuán en 1902, destinada a regularizar las crecidas primaverales del río y a prolongar el período de riego, detuvo los sedimentos que antes seguían la corriente y paralizó la acción renovadora del légamo sobre las tierras agrícolas, las cuales declinaron progresivamente desde entonces en cuanto a productividad. Paralelamente, la reducción de la corriente de agua inició el proceso de salinización de los terrenos y la degradación de las tierras de cultivo, al permitir que el agua salada volviese al delta, poniendo en peligro la capacidad productiva del suelo. Posteriormente, para completar la historia, se construyó en Asuán otra represa enorme para incrementar la superficie regada en otros miles de hectáreas. Aun cuando las consecuencias ecológicas a largo plazo de la segunda iniciativa son difíciles de evaluar, los hechos pretéritos ya comprobados constituyen antecedentes más que suficientes sobre el evidente beneficio que sin duda puede aportar el efectuar estudios previos profundos en dicho sentido, lo cual debe aplicarse cada vez que se plantean alternativas semejantes en cualquier punto de la tierra.

Lo mismo puede hacerse extensivo a otras construcciones de envergadura de diversa naturaleza, ya que año tras año se pierden también miles de hectáreas de suelos productivos para construir carreteras, aeropuertos, urbanizaciones, edificios e instalaciones industriales, sin previa planificación seria. Estas infraestructuras son muy necesarias para el progreso y para el desarrollo de las naciones, pero su ubicación y características no deben en ningún caso competir sino en grado mínimo o nulo con las áreas destinadas a suplir eficazmente las necesidades de alimentación, espacio y bienestar de la sociedad próspera, ni con su entorno equilibrado. En sentido inverso, también es de utilidad observar de modo crítico lo que ocurre en ciertos países y regiones del planeta: situaciones de subutilización, abandono o deficiente gestión de valiosas tierras agrícolas o forestales aptas para el cultivo, por falta de aplicar en ellas las adecuadas políticas de incentivo, planificación o técnicas de producción. Todo ello solo constituye un lamentable despilfarro de recursos.

Un análisis retrospectivo de los rasgos más destacados y más característicos de la cultura humana, principalmente de la occidental, revela una clara realidad: en ella ha sido y es extremadamente débil la simpatía del hombre por la naturaleza, y la afinidad entre el hombre y su medio constituye para el primero un elemento secundario, marginal y difícilmente perceptible, puesto que los valores que se manifiestan son definitivamente otros de diferente índole.

Pese a las escasas pero valiosas sutilezas surgidas en una u otra época de la historia de la humanidad, tal y como ocurrió durante el Romanticismo, la evolución de la civilización se ha caracterizado en sus variadas manifestaciones por una continua actividad física, que ha imposibilitado la reconciliación del hombre y su entorno con actitudes ajustadas a la armonizada reiteración de los ciclos biológicos, y ha opacado la materialización de la equilibrada simbiosis hombre-hábitat.

Las grandes civilizaciones del pasado, Grecia y Roma destacando entre otras, así como varias corrientes de índole religiosa o filosófica, contribuyeron a forjar una actitud dinámica, agresiva e irresponsablemente extractiva frente a la naturaleza, sostenida a través de las épocas por una concepción antropocéntrica del universo, y por el excesivo predominio del ánimo triunfalista o de la razón equivocada sobre los fundamentos más elementales del pragmatismo. En dicho sentido, y probablemente desde la época de las cavernas, el hombre ha permanecido atado a dos atavismos que se sitúan hasta hoy en la cúspide de sus problemas: su agresividad, traducida a la práctica en forma de violencia, inquietud, afán de curiosidad desmesurado y espíritu desordenado y egoísta de crítica, y su ambición, materializada en la inagotable ansia de poder, la competitividad, el inconformismo y la innata tendencia hacia algún tipo de explotación lucrativa de beneficio fácil, rápido y cuantioso.

Si bien es cierto que la concepción puramente naturalista del hombre es válida cuando se trata de explicar su integración con la naturaleza, que es su sustrato vital, semejante posición debe ser ponderada con prudencia. El hombre ha vivido durante mucho tiempo consciente y seguro de su diferencia específica y de su condición racional como para que se le considere un actor pasivo dentro del contexto y de la dinámica del medio ambiente. Una posición como esta última lesiona el sentimiento de la dignidad humana, y el profundo significado de su realidad cultural. Debe en cambio dar lugar a la oportunidad de que el hombre exprese su potencial intelectual mediante la utilización racional de sus facultades éticas, base de la autocrítica generadora del compromiso de uso y disfrute responsable del sustrato, del cual debe disponer de modo libre pero inteligente.

Los seres vivos han tenido que adaptar gradualmente su metabolismo y su fisiología a la convivencia obligada con una serie de contaminantes del aire, del suelo y del agua, producto todos ellos del progreso y de la civilización. El hombre vive expuesto a los efectos de más de un millón de sustancias químicas artificiales, número que se va incrementando permanentemente con la creación de nuevos productos, entre los cuales destacan, por sus efectos sobre el medio, pesticidas, antibióticos, plásticos, detergentes, productos con metales pesados, y sustancias y elementos radioactivos de larga vida. Muchos de estos productos son también causantes directos de problemas que afectan a la integridad física y a la salud de las personas.

Pero, así y todo, la máxima exageración en la aplicación de la tecnología y de la ciencia en perjuicio del medio ambiente ha llegado a su culminación durante los conflictos bélicos, ejemplos más relevantes de lo cual han sido la guerra de Vietnam, los conflictos del Golfo Pérsico y los episodios de guerra química en Oriente Medio. En el primer caso, la aplicación por parte de Estados Unidos de una política de "tierra arrasada" sobre el territorio indochino mereció inclusive en su día, por parte de destacadas opiniones, el acertado calificativo de "ecocidio", es decir, destrucción intencionada y premeditada del medio o sustrato vital. Las armas utilizadas fueron tan sofisticadas e ingeniosas como espectaculares y devastadoras. Inspiradas en los dos anteriores conflictos mundiales, se contaba entre ellas, por ejemplo, con bombas incendiarias que destruyen bosques y cultivos, y con defoliantes y herbicidas que destruyen todo tipo de vegetación con el objeto de facilitar las operaciones estratégicas de prospección y detección. Indirectamente, estas intervenciones deterioraron gravemente la fauna dependiente de la vegetación, siendo ambos patrimonios naturales difícilmente recuperables. También fueron utilizadas bombas para despejar terrenos que arrasaban todo a su alrededor, maquinaria pesada que contribuyó a devastar extensas superficies de selvas y cultivos, y por último, la guerra meteorológica, basada en el bombardeo de nubes con yoduro de plata, con el fin de provocar copiosas lluvias causantes de inundaciones, erosión, destrucción de cosechas y corrosión de metales. Al margen de todo ello, armas más convencionales, como toneladas de bombas y proyectiles de diversos tipos, dejaron la superficie de Vietnam sustancialmente herida y desgarrada, tapizada de materiales de desecho.

Sin duda alguna, acciones de esta naturaleza superan

ampliamente los efectos ambientales que condicionaron la histórica defensa de los rusos frente a los avances alemanes y napoleónicos. Ninguna guerra tiene causas y justificaciones verdaderamente válidas y aceptables desde el punto de vista de la razón y de la lógica, ni justifica el uso de procedimientos perjudiciales a la comunidad humana. Una lucha concebida en términos de destrucción masiva y demencial no tiene justificación moral desde el punto de vista humanista, ya que se trata en esencia de una autodestrucción inútil y absurda.

Es preciso que la sociedad aprenda y asimile las lecciones de la historia y actúe en consecuencia para salvaguardar su entorno y para consolidar sostenidamente su nivel de vida y de progreso. Es necesario que la sociedad civil se autoimponga el ejercicio de la inteligencia colectiva que emerge de la interacción proactiva entre todos y cada uno de los individuos que la componen. La historia ha demostrado que la sociedad ha alcanzado hitos considerables en materia tecnológica, pero que sin embargo dichos logros no han ido acompañados del ejercicio de la ética que necesariamente ha de avalar su base conceptual. Avanzar hacia el ideal de una sociedad civilizada es un proceso lento, difícil, cuyo aprendizaje implícito desgraciadamente sólo se asimila como consecuencia de sufrir una y otra vez las consecuencias de repetir los mismos errores, en lugar de capitalizar positivamente las experiencias del pasado.

El término civilización es un concepto tanto dinámico como etéreo. Si se lo analiza desde el punto de vista de la relación entre el hombre y el medio ambiente, es difícil proceder a la definición completa y última de su alcance y de su significado. En igual sentido, la percepción del nivel ideal de civilización ecológica es un hecho demasiado subjetivo, y resulta por lo tanto imposible dogmatizar sobre este tema sin peligro de caer en errores o en falsas especulaciones.

# XI – ACTITUDES Y ALTERNATIVAS NO TRADICIONALES PARA UNA ACCION AMBIENTAL INTEGRAL

> "Nuestra gran empresa no consiste en ver qué es lo que se encuentra vagamente a distancia, sino en hacer lo que tenemos claramente a mano"
> Carlyle

Soluciones preventivas y correctoras de tipo tradicional para hacer frente a la problemática del medio ambiente han existido desde que hicieron aparición los indicios de agresión al entorno sobre el planeta. Han sido utilizadas en mayor o menor escala, a lo largo del tiempo, en diferentes lugares del globo.

La vigencia de estas medidas es aún una realidad, pero la magnitud y trascendencia del deterioro y de las amenazas que afectan al entorno las hacen hoy cada vez menos suficientes y efectivas como solución integral. Así, el uso de medidas tradicionales, como pueden ser la conservación y protección de la naturaleza, el control de la erosión, las vedas, el establecimiento de parques nacionales, la habilitación de vertederos de residuos, y la gestión de los vertidos de todo tipo a ríos, mares y lagos, constituyen alternativas limitadas. Entre otras cosas, esta realidad obedece a las propias limitaciones del planeta para asimilar los impactos de la contaminación y del deterioro, y para regenerar los ciclos biológicos que condicionan el funcionamiento eficaz de la mayor parte de dichas medidas "naturales".

Hablar de alternativas no tradicionales para una acción ambiental integral, requiere recurrir precisamente a nuevas posibilidades de acción en este sentido, cuya base no la constituye exclusivamente la propia ciencia y la tecnología que en su día contribuyeron a generar muchos de los problemas de contaminación y deterioro que hoy sufre la humanidad. Precisan también de significativos cambios de paradigmas y de actitudes que han de acompañar a toda acción innovadora e imaginativa. También han de apelar al uso alternativo de medios y recursos para promover el mejoramiento del entorno, teniendo en cuenta opciones en que el ingenio, la creatividad y la iniciativa han ser los motores de estrategias de alto valor añadido y reducido costo para la sociedad y para el hombre en relación con la preservación de su sustrato físico. Naturalmente, ello no excluye la necesidad de que los sistemas tradicionales han de continuar siendo aplicados paralelamente con el máximo de rigor.

El planteamiento de la reflexión sobre alternativas no tradicionales para la protección ambiental se ha efectuado considerando el análisis de tres esferas fundamentales de acción: el control de la contaminación, el equilibrio demografía-urbanización, y el potencial del ocio y del turismo. Dichos aspectos no han sido previamente comentados en detalle como otros de similar relevancia a lo largo de estas páginas, ya que, por su especial peculiaridad de cara a la acción, merecen la consideración simultánea de sus características específicas y de las opciones que ofrecen para formular soluciones innovadoras.

También se ha incluido un breve comentario relativo a otras alternativas ingeniosas que pueden ser consideradas como valiosas herramientas para la futura gestión y supervisión de los recursos naturales del planeta, y que se refieren concretamente a la gestión espacial de recursos, a la utilización de la meteorología, y a las aplicaciones ambientales de las tecnologías informáticas.

## EL CONTROL DE LA CONTAMINACION

Existen dos tendencias sumamente claras y definidas en relación con los problemas planteados por las distintas y variadas manifestaciones de la contaminación en los países industrializados, donde la tecnología desenfrenada ha hecho precipitar realidades de crisis. Una de ellas alude a la precaria posición competitiva de las grandes empresas en los mercados mundiales, situación que teóricamente hace que los deteriorados márgenes de beneficio económico no permiten elevar los costos de producción con la introducción del control de la contaminación. En cambio, la otra posición se inclina por la adopción de determinadas políticas de orientación que permitan hacer frente a la destrucción de la tierra como medio humano de vida. Ahora bien, si las empresas como unidades productivas son consideradas en conjunto, es fácil deducir que la decisión en uno u otro sentido está en manos de quienes las dirigen o de quienes determinan su función relativa y su importancia dentro del contexto social y económico. En el fondo se trata de un problema meramente de gestión, y como tal, esencialmente político. En la práctica, debe ser sintetizado y enfocado desde un punto de vista legislativo.

Ambos planteamientos cristalizan las presiones antagónicas que tienden a influir sobre la marcha del proceso de industrialización en los países desarrollados, y sobre las decisiones que se deben tomar para planificar el desarrollo de los países en proceso de cambio, en concordancia con la necesaria protección del medio humano.

La amenaza de los desperdicios plantea, en el primer caso, una realidad que requiere ser corregida, y en el segundo, una elección alternativa que merece ser adecuadamente ponderada en términos previsores. En ambos casos, la acción positiva supone un costo económico, ya sea corrector o preventivo respectivamente, para hacer frente a las complicaciones que se asocian al progreso, y que solamente hace pocos años atrás resultaban insospechables.

Para poder aprovechar en los países en desarrollo la experiencia que ofrecen los más industrializados, conviene detenerse a analizar por un momento las situaciones planteadas en estos últimos como consecuencia de los desperdicios que origina la sociedad de consumo. Sin pretender considerar estas experiencias como determinantes para la estrategia de desarrollo del tercer mundo, sí conviene ponderarlas como ejemplos prácticos que pueden servir de pauta para establecer los modelos de planificación local. Aun cuando la realidad de cada país en desarrollo es exclusiva, ello no autoriza a sus dirigentes a menospreciar los ejemplos históricos, sobre todo si éstos retratan situaciones que es preciso evitar.

El problema de los residuos induce en las empresas un cambio en los objetivos de las mismas, ya que el tradicional predicamento del máximo beneficio económico debe sacrificar parte de su importe para controlar la sanidad ambiental. Las regulaciones oficiales son al respecto cada día más estrictas, y la creciente presión de la opinión pública empuja más y más a las empresas de las naciones más avanzadas a preocuparse seriamente del asunto, a tal punto de que puede parecer que la expansión industrial está irreversiblemente supeditada, de modo progresivo, a una ciudadanía sensibilizada dispuesta a exigir medidas concretas de control de la contaminación y de los desperdicios. Lo importante es que esa ciudadanía también ha de comprender que parte de los costos del control de la contaminación debe ser asumido por ella misma, a través del sobreprecio de los productos, como consecuencia del encarecimiento de los procesos productivos. La prevención y control de la contaminación es una responsabilidad comunitaria, cuyo costo debe eventualmente ser cubierto con la contribución individual en los precios que cada cual está obligado a pagar por bienes y servicios.

Al margen de los efectos contaminantes directos que las industrias ejercen sobre el medio ambiente, éstas últimas son también responsables en parte de la llamada "contaminación térmica". En efecto, el consumo creciente de energía a nivel mundial, fundamentalmente concentrado en las grandes ciudades, e incrementado en gran proporción por la utilización doméstica de combustibles y de electricidad, amenaza seriamente con inducir niveles críticos de elevación de la temperatura atmosférica, lo cual genera importantes cambios climáticos a nivel del planeta.

De ahí la necesidad, prácticamente desconocida por gran parte de la opinión pública, de controlar las emisiones térmicas industriales, ya sea hacia la atmósfera o hacia cursos de agua, y de racionalizar el consumo de energía en todos los hogares metropolitanos. Muchas veces el público no comprende la gravedad del uso indiscriminado de artefactos e instalaciones presuntamente diseñados para hacer más llevadera la vida cotidiana. Tampoco logra entender que la contaminación no solamente significa deteriorar la parte visible y tangible del hábitat, sino que incluye simultáneamente todo atentado directo e indirecto a las leyes físicas y bioquímicas que rigen el equilibrio global del planeta desde niveles superiores, obedeciendo a principios complejos con los cuales es difícil transigir. Olvida generalmente que las dificultades han aumentado por incremento acumulativo, ascendiendo lenta y suavemente durante siglos, pero que su tendencia ha cambiado drásticamente hasta llegar a la época contemporánea, haciéndose drásticamente exponencial.

Ante tales hechos, muchas industrias han llegado por fin a comprender que es preciso considerar nuevos enfoques tendentes a recobrar el perdido equilibrio ambiental, después de tantos años de lamentable descuido. A nivel de toma de decisiones se ha llegado paulatinamente al convencimiento de que será preciso atender el problema de los residuos con el mismo rigor de gestión que ha permitido el progreso económico. Desde luego, hoy en día ya se destina personal especializado a la supervisión y programación del control ambiental en las empresas, principalmente de aquellos procesos que generan emisiones contaminantes, que permiten la reutilización o el reciclaje de los desperdicios y subproductos. Algo similar ocurre con la reducción o modificación del diseño de elementos superfluos como envases, el rediseño de los productos en sí, y el aprovechamiento de desechos destinándolos a industrias derivadas o complementarias. Todo ello, sin excluir el necesario abandono de las inaceptables prácticas de producción especulativa basadas en la "obsolescencia programada" de ciertos productos, entre los cuales se pueden citar, a título de ejemplo, los electrodomésticos. Iniciativas de esta naturaleza repercuten inclusive en las esferas del crédito, de la financiación y de los mecanismos tributarios, ya que una acción de gran envergadura supone la participación simultánea, coordinada y multilateral de organismos públicos y privados, todo lo cual crea relaciones y compromisos que supuestamente deben facilitar la aplicación de las medidas correctoras.

La legislación oficial adecuada al caso no solo debe obligar y facilitar la adopción de estrategias en dicho sentido, sino que a la vez debe constituir un estímulo para beneficiar a aquellas actividades más progresistas, que merezcan algún tipo de premio o subvención, transformándose de este modo en un elemento catalizador de alternativas de acción ambiental no tradicionales.

En las naciones más avanzadas, cuando existe la voluntad de ayudar a la recuperación ambiental, lo cual es en cierta medida una realidad, los gobiernos facilitan las herramientas para ello, y el movimiento así generado sugiere nuevos conceptos de gestión y política ambiental. En relación a estos dos últimos aspectos, los equipos de personal técnico que aportan sus conocimientos se han formado y estructurado desde las empresas mismas, y han llevado a la organización de grupos asesores y ejecutivos que abarcan inclusive hasta las esferas gubernamentales, tanto en relación a la asesoría como a la implementación de soluciones, estrategias de acción y sistemas de fiscalización. La coordinación de comités específicamente relacionados con las distintas facetas de la situación, permite paralelamente multiplicar la eficiencia y la agilidad en la puesta en marcha de las medidas preventivas y correctoras.

Como se puede fácilmente apreciar, la industria moderna está concediendo mayor énfasis a las repercusiones sociales de la contaminación, inclusive sacrificando parte de sus ahorros, recurriendo a métodos que no siempre son los menos onerosos, aunque impliquen un costo superior al de la tradicional y desordenada disposición de los contaminantes ambientales. Es evidente que detrás de estas actitudes aparentemente "altruistas" se esconden a menudo intereses colaterales o tendencias marcadas por la "moda" del mercado, tal y como se destacó más arriba. También la puesta en marcha de iniciativas no tradicionales para la protección del medio físico puede obedecer simplemente a las presiones de la legislación o de la opinión pública, o de ambas a la vez. En muchos casos, incluso las organizaciones sindicales presionan a favor de la solución de problemas de contaminación que comprometen su entorno específico y las condiciones de trabajo y salud de las personas. Pese a que la industria representa para los individuos de la sociedad su fuente de trabajo, la mayoría no desea deteriorar sus condiciones laborales y su calidad de vida por causa de la contaminación, exigiendo en cambio las máximas garantías en materia de seguridad e higiene.

La casi totalidad de los nuevos proyectos de los países industrializados pondera previamente las alternativas ambientales más beneficiosas, se adapta desde un principio a las disposiciones legales de seguridad, y sigue las pautas impuestas por las autoridades de fiscalización y control. Cada día son menos los casos en que los problemas se deben a que los estudios previos pertinentes no son llevados a cabo con la profundidad requerida o en el momento oportuno, ya sea por falta de profundidad, ya sea por insuficiente apreciación y medios tecnológicos para ello. El auge de los estudios de impacto ambiental y de las técnicas de auditoría medioambiental, aplicados tanto a nivel de naciones como de empresas, confirma el interés por el tema, y promueve el deseable grado de compromiso y sensibilización a nivel público y privado.

Las situaciones de contaminación creadas por la industrialización avanzada, si bien reclaman la adopción de medidas correctoras y preventivas drásticas como algunas de las ya señaladas a grandes rasgos, sugieren también interesantes opciones para paliar al menos en parte el costo de dichas medidas. En efecto, la investigación sobre el particular ha permitido concretar dos iniciativas que están en la base de buena parte de las soluciones concretas a adoptar. Ellas son el reciclaje y la reutilización, o empleo de los mismos materiales de producción una y otra vez, y la transformación o aprovechamiento de los residuos en otro tipo de productos reutilizables en nuevos procesos productivos, ya sea en la misma industria o en actividades afines, complementarias o derivadas. En dicho sentido, grandes empresas del mundo desarrollado visualizan en estos momentos el control de la contaminación industrial como una actividad de valor añadido dentro de su proceso productivo, susceptible inclusive de reducir sus propios costos, y en el mejor de los casos, de producir beneficios extras.

Muchas oportunidades antes insospechadas constituyen actualmente una posibilidad real de acción y de respuesta a los problemas, a la vez que auguran interesantes beneficios económicos para las empresas que centran su cometido en este tipo de actividad. A modo de ejemplo, industrias especializadas están ya en condiciones de aprovechar algunos desechos sólidos de tipo municipal o industrial, que transforman sin quemarlos, y por lo tanto sin contaminar el aire, reduciendo el residuo final, recuperando los elemento metálicos para reciclarlos, y utilizando la energía generada por el sistema para producir vapor y electricidad. Los gases nocivos producidos son captados y consumidos durante el mismo proceso.

También algunas industrias alimentarias disponen del agua sobrante del proceso de enlatado de sopas y carnes para el regadío de ciertos cultivos agrícolas. Cenizas sobrantes de plantas generadoras de electricidad han sido utilizadas con éxito como sustituto parcial del cemento. Basura comprimida a la cuarta parte de su volumen original se ha usado para fabricar ladrillos de alta densidad para la construcción de cimientos y muros de contención, y este sistema de compresión ha eliminado el olor y los microorganismos que lo causan. Contenedores para recoger vidrio y papel se usan en varios puntos estratégicos de las ciudades modernas para recuperar y reciclar estos materiales. El mismo vidrio molido ha sido utilizado ventajosamente para pavimentar campos de deportes, luego de combinarlo con asfalto. Centros y sistemas de recuperación idóneos han permitido a algunas empresas reciclar el aluminio, elemento que se presta bastante para esta técnica por su alto valor y por su indestructibilidad, constituyendo un antecedente de valor para el estudio de métodos más perfectos para el reaprovechamiento de una gran diversidad de otro tipo de materiales, entre los cuales destacan los plásticos.

En realidad, los ejemplos son numerosos, y mayores aún son las expectativas. Tal vez el mayor incentivo para las acciones no tradicionales de mejoramiento ambiental lo constituya la institucionalización de ciertas ventajas financieras y fiscales para las industrias o actividades que alternativamente decidan reciclar y hacer uso de materiales reciclables, como ocurre ya en ciertos países industrializados. Sin embargo, es preciso insistir en el hecho de que estas alternativas de solución, si bien aparentemente suponen un costo elevado, deben permitir amortizar su importe considerándolo comparativamente con el de la eliminación tradicional de desperdicios, en función del beneficio económico extra que puede generar el reciclaje, la recuperación o la transformación de dichos desechos. Paralelamente hay que tener en cuenta que, si bien una compensación económica es deseable y posible a largo plazo, lo es aún mucho más la realidad indiscutible del beneficio social que aporta todo mejoramiento del medio humano. Con seguridad, todo sacrificio inicial se verá ampliamente compensado por los logros futuros de una acción que no debe ya concebirse como simplemente aconsejable, sino más bien como estrictamente indispensable. De hecho, en los países más avanzados existen empresas dedicadas al control preventivo de la contaminación industrial, que abarca desde el proyecto inicial hasta el suministro de las instalaciones y equipos necesarios. Permanentemente se sigue investigando sobre el particular.

Existe una modalidad especial de sistema de reciclaje que es interesante analizar desde el punto de vista de los países en desarrollo. Cuando existe un potencial forestal importante, los beneficios económicos susceptibles de ser alcanzados a través de la industria del papel pueden ser considerables. Desde luego, muchos países avanzados plantean el reciclaje de papel como medida industrial habitual, y si éstos adoptan este tipo de sistemas, el hacerlo preventivamente en los primeros puede constituir una medida muy adecuada para fomentar el ahorro y el uso racional de sus recursos naturales a largo plazo, lo cual es a la vez una medida prudente y necesaria como paso previo hacia la consolidación de una estructura socioeconómica estable. El único requisito para ello es actuar consciente y disciplinadamente en base a decisiones unánimes y concretas.

Como medida complementaria de los procesos de reciclaje, transformación y aprovechamiento diferenciado de residuos, subproductos y desechos industriales, es también de gran valor la introducción de modificaciones en los productos elaborados o en los procesos de fabricación. Este tipo de procedimientos constituye ya una realidad, por ejemplo, en el terreno de la refinería de combustibles. También en la industria del plástico, una de las que plantea los problemas ambientales de mayor envergadura, se investiga desde hace años y aceleradamente para lograr productos biodegradables que se descompongan más fácilmente. En cuanto a los envases, por ejemplo, se estudia crear un vidrio que se convierta en polvo una vez expuesto a la luz natural y a la acción de los ácidos del suelo, y se pretende perfeccionar una botella que se desintegre poco después de vaciar su contenido, así como crear envoltorios comestibles o rápidamente biodegradables para algunos alimentos.

También son interesantes y reales los adelantos conseguidos en el desarrollo de detergentes libres de fosfatos, ya que el fósforo de los detergentes domésticos convencionales y de otros productos como ciertos fertilizantes, ocasiona el crecimiento y la proliferación exagerada de algas y malezas acuáticas, que al reducir la cantidad de oxígeno del agua, amenazan la vida natural de ríos y lagos. Además, el fósforo es un recurso natural limitado, y en el terreno de los detergentes ciertos países ya han adoptado medidas tendentes a promover el uso alternativo y obligado de productos biodegradables.

Muchas opiniones sostienen el concepto de que la contaminación es excusable cuando las fábricas no poseen los medios para controlarla, y cuando son al mismo tiempo fuentes de empleo y de ingresos para el país. Naturalmente, los beneficios inmediatos que esto supone son bastante válidos, sobre todo para una nación en proceso de desarrollo. Pero frente a casos de este tipo, es preciso insistir sobre la importancia que adquieren los organismos gubernamentales, que tienen en sus manos tanto la toma de decisiones como los instrumentos para la puesta en marcha de planes globales e integrales. En este sentido, el envenenamiento del ambiente natural no tiene fronteras, y amenaza a la población entera. No se justifica por lo tanto descuidarlo para defender el caso aislado de algunas situaciones específicas, susceptibles de ser corregidas mediante un buen plan de conjunto. La tecnología puede perfectamente ponerse al servicio de las soluciones, siempre y cuando exista la voluntad para permitirlo y para impulsarla convenientemente, y no necesariamente al precio de costos exagerados. Ello es más bien materia de imaginación, sobre todo preventiva.

El hecho concreto es que la opinión pública está promoviendo serios cambios administrativos en relación a las actividades económicas que influyen de uno u otro modo en el medio humano, y que estos cambios tendentes a la restauración del ambiente natural pueden dar lugar a nuevas oportunidades en el plano industrial. En la medida en que el desarrollo industrial es compatible con los nuevos valores y exigencias a que da origen la presión de la inquietud ecológica, los cambios inevitables son mucho menos drásticos e impactantes. En otras palabras, la oportunidad de actuar preventivamente y de aprovechar la experiencia de los problemas que en otras partes han acabado en crisis, es el mejor aliciente para promover estrategias ágiles y audaces, que a la vez son las únicas permisibles desde el punto de vista de la simple lógica.

Las superficies de terrenos destinadas al almacenaje de residuos y desechos urbanos han constituido un clásico, sencillo, barato y eficaz sistema para solucionar el problema de disposición de este tipo de materiales en gran volumen. Sin embargo, este antiguo y tradicional sistema de vertederos tiene el gran inconveniente de producir, como consecuencia de los procesos de descomposición, metano y otros gases y líquidos nocivos, los cuales, si no se han tomado las pertinentes medidas preventivas, son arrastrados dentro del suelo por las aguas de lluvia, contaminando de este modo tanto el agua subterránea como las corrientes cercanas de agua superficial.

Tal situación naturalmente ha llevado a algunos países a modificar sustancialmente los sistemas de eliminación y almacenaje de desperdicios, con técnicas que abarcan desde el reciclaje selectivo de los materiales, hasta la habilitación de áreas de vertido controladas de fondo impermeable, que permiten recolectar el producto contaminante líquido y someterlo a tratamiento, evitando así la contaminación superficial y subterránea del agua y del suelo. Se aconseja elegir para ello áreas de valor marginal, alejadas de zonas de interés urbanístico, paisajístico o agrícola. Al cabo de algunos años, cuando el área de vertido llega a su máxima capacidad, el vertedero es adecuadamente sellado y habilitado para usos alternativos, regenerándose la superficie y eliminándose todo vestigio de impacto ambiental, incluido el visual. Es curioso observar cómo en la mayoría de los casos las alternativas adoptadas han sido originales y prácticas, combinando la eficaz solución de los problemas ambientales con el logro de sustanciales beneficios añadidos de tipo económico y social.

La eliminación de desperdicios se ha transformado en un problema de creciente complejidad, sobre todo en las grandes ciudades, como producto de las actividades domésticas del hombre. Las ciudades, por un lado, producen cada día más residuos, puesto que la industria de los envases y envoltorios ha llegado hasta la exageración obsesiva, que para la sociedad es agobiante. El sector del envase es un negocio progresista y dinámico, que no obstante resulta muy oneroso para la colectividad. Por otra parte, los sistemas de eliminación y disposición de desperdicios no garantizan la comodidad, eficiencia y limpieza necesarias. Por muy perfeccionados que se vayan haciendo los sistemas de incineración y de acumulación, ellos también producen contaminación atmosférica, o resultan costosos y potencialmente molestos para las áreas colindantes. La combustión espontánea de vertederos incontrolados es también otro factor importante de peligro y de contaminación del aire. El reciclaje o la transformación industrial de basuras, aunque se insinúan como soluciones optimistas a largo plazo, aún no han sido debidamente perfeccionadas, lo cual implica un reto pendiente tanto a nivel tecnológico como político.

Aun cuando los intentos de recogida y disposición selectiva de cierto tipo de residuos urbanos, como vidrio, papel, plásticos y metales, empiezan a cristalizar dentro de los esquemas de comportamiento de la comunidad, no se puede negar que su implementación definitiva sea compleja y que requiera de tiempo. Dichas alternativas implican cambios de actitudes, son inicialmente incómodas, su operativa es compleja, y su asimilación consciente por parte del ciudadano precisa de un aprendizaje gradual enfocado a la sustitución de los cómodos esquemas tradicionales de comportamiento por hábitos y conductas personales y cívicas mucho más racionales.

Dentro del ámbito del problema de la eliminación de residuos y desperdicios metropolitanos, destaca el caso específico de los plásticos y otros productos de origen sintético, principalmente los que aún no son biodegradables, y por lo tanto, no se reintegran al ciclo ecológico. Además, la incineración de productos de esta categoría produce gases tóxicos, razón por la cual, entre otras, algunos países han prohibido el uso de ciertos tipos de plásticos. Solamente se vislumbra, como alternativa promisoria para la disposición de estos materiales, su incorporación a procesos de reciclaje, o el desarrollo de productos susceptibles de descomposición biológica, química o física. La formulación de plásticos biodegradables es ya una realidad en algunos países desarrollados, y otros reutilizan o reciclan residuos plásticos y vidrio en asfaltos para pavimentos, o incorporan plásticos en el hormigón de las construcciones.

Un problema similar lo constituyen los detergentes, a los cuales se aludió anteriormente, cuya capacidad destructiva no desaparece al mezclarse con el agua, especialmente si se trata de productos enzimáticos. Estos materiales llegan a ríos, lagos y océanos, donde perjudican o destruyen indiscriminadamente la flora y la fauna, alcanzando a veces varios niveles dentro de la cadena ecológica, de modo similar a lo que ocurre con los pesticidas y fertilizantes cuando se ha hecho un mal uso de los mismos. Casos análogos ocurren con gran cantidad de productos químicos tóxicos y peligrosos vertidos por la industria a las corrientes de agua, a lagos o al mar, frente a lo cual las técnicas de depuración y saneamiento de aguas aportan soluciones de indiscutible valor, pero cuya implementación y control están aún muy lejos de ofrecer soluciones medianamente aceptables para la seria problemática global de contaminación del medio acuático, ampliamente deteriorado por éstas y otras fuentes de agresión.

El hombre ha considerado siempre al suelo como un enorme vertedero de residuos, como si éste fuera un purificador con capacidad ilimitada. Pero no ha dado simultáneamente la necesaria importancia a varios fenómenos que amenazan rebasar esta capacidad en perjuicio directo de la humanidad. Ellos son, entre otros, el aumento de la población mundial, la industrialización y la implantación de la agricultura intensiva y extensiva.

La tierra es un complejo conjunto biológicamente activo, cuya capacidad para facilitar la descomposición de los compuestos orgánicos es bien conocida. El proceso que rige este tipo de transformación, llevado a cabo por la flora y la fauna microscópica del suelo, permite la liberación y reutilización de los materiales constitutivos de hojas, plantas, animales y sus residuos, así como de otras fuentes de materia orgánica, manteniéndose de este modo un continuo flujo en equilibrio con el ciclo vital global. No obstante, existe un límite para la cantidad de materiales que el suelo puede asimilar adecuadamente, independientemente de que éste no es en modo alguno el vertedero ideal para la comunidad. La agricultura, la industria y las grandes aglomeraciones humanas constituyen hoy en día, en mayor o menor proporción, las principales fuentes de contaminación del suelo, y su proyección, por lo tanto, ha de ser efectuada teniendo en cuenta las presiones que puedan generar sobre dicha capacidad limitada de regeneración natural.

Es preciso recordar una vez más que la contaminación se produce siempre donde el ser humano está presente. Curiosamente, resulta difícil creer que inclusive exista contaminación en lugares tan remotos como la Antártida y el Polo Norte, regiones donde el hombre ha establecido desde hace años centros de investigación. Allí, los efectos negativos sobre el medio se han manifestado ya sea en forma de acumulación de desperdicios de materiales de origen doméstico similares a los que se producen en las grandes ciudades, o por el desecho de diversos elementos técnicos en desuso, a parte del hecho de que la contaminación del aire que afecta a las grandes ciudades ha llegado también a dichos lugares remotos con las corrientes y movimientos atmosféricos. Esta evidencia constituye una prueba más de que los problemas ambientales afectan a escala planetaria, y de que su solución, por lo tanto, requiere igualmente de iniciativas novedosas, solidarias y de enfoque global.

Finalmente, se ha de reconocer que el residuo menos perjudicial para el medio ambiente es simplemente aquel que no es generado. En este sentido, cabe apelar al desarrollo inteligente de procedimientos productivos menos contaminantes, más eficientes y más ecológicos, que permitan minimizar o descartar el consumo de materias primas no renovables, y ahorrar recursos de todo tipo, fundamentalmente los energéticos. Tanto la tecnología como el sentido común permiten actualmente implantar procesos de producción ambientalmente sostenibles recurriendo al empleo de recursos alternativos más económicos, evitando la fabricación de productos y artículos de dudosa utilidad, a menudo impuestos por la publicidad engañosa o por la moda, y cuyo ciclo de vida está a menudo y previamente limitado a un uso marginal y efímero por los imperativos de la especulación y de la obsolescencia programada.

## EL EQUILIBRIO DEMOGRAFÍA – URBANISMO

Actualmente, más del 50% de la población mundial vive en ciudades, realidad tras la cual se ocultan múltiples factores de desequilibrio social y económico. En la mayoría de países en vías de desarrollo el rápido proceso de urbanización ha sido acompañado de insatisfacción social y de problemas económicos de difícil solución, cuya incidencia ha pesado negativamente sobre el propio proceso de desarrollo. La población urbana crece a ritmos superiores a los de creación de nuevas fuentes alternativas de trabajo, y se acentúan de este modo el desempleo, la carencia de servicios y la escasez relativa del importe de las inversiones destinadas al ámbito social. La vida urbana cae así en una dinámica de deterioro progresivo, puesto en evidencia por el crecimiento de los barrios marginales, y por aquellos fenómenos asociados a toda situación de insuficiencia de recursos.

Este crecimiento desequilibrado en relación con la factibilidad de asignación de recursos y con la escasez de infraestructuras básicas, constituye el mayor obstáculo económico para la industrialización y para el pleno empleo de los recursos humanos, a la vez que compromete seriamente la dinámica y el equilibrio de los factores y fenómenos ambientales. Las expectativas de crecimiento de las economías nacionales se ven seriamente amenazadas, incluso a largo plazo, ya que la falta de fuentes de ocupación laboral tienden a perpetuarse además debido al bajo nivel de capacitación y educación disponibles a nivel de los marginados, los cuales únicamente son incorporados al régimen urbano en un sentido estrictamente físico, ya que en relación al resto de los aspectos continúan siendo simples espectadores. En el fondo, el círculo vicioso de la miseria pasa a sustituir al progreso, e interfiere en el proceso de avance que en teoría debería ser característico de una agrupación urbana en expansión.

El proceso de urbanización de los países en vías de desarrollo se caracteriza por las altas tasas de crecimiento demográfico natural, y por la creciente migración rural-urbana que lo acompañan, tendencias que se han acelerado a lo largo de los años. Durante los últimos cincuenta o sesenta años la población urbana de los países menos desarrollados ha aumentado a cerca del doble en comparación con los países industrializados. Las proyecciones hacia el futuro indican claramente que esta densidad será cuatro o cinco veces superior en los países menos desarrollados que tienen una alta densidad de población urbana, y en aquellos donde la densidad es relativamente baja, podrá llegar a ser de seis a ocho veces superior. También la despoblación rural se ha elevado considerablemente durante los últimos años, y está destinada a aumentar en buena proporción durante el presente siglo. En general, las proyecciones parecen indicar que el crecimiento de los grandes grupos urbanos seguirá siendo superior a las tasas de urbanización deseables.

Es evidente que las cifras alarmantes de las anteriores proyecciones pueden parecer de menor importancia frente a los programas exitosos de planificación familiar o de control científico de la natalidad. Sin embargo, el efecto de alivio no puede lograrse a través de estas últimas medidas antes de unos veinte o treinta años como mínimo, lo cual supone el paso de una generación. Como ya fue destacado con anterioridad, ello obedece a que los programas de planificación familiar sólo son factibles de llevar a cabo en forma gradual, y no inciden marcadamente en las tasas de crecimiento inmediatas. Tampoco tienen incidencia sobre la masa laboral que se integrará a la competencia por trabajo de aquí a medio plazo, ya que dicho conjunto de personas ya ha nacido. Y si esta planificación familiar no va unida a campañas masivas de descentralización territorial, su influencia sobre la migración rural-urbana será prácticamente nula. En países en transición, más de la mitad del crecimiento urbano se debe a la inmigración de individuos procedentes de zonas rurales o de pequeñas ciudades o pueblos, y se ha demostrado que este hecho se acentúa a medida que los países alcanzan mayores niveles de desarrollo.

A diferencia de los países industrializados y altamente urbanizados, el proceso de crecimiento demográfico en las grandes áreas urbanas de los países en desarrollo obedece tanto a factores de avance socioeconómico, como a las características intrínsecas de la civilización actual. En muchos países emergentes, la pequeña escala y la relativa dispersión de las industrias manufactureras limitan la formación de capital y retrasan la introducción de cambios tecnológicos que conduzcan al crecimiento significativo del empleo de calidad en los centros de rápido crecimiento demográfico, canalizándose el trabajo hacia la obtención casi desesperada de alternativas de actividad marginal, de subsistencia precaria y de poca productividad. En cambio, en los países actualmente desarrollados, y salvo situaciones puntual o coyunturalmente anómalas, la industrialización, y por lo tanto la urbanización, se llevó a cabo en circunstancias en que el nivel de la demanda de mano de obra a largo plazo se ajustaba en menor o mayor proporción a la oferta de trabajo a nivel urbano, y tanto el capital como las posibilidades de aplicar la tecnología al progreso eran entonces más reales. Pese a ello, la creación de áreas urbanas marginales y de "cinturones de miseria" fue y ha sido hasta hoy imposible de evitar, al igual que las situaciones en que la "calidad" del trabajo generado es cuestionable.

El hecho de que subsista, y de que incluso tienda a acentuarse, el proceso de migración rural-urbana cuando las ciudades de los países en vías de desarrollo no proporcionan ni empleo ni vivienda, parece a primera vista un contrasentido. Sin embargo, el fenómeno no es simplemente el reflejo de un capricho o de una contradicción sistemática, ni es tampoco el resultado del instinto irreflexivo de naturaleza subjetiva por parte del hombre. Seguramente, es en las motivaciones económicas y en las inquietudes sociales donde radica el elemento incitador del proceso. Muchas veces la ciudad constituye una válvula de escape para los habitantes de zonas rurales marginadas, saturadas o con recursos insuficientes para una vida medianamente digna. Otras, es la perspectiva urbana de obtener empleo, servicios, bienestar, distracción y oportunidades más amplias la que atrae a las personas de espíritu más inquieto y de mentalidad más inquisitiva. A pesar de que el esquema de la urbanización desequilibrada, planteada en términos de migración unilateral y de explosión demográfica, desvirtúa en gran medida los atractivos que teóricamente puede ofrecer la ciudad, para muchos éstos últimos son de todos modos superiores a los existentes en las zonas rurales, al estímulo de lo cual contribuyen también las inevitables fuerzas del mercado y de los medios de comunicación e información.

La inquietud por obtener mayores ingresos y bienestar social es una respuesta lógica del instinto netamente humano del individuo, y a menudo los barrios marginales, despreciables para el hombre culto y para el ojo crítico, constituyen la única esperanza y la única alternativa para quienes los habitan. A corto plazo, la oferta de trabajo en las ciudades del mundo en desarrollo es enormemente elástica, y la mayor demanda relativa de mano de obra en el sector urbano moderno continuará atrayendo hacia la ciudad un mayor número de habitantes rurales.

Paralelamente, el mejoramiento de las prácticas agrícolas favorece aumentos extraordinarios de la producción por unidad de superficie, fundamentalmente como consecuencia de la tecnificación y de la mecanización de la agricultura, lo cual lamentablemente también contribuye a generar una mayor proporción de excedentes laborales en los campos. No obstante, es igualmente interesante tener en cuenta el creciente nivel de ingreso, y su influencia sobre la demanda de bienes y servicios, por parte de la fuerza laboral que permanece en las zonas rurales, hecho que responde al mayor nivel de productividad generado por trabajador. Como consecuencia de esta mayor productividad, y de la trascendencia del fenómeno, adquiere relevancia la alternativa de la planificación y del establecimiento de centros urbanos e industriales innovadores en las zonas rurales especialmente pujantes, como recurso alternativo de absorción de mano de obra y de reducción migratoria. De este modo, es posible lograr el uso productivo y exhaustivo de la fuerza laboral disponible a nivel local.

La mayoría de las ciudades vive un proceso complejo y dinámico que no implica exclusivamente connotaciones de tipo económico, sino también consideraciones de tipo social, psicológico y ecológico. Así, una ciudad constituye un centro de crecimiento industrial, de producción de bienes elaborados y de servicios, de acceso a conocimientos científicos y tecnológicos, y de comercio. La educación y la formación, principalmente la universitaria, se concentran en las grandes ciudades, tal como ocurre con los centros de investigación, con las comunicaciones y con los sectores empresariales de diferente naturaleza y condición. Todo este conjunto de características produce un efecto multiplicador, en el sentido de que constituye el motor y el núcleo de atracción de nuevas actividades productivas, de alternativas de beneficio social, y representa una fuente de innovación favorable al progreso de la comunidad.

Solo desde este punto de vista, el pilar fundamental de la sociedad lo constituye la ciudad, sin la cual las redes de relaciones sociales y económicas no producen los beneficios que solamente son posibles de concretar, en forma sinérgica, cuando interactúan todos los factores que las integran. Naturalmente, la mayor o menor importancia de los beneficios o inconvenientes generados por este tipo de relación dinámica, depende directamente del grado de eficiencia administrativa de las ciudades, de la magnitud e incidencia del incremento poblacional generado por las vías antes citadas, y de la capacidad de aprovechar positivamente los cambios tecnológicos asumiendo los desafíos de las transformaciones que los acompañan.

Al mismo tiempo, la ciudad puede constituirse o no en un factor de estímulo para la agricultura de las áreas circundantes, según genere o no importantes centros de consumo y mercados, por un lado, y contribuya o no eficazmente, por el otro, a aportar los incentivos tecnológicos y socioeconómicos necesarios para mantener una población rural en la vía progresista, bajo un esquema sostenido tendente a sustituir con el modernismo el tradicional estancamiento histórico.

Dentro de este esquema global, la ciudad representa un sistema integrado en el complejo social y económico, y no una unidad aislada. En la medida en que cada ciudad, dentro de un país o región, cumpla equilibradamente con sus auténticos objetivos de estímulo, dicho país o región estarán destinados a desarrollarse armónicamente de acuerdo a la influencia urbana, producida luego de la manifestación de relación recíproca y racional entre todos y cada uno de los factores que integran su dinamismo funcional. Inclusive, es un requisito fundamental evitar y superar las diferencias existentes entre las propias ciudades, lo cual crea una cierta dependencia jerárquica que puede perpetuar, aunque con menor trascendencia y grado, los problemas de la relación urbano-rural tradicional, así como la excesiva concentración o escasez de bienes, servicios y expectativas sociales de todo tipo.

Gran parte de la problemática urbana reside en la dificultad para adoptar decisiones que conciernen a la acción y a las alternativas de tipo parcial, ya que escasamente toman en cuenta a la ciudad como medio ambiente para el ser humano y sus manifestaciones vitales. Frecuentemente, la economía y la industria sólo encuentran infraestructuras apropiadas en las ciudades de cierta magnitud, y el continuo proceso de migración en busca de oportunidades fluye de este modo en una sola dirección, arrastrando consigo las crecientes deficiencias de servicios e inversiones necesarios para asegurar el equilibrio de las diferentes actividades.

Contrariamente a lo que pudiese deducirse de tal situación, la acumulación progresiva de personas y la concentración metropolitana de recursos múltiples no beneficia al habitante de la ciudad ni al sistema socioeconómico urbano. Los costos de la contaminación ambiental, y el alto valor social del deterioro de las relaciones humanas entre sí, con su medio vital y respecto a su naturaleza puramente biológica, obligan muchas veces a la realización de cuantiosos esfuerzos a nivel público y privado para paliar el desequilibrio crónico del ecosistema urbano, y generalmente el relativo beneficio de los servicios neutralizadores deja mucho que desear. Además, la falta de cohesión en las decisiones y en la implementación práctica de las soluciones desvirtúa en gran magnitud el éxito teóricamente deseable, puesto que a nivel municipal a menudo se obvia el enfoque metropolitano global que ha de marcar toda acción en tal sentido. Algo similar ocurre a nivel de las naciones cuando se trata de enfocar el problema de la urbanización regional y de la descentralización de las actividades económicas.

A lo largo de la historia de la humanidad se han puesto prioritariamente en práctica los intentos de solución más convencionales del problema de la urbanización. Generalmente las opciones han ido dirigidas a controlar la raíz aparente del problema, o sea, el aumento poblacional desequilibrado, y se han adoptado para ello, con mayor o menor éxito, las clásicas políticas basadas en fórmulas de planificación familiar y de control de las tasas de natalidad.

La trascendencia que la gravedad de la situación de una urbanización descontrolada tiene a futuro obliga también en este terreno a pensar en fórmulas alternativas de solución no tradicionales. Aprovechando las experiencias de la historia, cabe controlar el proceso con criterios integrales y coherentes, recurriendo a apropiadas estrategias de planificación que incluyan desde la regularización de los procesos migratorios, hasta el diseño de esquemas urbanísticos más ingeniosos y armonizados, sin dejar de lado la puesta en marcha racional de adecuados programas de educación y formación que permitan inculcar en la comunidad nuevos valores y esquemas sociopolíticos.

Las soluciones urbanísticas no tradicionales, que es interesantes tener en cuenta tanto en las naciones en proceso de transición como en las industrializadas, han de considerar también la creación de nuevos núcleos de desarrollo industrial y económico, ajustados a sistemas descentralizados de gestión política y administrativa. Esta iniciativa debe ir indisociablemente vinculada al desarrollo prioritario de los mercados internos en las áreas en desarrollo en cuestión, ajustando simultáneamente la estrategia a la introducción de tecnologías productivas de valor añadido más inmediato, para así conseguir la necesaria consolidación del nivel básico de la economía mediante el aprovechamiento optimizado de los recursos locales.

El proceso de industrialización en países en transición debe ser gradual, respondiendo a planteamientos de retorno económico más inmediato, adaptados a las posibilidades de diversificación que mejor se identifiquen con el potencial local y con el requisito de armonía que se ha de mantener en relación con todo el resto de factores ambientales.

En su conjunto, las opciones no tradicionales de gestión de la problemática urbanística han de basarse necesariamente en una política de tipo general que, aparte de promover la descentralización a todos los niveles, establezca los oportunos incentivos para que sea la propia sociedad la que contribuya a consolidar la infraestructura física, y logre simultáneamente asimilar los nuevos valores de comportamiento, que son indispensables para el éxito a largo plazo de una iniciativa de esta naturaleza.

Al considerar el problema de la urbanización a nivel nacional, se debe asimilar el problema demográfico al conjunto de la planificación social y económica del país. Las metas de desarrollo a nivel nacional son perfectamente compatibles con la regionalización y con la descentralización progresiva de las actividades, y bien pueden enfocarse mediante el establecimiento de verdaderos "núcleos" o "polos" regionales de fomento económico, que traen consigo asociado todo el resto de manifestaciones inherentes al desarrollo, ya sean servicios, acceso a la ciencia y a la tecnología, cultura, facilidades de vivienda y esparcimiento, oportunidades laborales, y un largo etcétera.

Además, un enfoque de este tipo es perfectamente compatible con la necesidad de situar las actividades económicas en los lugares más apropiados para su eficaz funcionamiento, sin contradecir las condiciones globales de equilibrio ambiental, contando con la posibilidad de mejorar incluso la distribución de recursos en los centros urbanos tradicionales. En todo caso, es interesante tener en cuenta que el establecimiento de núcleos de fomento socioeconómico es decisivo cuando se trata de llevar a la práctica una estrategia ágil de desarrollo nacional y regional. Tanto si se trata de creación de núcleos de desarrollo, como si se pretende reestructurar la orientación del crecimiento urbano en los centros de población establecidos, la programación y la planificación juegan un papel prioritario. Este es el único camino para lograr el uso equilibrado de la tierra y de los demás recursos del entorno, y para adecuar el avance de la civilización a la demanda paralela de un medio ambiente sano y equilibrado, cuya manifestación ideal es cada día más difícil de observar.

Los países en vías de desarrollo, condicionados por una sociedad que tiende a urbanizarse rápidamente, tienen la oportunidad de emprender su crecimiento urbano con una eficiencia marcadamente superior a la que caracteriza a los hechos señalados por la trayectoria de la historia del urbanismo. No solamente cuentan con la experiencia de éxitos o fracasos ejemplarizados a nivel de otras naciones o regiones, sino que, cada día con mayor intensidad, cuentan con los adelantos científicos y tecnológicos necesarios para la puesta en marcha de procedimientos novedosos y dinámicos, cuyas múltiples alternativas son, a corto y largo plazo, inagotables. Naturalmente, la expansión demográfica descontrolada típica de aquellos países permite pensar que, en un futuro previsible, y en numerosos casos, sus poblaciones serán susceptibles de duplicarse, lo cual significa también que con el tamaño de las ciudades podrá ocurrir una situación semejante.

O sea, frente a la oportunidad histórica de establecer ciudades ideales y de modificar positivamente los esquemas existentes, surge la necesidad imperativa de adecuar todo proceso de cambio a la planificación inteligente y a la acción realmente eficaz e integral, para así lograr que los centros urbanos actúen verdaderamente de acuerdo con su función de núcleos de estímulo socioeconómico regional. Además de controlar los tradicionales procesos de migración rural-urbana y el crecimiento descontrolado de las ciudades, se trata de promover esquemas, estructuras y procesos más concordantes con la realidad.

Si bien es cierto que en los países en transición las medidas de acción de tipo inmediato y urgente son más factibles y necesarias, si se las compara con las alternativas de proyección equilibrada a largo plazo, es indispensable que los urbanistas reconozcan la función que debe cumplir la ciudad dentro del contexto del desarrollo social y económico. La gestión fragmentada de los centros urbanos, así como las deficiencias de los servicios públicos municipales, deben dejar paso a un esquema coordinado y eficiente, que opere de acuerdo con la planificación y con la asignación de recursos, en forma continuada, y en simetría con las prioridades que el caso conlleva. Puesto que es en las grandes ciudades donde por lo general se concentra el poder económico y político, así como las manifestaciones reivindicativas de la sociedad civil, son la eficiencia y la responsabilidad de las autoridades metropolitanas los actores decisivos que han de despertar las actitudes que la comunidad requiere adoptar para alcanzar sus metas de desarrollo sostenido.

El proceso de urbanización es en sí mismo un fenómeno dinámico y en permanente transformación, a menudo desequilibrado y caótico. En los países en vías de desarrollo, dicho proceso está destinado a fracasar en su objetivo regulador si no se consideran simultáneamente en ellos su tendencia demográfica, sus tasas de crecimiento económico y la limitación de sus recursos de todo tipo, especialmente los más escasos. No obstante, la urbanización, hoy como siempre, es uno de los pilares fundamentales del desarrollo, y el punto de partida para la proyección del uso racional de la mayoría de los factores que perfilan el progreso.

Como el sistema mundial sigue su marcha natural, y la acumulación de conocimientos integra día tras día una experiencia más rica y completa, es conveniente, además de lógico y razonable, proyectar los cambios necesarios sobre la base de iniciativas ingeniosas, de hechos objetivos y de experiencias claramente demostradas. Por lo tanto, la gestión de recursos, ya sea a nivel mundial, regional o nacional, debe dirigirse hacia aquellos aspectos que aseguren fortalecer lo más ágilmente posible las estructuras destinadas a promover el alcance de las metas sociales y económicas de la colectividad. Este reto se ha de asumir calibrando los requisitos y las limitaciones que el medio ambiente impone a la sociedad, incluidos los referentes a los aspectos territoriales y urbanos.

## EL POTENCIAL DEL OCIO Y DEL TURISMO

Analizar y efectuar el diagnóstico de los recursos naturales es conveniente hacerlo no solamente considerando su ubicación dentro del contexto y de la dinámica del medio ambiente, sino que, a la vez, como fuente de productividad directa e indirecta.

Dentro de la primera clasificación, cabe incluir actividades tan tradicionales como la agricultura, la pesca, la silvicultura y la minería, todas ellas de tipo extractivo, normalmente susceptibles de gestión racional con el objeto de lograr beneficios sostenidos, e incluso crecientes, para la pujante sociedad humana.

En cambio, los recursos naturales considerados como fuente indirecta de producción están identificados con una actividad no extractiva, sino más bien simbiótica y asociativa con el sustrato. Sus beneficios dependen más de aspectos cualitativos que del rasgo cuantitativo del hábitat. Además, satisfacen en el hombre aquellas necesidades subjetivas e innatas de esparcimiento y distracción, libres de los lazos y de las responsabilidades implícitas en el sistema de vida comunitaria. Esta actividad, que ofrece numerosas y variadas oportunidades a la sociedad, se denomina ocio y turismo, dirigida por el hombre para reubicar y movilizar sus instintos e inquietudes hacia los lugares a los cuales atávicamente lo atrae su condición innata de explorador, aventurero y soñador.

Muchas veces se ha afirmado, y con razón, que el turismo

puede constituir una de las principales fuentes de ingreso, divisas y trabajo para naciones bien dotadas de condiciones naturales. Regiones de montaña, lagos, canales, costas privilegiadas, tierras remotas y exóticas, y en general, el paisaje rural, ofrecen en tal sentido alternativas altamente competitivas a nivel internacional. La especial calidad de paisajes y territorios aptos para cierto tipo de deportes, como el esquí, los deportes náuticos y el excursionismo, existentes en innumerables lugares del planeta, así como las bondades climáticas características de otros, hacen de ellos sitios ideales para quienes buscan recreo y descanso en un ambiente bello, diferente y relajado.

En una u otra época las estadísticas han confirmado esta interesante expectativa, pese a que al mismo tiempo han hecho evidentes también las necesidades y deficiencias que es necesario subsanar en los países que intentan desarrollar el turismo como actividad comercial y económica.

Las actividades turísticas constituyen auténticas oportunidades como opciones de explotación no tradicional del medio ambiente, y una alternativa innovadora para potenciar el desarrollo soci-económico en los países en proceso de transición. Frente a esta posibilidad no cabe hablar exclusivamente de turismo tradicional, sino que a la vez de todas aquellas iniciativas ingeniosas que permitan utilizar el medio físico desde puntos de vista creativos. Sin duda, las iniciativas que hoy hablan de agroturismo, de turismo rural y de turismo ecológico constituyen buenos ejemplos en este sentido, además de su significado como alternativa de recuperación de áreas económicas marginadas, y como núcleos locales de desarrollo social y económico. Aun así, sólo son una pequeña muestra de lo que puede ser logrado con imaginación e ingenio.

Las alternativas no tradicionales de utilización del medio ambiente deben conducir a la organización del turismo como actividad económica, fuente de ingresos, de trabajo y de progreso como cualquier otra actividad humana.

Adecuadamente planificadas, dichas alternativas deben apuntar a futuro sin afán especulativo, de modo estructurado, evitando caer en las conocidas situaciones de polarización y servidumbre a las que llevan las actividades carentes de visión. El turismo debe instaurar una plataforma destacada para potenciar y promocionar los valores locales de cada país o región, incluidos los paisajísticos, culturales y tradicionales, adecuando la necesaria infraestructura y los medios oportunos para consolidar una fuente local de ingresos y de trabajo que puede ser inagotable si se la administra convenientemente. El turismo, considerado como negocio, puede constituir una excelente vía de redistribución económica entre los países del tercer mundo y las naciones industrializadas, de modo similar a lo que ocurre con los mecanismos del comercio y del intercambio internacional cuando son bien gestionados.

La demanda por turismo va en continuo aumento como consecuencia de la lógica evolución de los gustos, inquietudes y ansiedades de la sociedad por recuperar una dimensión más humanizada de la vida, a lo cual contribuye indudablemente el mejoramiento del nivel de ingresos y de la calidad de vida de la sociedad a medida que ésta progresa y se consolida. Sin embargo, el turismo organizado y equilibrado con el entorno debe ser enfocado evitando toda posibilidad de agresión al mismo y a las actividades con las que interactúa, ya que, como toda acción basada en la utilización del medio ambiente, posee un carácter global e integral, y puede también ser fuente de agresión hacia aquel. Todo lo que afecta negativamente al entorno lo hace en igual medida en relación con las actividades turísticas, y viceversa, lo cual queda drásticamente ejemplificado cuando se observan agresiones como la contaminación de ríos, lagos y océanos, la erosión, la lluvia ácida, la desforestación, la masificación de zonas turísticas y de recreo, o la contaminación visual provocada por la alienante comunicación por la vía de vallas publicitarias.

El turismo, como fuente de progreso, y como toda actividad económica o manifestación social, requiere de disciplinas directivas y operativas. En primer lugar, aparece como básica la necesidad de una vigorosa política de fomento turístico, que permita tanto el desarrollo de su infraestructura de funcionamiento, como crear las condiciones físicas y psicológicas favorables a la atracción, bienestar y seguridad del visitante forastero o del viajero autóctono y local. Las naciones pobres generalmente carecen de carreteras, hoteles, restaurantes, intérpretes, guías y camareros en número suficiente y en calidad aceptable. Los medios de transporte son frecuentemente precarios y escasos. En resumen, escasean en ellas aquellas estructuras funcionales indispensables para sacar buen provecho de las condiciones naturales locales, generalmente atractivas y numerosas para el viajero inquisitivo.

Sin embargo, y aun cuando solucionar lo anterior implica esfuerzos considerables, el retorno de las inversiones efectuadas con este propósito es casi siempre rápido y abundante, sobre todo si se tiene en cuenta que el auge de la movilidad y del turismo crece continuamente a nivel mundial. Además, las inversiones para ello no han de ser necesariamente cuantiosas, sobre todo si se actúa con imaginación y creatividad. Como toda actividad económica, el turismo tampoco escapa a la necesidad de una rigurosa planificación, técnica que, por lo demás, debe verse ampliamente respaldada por campañas publicitarias de promoción que den a conocer en forma novedosa los lugares de interés, sobre todo si éstos son remotos o poco concurridos por falta de información. Dichas campañas deben poner especial énfasis en describir aquellos aspectos destacadamente representativos del paisaje, del tipismo y de la tradición del país o región en cuestión, atributos singulares que es preciso conservar para mantener el sabor autóctono y el atractivo específico de un territorio, sobre todo si se trata de países en vías de desarrollo. Deben ser también apoyadas por ayudas, incentivos, resoluciones y actuaciones oficiales que estimulen la implementación de la infraestructura física y humana para atender los déficits del caso. En tal sentido, las puertas se abren a nuevas e interesantes actividades profesionales, técnicas y especializadas, que paulatinamente deben ser perfeccionadas para alcanzar los niveles de eficacia observables en las naciones turísticamente desarrolladas, de las cuales las naciones emergentes deben aprovechar la experiencia. La creación de una conciencia turística y la consolidación de un nivel cultural compatible con la atención acogedora y educada del visitante, están llamadas a representar y constituir el rasgo más relevante y depurado de la perfección empresarial, indispensable para el éxito de ésta y de cualquier otra clase de actividad social y económica.

En síntesis, el conjunto funcional de la actividad turística debe estar en manos de organismos, instituciones y empresas autónomas eficaces, preferentemente de proyección internacional, adecuadamente financiados, capaces de manejar coordinadamente las diversas variables que la integran, y de canalizar constructivamente las grandes posibilidades que ésta ofrece como fuente alternativa de contribución económica a las economías nacionales. Por otra parte, dichos organismos deben desempeñar sus funciones en estrecha relación con todo tipo de organizaciones afines, sean ministeriales, públicas o privadas, para sacar provecho con objetivo humanista de una cara productiva alternativa del medio ambiente, sin perjuicio de la integridad global de su compleja estructura y dinámica funcional.

El turismo, cuyo impacto repercute invariablemente sobre innumerables sectores de la economía, representa una realidad industrial de amplio potencial. En los países del tercer mundo, las oportunidades de desarrollo del negocio turístico no son aún aprovechadas a su máximo rendimiento, salvo contadas excepciones, a pesar de la gran variedad de recursos naturales favorables a una actividad de esta índole que dichos países poseen. En ciertos casos, tampoco se ha considerado al turismo como una importante fuente de ingresos económicos, en contraposición a lo ocurrido con éxito, por ejemplo, en numerosos países Europeos, en Norteamérica y en otros lugares del globo tradicionalmente conocidos como centros de expansión, interés cultural y descanso. Inclusive, considerando las diferentes etapas de desarrollo características de la mayoría de los países en transición, el crecimiento de la actividad turística regional ha sido más bien reducido. Solo durante los últimos años se ha evidenciado un cambio significativo en este sentido, como consecuencia del avance del progreso, de la civilización y de los cambios sociales que acompañan a la globalización de la economía y de la cultura. Aun así, el potencial futuro es inmenso, y promete cuantiosos beneficios para aquellas naciones que sepan comprender la función y la gestión de las actividades turísticas.

Frente a la posibilidad real de promover por la vía del turismo la generación de riqueza económica en los países en vías de desarrollo del planeta, estos últimos deben necesariamente adoptar ciertas políticas adecuadamente definidas. En primer lugar, no se concibe el turismo, sobre todo a nivel internacional, sin una adecuada infraestructura de acomodaciones y de transporte realmente eficientes, lo cual requiere de un ordenado programa de inversiones. Paralelamente, es indispensable proteger, mantener, mejorar e incrementar los centros turísticos a nivel nacional, siempre con un enfoque internacional, y conservar el atractivo del entorno natural que caracteriza a un determinado país, región o localidad. Es aquí donde el equilibrio de los recursos naturales representa no sólo un requisito esencial, sino que, a la vez, implica asegurar la completa e integral compatibilidad entre sus funciones turísticas y socioeconómicas. Es necesario, por lo tanto, que la gestión de los recursos del entorno físico relacionados con el turismo sea contemplada dentro del marco global de la explotación racional de la totalidad de dichos recursos, que han de cumplir a nivel regional múltiples funciones, y han de constituir el soporte de diversas alternativas de uso potencial a largo plazo.

El último requisito para el éxito del turismo, y que expresa la conclusión lógica a extraer de los anteriores, que al mismo tiempo lo condicionan, es el de proceder a una exhaustiva promoción que fomente el uso armonizado de dichos recursos naturales, permitiendo en el fondo a los mismos el cumplimiento de las funciones sociales y económicas que les corresponden. En síntesis, se trata de promocionar el desarrollo de una actividad económica y social que cuente con los elementos de prestigio y con los atractivos buscados por el hombre, ansioso de tranquilidad, ocio y diversión como contrapartida y justa compensación de su actividad responsable dentro de la sociedad.

Es un hecho que el turismo mundial tiende a aumentar continuamente, y en consonancia con ello, las oportunidades para el tercer mundo no son escasas. Se trata sí de aprovechar la ocasión para capitalizar las múltiples ganancias creadas por este concepto. Algunos países en proceso de transición ya han alcanzado importantes éxitos en tal sentido como consecuencia directa de ágiles campañas de promoción y publicidad, que se han traducido en la creación de una verdadera "conciencia" turística, que se corresponde extraordinariamente con las cualidades y bellezas típicas de su territorio.

En otras naciones, el desarrollo de alternativas turísticas menos tradicionales, tales como el turismo rural y cultural, el ecoturismo y el excursionismo, están teniendo gran éxito, contando con la creciente afición y demanda por parte del público local y extranjero. Los habitantes de dichos países son normalmente personas muy arraigadas al territorio, cuyas actividades están directa o indirectamente impregnadas de sentido turístico. Son además individuos cuya imagen internacional refleja claramente determinados aspectos intrínsecos de dichas naciones, como es el caso de México, la India y de algunos países asiáticos, africanos, caribeños y latinoamericanos. La institucionalización del turismo es allí una realidad cuyas proyecciones operativas se ven respaldadas por una adecuada red de hoteles e instalaciones complementarias, producto de inversiones planificadas y constantemente implementadas. Los resultados de este tipo de políticas son ampliamente reconocidos e indiscutibles: la cantidad anual de turistas que visitan dichos países, así como la magnitud de ingresos generados en concepto de divisas, alcanzan cifras normalmente considerables.

Naturalmente, estrategias de este tipo pueden verse opacadas, e incluso bloqueadas, si a la infraestructura turística y a la adecuada dotación de recursos naturales específicos no acompañan las mínimas condiciones de estabilidad política y social. El grado de atracción que determinadas regiones y países puedan ejercer sobre los potenciales turistas provenientes del extranjero, depende también directamente de la habilidad de sus líderes y gobernantes para garantizar un clima sociopolítico apropiado y estable, que genere confianza, seguridad y tranquilidad en el visitante, al margen del atractivo territorial o cultural propio del territorio que pueda decantar la demanda turística con ventajas. Son conocidos en tal sentido los efectos disuasorios que han ejercido a lo largo de la historia las situaciones de confrontación bélica, terrorismo y conflictividad interna en países turísticamente interesantes, así como las consecuencias negativas que ello ha tenido a corto, medio y largo plazo para su imagen y para su economía. El peligro de inestabilidad social y política es un factor importante a tener en cuenta en los países en desarrollo, cuya condición de despertar evolutivo y cuyas aspiraciones de progreso, vinculadas a las deficiencias administrativas y a las crónicas limitaciones estructurales, crean las condiciones propicias para generar la desestabilización.

Los anteriores argumentos son concluyentes, y a pesar de que en numerosos países del tercer mundo la promoción turística nacional e internacional está en sus etapas iniciales, las posibilidades no son por ello menos interesantes, haciendo que dichas naciones empiecen a comprender el potencial del turismo. Si bien las condiciones que condicionan el desarrollo del turismo no son las mismas en cada país, cada nación posee su atractivo particular, susceptible de explotación racional. Ya se ha visto cómo algunas campañas específicas han producido resultados sustanciales e inmediatos. Pero, además de la necesaria promoción a nivel nacional, que cada país debe emprender por su cuenta, es preciso y ventajoso actuar a la vez sobre la base de enfoques internacionales, y abrir para ello las fronteras. Este requisito está ampliamente avalado por el creciente grado de globalización y de integración mundial evidente a todos los niveles, y que en el caso concreto del turismo adquiere especial relevancia cuando se observan cada día las mayores facilidades disponibles para viajar, y el indiscutible auge y la dinamización del transporte y de las comunicaciones.

El turismo no debe constituir una estrategia más, sino la aceptación de una condición ineludible que plantea una civilización que exige vivir cada vez con mayor intensidad, rapidez y globalidad, y en la cual se observa como característica destacada el resurgimiento de los valores humanos y naturales, como reacción frente a la despersonalización, la angustia y la pérdida de sensibilidad que generan las condiciones de vida desmesuradamente tecnificadas. Tal vez lo que hoy se denomina "lujo", y que es producto de la avanzada tecnología, sea pronto cambiado por un concepto más racional y coherente, ya que el genuino lujo del futuro está representado más bien por la posibilidad de hacer uso de áreas verdes, espacios naturales, experiencias culturales y lugares de esparcimiento a los cuales el turismo planificado facilita el acceso, como alternativa de escape ante los esquemas opresivos y agobiantes que a veces acosan al hombre del mundo industrializado. Cuando se analizan las alternativas del turismo mundial, es preciso volver nuevamente a insistir en su repercusión en los países en vías de desarrollo. Durante los últimos años el turismo ha significado para estos últimos un proceso en incesante incremento. Así, el número de visitantes extranjeros que viaja a los países emergentes es cada vez más destacable, y su magnitud crece permanentemente en la medida en que el ciudadano del mundo avanzado, saciado de tecnología y de progreso deshumanizado, sin sentido ni contenido, busca opciones novedosas más ajustadas a la recuperación de los valores esenciales de sus inquietudes personales.

Es fácil deducir simultáneamente que los ingresos percibidos por la vía del turismo aumentan en proporción significativa en los países que saben aprovechar el potencial turístico. Este aumento es consecuencia directa del auge general experimentado por el turismo internacional, ya que el número de personas que viajan de un país a otro ha aumentado también considerablemente durante los últimos años. Es cierto que Europa y Norteamérica atraen aún una gran proporción de turistas, pero el número de viajeros que visitan los países en desarrollo, atraídos por su exotismo o por sus diferentes esquemas culturales, crece actualmente a un ritmo superior al de los que viajan a los países desarrollados, lo cual indica un cambio paulatino de las preferencias, y un aumento relativo del potencial de las nuevas opciones turísticas frente a los esquemas de tipo tradicional.

Un factor que perjudica en parte el turismo hacia algunos países en vías de desarrollo es su situación geográfica, distante a menudo de los "mercados" clásicos y habituales del turismo internacional. Esta visión del contexto turístico es un tanto polarizada, pero hay que reconocer, sin embargo, que son los países europeos y de norteamérica los que realmente iniciaron y agitaron el comercio turístico en los países en desarrollo, ya que una gran proporción de las personas que visitan estos últimos provienen de los primeros, en los cuales el poder adquisitivo permite este tipo de gasto. El hecho de que el mundo en desarrollo atrae sólo una limitada proporción del turismo internacional, y desde un número relativamente reducido de países, queda fácilmente explicado por la concentración, en un número también limitado de naciones, de las personas cuyos ingresos les permiten realizar viajes al extranjero. Incluso dentro de estas últimas, la distribución del ingreso limita el número de personas que puedan permitirse el lujo de gastar las fuertes sumas de dinero que representa el alto costo de los viajes, aun cuando esta situación esté cambiando rápida y favorablemente durante los últimos años, como consecuencia también del mejoramiento de los niveles de vida y de los cambios de los hábitos, tanto en los países industrializados como en los emergentes.

A título orientativo es también útil prestar atención a ciertos casos excepcionales: algunos países de África septentrional están más cerca de ciertos mercados europeos que algunos países de la misma Europa, así como también ciertas zonas de

Norteamérica están a menor distancia de algunas áreas del Caribe. Naturalmente, estas regiones turísticas del mundo en desarrollo, situadas fuera de Europa y Norteamérica, han logrado un éxito rápido y espectacular al atraer el turismo internacional, como es el caso, por ejemplo, de Jamaica. Pero ello tampoco excluye, habida cuenta de la rapidez del progreso en varios ámbitos, sobre todo del transporte, la posibilidad de hacer extensivos estos resultados a cualquier país interesado y motivado en dar a conocer abiertamente el potencial recreativo y los atractivos singulares de su territorio.

Alaska, Finlandia, Suecia y Noruega, entre otras naciones, constituyen una prueba relativamente reciente de lo que puede significar a futuro el beneficio económico estructurado sobre la base del desarrollo planificado del turismo. Muchos de los inconvenientes planteados por las grandes distancias pueden obviarse mediante la apropiada gestión de las bellezas y recursos naturales, en paralelo con la implementación de medidas estratégicas que constituyan atractivos eficaces para el turista: transportes, infraestructuras, servicios, créditos, facilidades complementarias, estabilidad política, acogida agradable y hospitalidad.

La demanda de viajes es algo que tiende a aumentar dentro del contexto mundial. Este hecho no obedece exclusivamente al aumento progresivo del ingreso personal, proporcional a la etapa y grado de progreso de los diferentes países, ni a la reducción relativa del precio de los viajes, lo cual sin embargo constituye una realidad dentro del actual esquema global de vida. También, por su parte, el crecimiento demográfico en sí contribuye a aumentar dicha demanda. Simultáneamente, las variaciones que experimenta la distribución de la población por segmentos de edad hace crecer la proporción de juventud audaz e inquisitiva que desea conocer distintos rincones de la tierra, y despierta en idéntico sentido la inquietud del adulto maduro. La comentada migración hacia los centros urbanos, por otra parte, estimula el deseo y la necesidad de los habitantes de las ciudades por buscar lugares tranquilos y apartados de la rutina de la sociedad tecnificada, abriéndose así las puertas al turismo nacional e internacional, a lo cual contribuye igualmente la serie de transformaciones que llevan a la consolidación del llamado "estado de bienestar", promovido por la emergencia de crecientes ventajas sociales para la comunidad, tales como, entre otras, el derecho a vacaciones pagadas, las pensiones, los incentivos salariales, los beneficios marginales, la creación de centros de turismo popular, el establecimiento organizado de lugares de acampada, y los viajes en grupo.

A raíz de lo anterior, los cambios de las costumbres sociales, que en esencia se traducen en la posibilidad para el hombre de disponer de más tiempo libre, y de llevar a cabo, por lo tanto, un mayor número de actividades de esparcimiento, como compensación de la vida sedentaria y condicionada que impone el esquema urbano, dan un importante impulso al intercambio turístico. Todo este conjunto de fenómenos dinámicos, cuya rápida evolución permite inclusive apreciar con optimismo el potencial y el futuro del turismo en los países en transición, se ve abundantemente favorecido por la difusión de los valores culturales, que extienden los horizontes de mucha gente, al mismo tiempo que los eficaces medios de comunicación, puestos al servicio del hombre por la ciencia y la tecnología, permiten al mismo apreciar de modo más cabal el mundo que le rodea.

Es cierto que hasta ahora estos factores han ejercido mayor influencia en los países más avanzados, lo cual explica también el por qué una proporción tan elevada del mercado turístico internacional se ha concentrado en un número relativamente limitado de países. Pero no cabe duda que el mejoramiento de las condiciones de vida de otros lugares, ahora en vías de desarrollo, mejorará sustancial y progresivamente su actual situación.

Si se tiene en cuenta la gran variedad de centros turísticos potenciales que poseen muchos países emergentes, como consecuencia de su favorable dotación de recursos naturales, la explotación de dichos centros debe ser condicionada por la adopción de adecuadas políticas de turismo, abiertas y ágiles, considerando que la expansión sostenida de sus respectivos mercados turísticos depende directamente de la voluntad política de querer y saber aprovechar los recursos existentes con criterio progresista. Un requisito fundamental para ello es crear los incentivos que atraigan al turista, para lo cual la imaginación creativa es más poderosa que la simple realidad. En todo caso, esto último es materia de trabajo para los organismos y entidades de promoción y difusión que actúen respaldados por oportunas políticas de gestión y de aprovechamiento inteligente de los recursos vinculados a estrategias de este tipo.

También en materia política, es necesario puntualizar que, al igual que en el caso de cualquier recurso, toda opción de explotación fructífera del turismo como fuente de ingresos para cualquier nación, está indisociablemente sujeta a las garantías de seguridad que dicha nación ofrezca a sus visitantes. Este requisito solo puede ser satisfecho si los correspondientes estamentos gubernamentales disponen del prestigio y de la credibilidad suficiente, y están avalados por una trayectoria política competentemente estable y consolidada.

Recapitulando las premisas antes expuestas, es preciso volver a hacer énfasis en la importancia socioeconómica del turismo en los países en transición. Considerando que la demanda mundial de viajes crece a ritmos acelerados, en muchos países emergentes las perspectivas que despliega la demanda del turismo internacional, sin dejar por ello de lado las infinitas ventajas sociales del turismo interior organizado a todos los niveles, pueden ser mucho más interesantes que las de sus exportaciones tradicionales. Por esta razón, el turismo internacional puede contribuir a la economía nacional de un modo que adquiere especial relevancia en estos países, generando el incremento sustancial de sus ingresos en divisas.

Además, el turismo es una industria que requiere un número relativamente importante de mano de obra, razón por la cual ofrece frecuentemente mayores ventajas como fuente de empleo si se la compara con otras actividades económicas tradicionales. El fomento del turismo, además de producir empleos de por sí, aporta beneficios indirectos que se proyectan hacia los demás sectores de la economía, pues dinamiza todos aquellos aspectos inherentes a actividades relacionadas y afines, tales como servicios variados, construcción y transportes, al mismo tiempo que estimula la demanda de los artículos tradicionales de producción local.

La expansión del turismo puede contribuir con relativa rapidez al desarrollo económico general de un país, para lo cual el período de gestación de los correspondientes proyectos de inversión es generalmente breve. Al mismo tiempo, el valor que el turismo representa para aquellas áreas o regiones sin otra alternativa socioeconómica inmediata es incalculable, y adquiere importancia decisiva cuando se trata de reducir, o incluso de eliminar, los desequilibrios locales, para promover en cambio la descentralización planificada de la explotación del resto de los recursos.

No obstante, antes de emprender campañas turísticas masivas, hay que ponderar cuidadosamente los pros y los contras, sobre todo en lo referente a su viabilidad social y económica, y al uso de los recursos naturales disponibles. Como toda actividad económica, su planificación y gestión deben ser globales, ponderadas de acuerdo con el resto de las disciplinas con las cuales interactúan. La implementación de la infraestructura asociada al turismo debe evaluarse minuciosamente, y todo proyecto específico debe considerar tanto su potencial de beneficios directos, como el de las demás actividades que compiten o interactúan con el desarrollo del mismo, sin dejar de analizar todas las alternativas posibles y sus respectivas ventajas o desventajas comparativas. No se debe dejar de lado a ninguno de los demás sectores de la economía que deben ser enfocados con igual prioridad, y planificados con rigor, debido a su dependencia y a su relación directa con la integridad del medio ambiente y con la explotación de los recursos del planeta: la agricultura, la industria, la energía, el transporte y el turismo.

Al igual que en el caso del resto de las actividades que implican la explotación del medio físico, también al turismo, considerado como iniciativa económica, es también aplicable el concepto de "balance ecológico". Este término ha sido sugerido con anterioridad como alternativa esencial para poder expresar objetivamente el valor del patrimonio natural y de los beneficios de su explotación, que se deben proyectar a futuro de acuerdo con los principios elementales de la sostenibilidad.

La sola consideración de las convencionales cifras e indicadores estadísticos constituye una práctica ambigua, temeraria e irresponsable, ya que este tipo de información no constituye un elemento fiable ni completo, sobre todo cuando se trata de valorar algo tan importante y trascendente como los aspectos relacionados con la compleja dinámica del medio ambiente.

## LA GESTION ESPACIAL DE LOS RECURSOS

No cabe duda alguna sobre el hecho de que el deterioro del medio ambiente se debe fundamentalmente a la acción descontrolada del hombre sobre los recursos naturales, casi siempre por uso indiscriminado y exageradamente pretencioso de la tecnología. También ha sido ya ampliamente demostrado que la solución y prevención de muchos problemas críticos están subordinadas a la reconsideración cualitativa y cuantitativa del actual concepto de ciencia y tecnología.

Una oportunidad en dicho sentido la ofrece la promisoria expectativa representada por el uso programado de la evaluación de la situación y del potencial natural terrestre desde satélites artificiales apropiadamente diseñados para este objetivo. La técnica de la aerofotogrametría marcó hace años, poco antes de la segunda guerra mundial, las etapas preliminares de la prospección aérea de recursos, y sus resultados adquirieron forma a través de estudios bastante completos y útiles en materia de evaluación de suelos, cultivos agrícolas y forestales, contaminación atmosférica, acuática y terrestre, oceanografía, ingeniería, topografía y otras disciplinas. Aun cuando dicha técnica fue en su día de gran utilidad práctica, su operatividad, comparada con los adelantos que actualmente ofrecen los satélites y las tecnologías informáticas, queda opacada en cuanto al tiempo, a los detalles metodológicos y al valor de la información obtenida.

La técnica del uso de la fotografía aérea para el diagnóstico de los recursos terrestres ha sido muy perfeccionada durante los últimos años, a tal punto de que muchos de los adelantos e innovaciones en los sistemas de captación de datos han sido considerados para incluirlos en los satélites artificiales, cuyo uso se ha generalizado rápidamente a escala mundial.

En efecto, parte de los logros más importantes al respecto están representados por el perfeccionamiento de la fotografía infrarroja en muchas de sus variables, por el uso del radar, y por la incorporación de complejos sistemas espectrales y magnéticos. Como consecuencia de ello, la prospección de inmensas zonas permanentemente cubiertas de nubes es ya una realidad, lo cual, por ejemplo, permitió a Brasil efectuar en su día un amplio reconocimiento de la zona Amazónica, con resultados que tuvieron aplicación práctica inmediata en el trazado y construcción de la carretera Transamazónica. Así, un invento de aplicación inicialmente militar como el radar, puesto en servicio en la década de 1950, actualmente suple eficazmente las deficiencias de la fotografía aérea convencional, penetrando en la obscuridad y atravesando malas condiciones atmosféricas, permitiendo reconocer grandes extensiones en un mínimo de tiempo.

Las aplicaciones específicas de la fotografía aérea perfeccionada son aún mayores. Mediante la espectrometría y la magnetometría, por ejemplo, es posible detectar yacimientos de petróleo, gas, agua y otros minerales. La contaminación térmica de las aguas y la localización de incendios forestales en medio del humo denso son detectadas por fotogrametría infrarroja. Combinaciones de aparatos sofisticados pueden servir para identificar focos de contaminación sólida o residuos, áreas de suelos húmedos, fuentes geotermales subterráneas, plagas y enfermedades en cultivos agrícolas y explotaciones forestales, y múltiples detalles relacionados con la gran variedad de información que es útil conocer sobre los recursos del planeta para su gestión relacional. El acelerado desarrollo de la informática ha permitido paralelamente perfeccionar en gran medida el procesamiento y la utilización práctica de la abundante y variada información detectada, dando lugar a herramientas valiosas de prospección, análisis, simulación y planificación. Desde luego, la combinación de métodos de prospección aérea ofrece hoy la posibilidad de efectuar estudios completos que permiten a los responsables y encargados de la acción multidisciplinar actuar con plena disponibilidad de antecedentes.

El posible uso coordinado de satélites, fotos aéreas, técnicas de topografía y sistemas de información geográfica (GIS), sin duda representa una combinación operativa ideal para el desarrollo gradual y el perfeccionamiento de las metodologías de inventario de recursos. Un ejemplo práctico lo constituye la dasometría o cálculo del rendimiento forestal de un área determinada de bosque, técnica que puede hacer uso consecutivo de mapas elaborados por satélites, de fotografías aéreas y de estudios topográficos locales para la selección de zonas forestales, su medición exacta y su explotación más racional. Si además los datos estadísticos y la cartografía de la región son escasos, como suele ocurrir en muchos países en vías desarrollo, el valor que pueden adquirir estos estudios es aún mayor, pudiendo dar lugar al ahorro y a la oportuna racionalización e implementación de los sistemas informativos necesarios para la buena gestión de las explotaciones.

Naturalmente, toda intención de utilizar métodos de esta índole requiere disponer de equipos técnicos, tanto humanos como materiales, que actúen de acuerdo con una organización amplia y ágil, capaz de abarcar en conjunto las interrogantes planteadas por la dinámica del medio. La proyección regional, preferentemente internacional, que requiere la acción, plantea la necesidad de una colaboración desinteresada, comprometida con el equilibrio general y el beneficio potencial sinérgico originado por la integración de recursos operativos y por la participación multilateral. Afortunadamente, el uso de satélites artificiales para el estudio de los recursos naturales ha alcanzado hoy en día etapas significativamente avanzadas, con la participación conjunta de numerosos gobiernos, universidades, instituciones de desarrollo y organismos internacionales.

Fundamentalmente, un equipo de prospección espacial consta de una plataforma de soporte o satélite, similar al utilizado para fines específicamente meteorológicos, sobre el cual van montados diferentes tipos de tele sensores o aparatos que permiten estudiar un objeto a distancia. De acuerdo con la naturaleza de la información requerida, estos sensores pueden ser electromagnéticos, ópticos o infrarrojos, con distintos grados y gamas de sensibilidad, con el fin de recolectar datos diferenciados sobre vegetación, agua, suelo, zonas geotérmicas, contaminación y otras variables de interés, de acuerdo al tipo de radiación que cada objetivo refleje o emita. El sistema destinado a generalizarse en términos prácticos combina las sincronizadas y periódicas técnicas de detección antes mencionadas, con el fin de integrar datos poliespectrográficos lo más completos posibles. Estos datos, debidamente registrados, coordinados y procesados mediante el auxilio permanente de centros y estaciones terrestres, con la ayuda de ordenadores, son distribuidos en forma de imágenes, soportes magnéticos codificados y otros documentos a los técnicos o científicos encargados de su análisis y utilización en beneficio de la gestión racional de los recursos naturales.

La rapidez, homogeneidad y amplitud que otorga un estudio por satélites no son suficientes para realizar análisis exhaustivos a nivel local. Esta es una de las razones por la cual el método no excluye las técnicas tradicionales de topografía, aerofotogrametría, e incluso la labor de prospección sobre el terreno, sino que las utiliza a modo de complemento para suministrar los datos que permiten interpretar y aprovechar en forma práctica la información global. En este sentido, una de las aplicaciones inmediatas de mayor interés para los países emergentes es la elaboración de cartografía y de inventarios que permiten diseñar y compatibilizar los proyectos que tengan relación con el medio ambiente y los recursos naturales, a la vez que observar reiteradamente la evolución cronológica de los cambios inducidos.

Independientemente de las aplicaciones de utilidad mundial, la prospección espacial ofrece también oportunidades interesantes dentro del campo específico de la agricultura, la silvicultura, la geología, la ingeniería, la oceanografía, la meteorología y el urbanismo, para citar sólo algunos ejemplos. Son al respecto bastante concretas las opciones disponibles para elaborar inventarios estadísticos y cualitativos de los cultivos, que van desde la información detallada en términos numéricos, hasta la clasificación fitosanitaria de las explotaciones.

Por otro lado, refinadas técnicas basadas en la utilización combinada de satélites y de modelos informáticos permiten un alto grado de sofisticación de ciertas prácticas agrícolas extensivas. En efecto, adquiere relieve lo que algunos denominan "agricultura vía satélite", "agricultura sostenida de alta tecnología", o sencillamente, "agricultura de precisión". Mediante el uso combinado de microprocesadores, de bases de datos geográficas sobre terrenos y cultivos, de sistemas de posicionamiento global (GPS) vía satélite, y de controladores automáticos de maquinaria y funciones diversas, es posible la gestión de la producción agrícola en función estrecha y directa de las condiciones del suelo, de la incidencia de plagas, del grado de infiltración y escurrimiento superficial del agua, nutrientes y productos químicos, y de otros factores diversos incluidos en el modelo computarizado. Se trata en todo caso de información variada, compleja y voluminosa, que debe necesariamente ser procesada con la ayuda de sofisticados sistemas informáticos que aporten apoyo objetivo para la toma de decisiones.

De este modo, es posible planificar y gestionar la producción agrícola de acuerdo con la demanda local y temporal, con la seguridad de respetar la integridad del medio físico. Paralelamente, la agricultura de precisión permite hacer frente a los retos de protección ambiental sin marginar la habilidad productiva ni la responsabilidad de los agricultores, que deben continuar siendo los principales protagonistas dentro de este escenario. Se debe así hablar de una producción ajustada a las demandas reales y a los recursos disponibles, generando un impacto ambiental mínimo, de forma similar a lo que en el terreno industrial se denomina técnica "Just in Time" (JIT).

Los mencionados sistemas de posicionamiento global permiten también monitorizar y guiar equipos y maquinaria sobre el terreno con un alto grado de precisión, permitiendo la distribución, localización y dosificación exacta de semillas y agroquímicos, de acuerdo con criterios de alta optimización productiva y sostenibilidad.

Las aplicaciones agrícolas de las técnicas geoespaciales son igualmente aplicables al terreno de la minería. Muchos accidentes de la corteza terrestre, tales como fallas geológicas relacionadas con la magnitud y calidad de los yacimientos minerales, difíciles de detectar a nivel de terreno o desde aviones, son visibles en las fotografías espaciales captadas desde satélites. El registro de esquemas geológicos de este tipo puede paralelamente constituir un valioso antecedente para estudiar proyectos de regadío relacionados con la construcción de embalses y con la captación de aguas subterráneas. Técnicas similares pueden resultar indispensables en estudios oceanográficos, particularmente de aspectos sobre cuya magnitud y trascendencia no se puede tener un conocimiento cabal por medio de métodos tradicionales, tal y como sucede en el caso de las corrientes marítimas y de los desplazamientos de la contaminación acuática.

Los adelantos logrados con la utilización de satélites meteorológicos se ven ampliamente multiplicados con la fotografía espacial planteada en términos más perfeccionados, ya que el conocimiento ampliado de la dinámica atmosférica permite, si no influir, por lo menos prevenir situaciones que por su condición de sorpresivas revisten actualmente características de catástrofe, como ocurre con las inundaciones, ciclones, tornados, tormentas y deshielos. Cabe destacar que incluso fenómenos tan específicos como los procesos de migración rural-urbana, de crecimiento metropolitano, de dinámica demográfica, de calidad del medio ambiente físico y de planificación del desarrollo agrícola, industrial y urbano, entran en el campo del potencial informativo representado por la prospección del planeta desde el espacio. La misma imaginación creativa, que en una u otra época ha puesto a la ciencia y a la tecnología a favor o en contra del ser humano, es la encargada de abrir las fronteras a los adelantos que ofrece el progreso en materia de herramientas de gestión, de acuerdo con las sugerencias que señala la experiencia, y con las alternativas que exige el sentido común.

Al tratar de evaluar las oportunidades que ofrece a largo plazo el estudio de los recursos naturales por medio de satélites, es preciso plantear también la eventual inquietud subordinada a toda acción implementada sobre la base de la eliminación de fronteras de todo tipo. Este postulado, como ya se ha comprobado con relación a otros aspectos de la gestión medioambiental, y como también se destacará más adelante para el caso de la meteorología y de la informática aplicada, es una tónica indisociable del tema. Se tiene que insistir en el hecho de que la multifacética problemática del medio ambiente requiere de actitudes monolíticas en cuanto a corrección o prevención, pero desprovistas de la intención de dominio unilateral y de la soberbia territorial que amenacen perpetuar las diferencias y los desequilibrios.

En todos los casos en que están comprometidas la solidaridad y la cooperación, nunca es prematuro reflexionar seriamente sobre los problemas políticos e institucionales que eventualmente pueden surgir a corto o largo plazo, una vez que el valor de los procedimientos correctores y preventivos es debidamente apreciado. Ello implica la asignación de tareas por encima de los supuestos derechos adquiridos de la sociedad, de acuerdo con las peculiaridades que en cada nación faciliten o saquen provecho respectivamente de la tecnología del caso. Supone también la clara delimitación de responsabilidades de acuerdo con la disponibilidad local tanto de patrimonio natural como de recursos humanos y económicos.

La ordenación institucional, la planificación y la gestión, por lo tanto, deben tener en consideración la adopción de criterios unificados que velen por los intereses de todos los países, debidamente representados a través de un organismo multinacional y neutral. Sin duda, vincular el problema a una proyección humanista constituye la estrategia apropiada, siempre y cuando la voluntad de afrontar los cambios y la complejidad de la realidad exista. La acción se debe emprender de modo sereno y objetivo, dando satisfacción prioritaria a los aspectos más relevantes, y procurando establecer un equilibrio dinámico con las herramientas que aportan la ciencia y la tecnología.

## LA METEOROLOGIA COMO HERRAMIENTA DE GESTION AMBIENTAL

En reiteradas ocasiones la historia ha demostrado que las condiciones meteorológicas han influido e influyen de manera decisiva y a veces determinante sobre los procesos de desarrollo y sobre el progreso de las diferentes civilizaciones. Pese a que se atribuye importancia secundaria a los fenómenos climáticos cuando se habla en términos económicos, ya sea por la relativa mayor importancia de aspectos aparentemente más relevantes, o sencillamente por falta de apreciación real de los fenómenos naturales, nadie puede hoy negar su trascendencia. Si bien a veces los estudios económicos atribuyen caracteres exógenos a tales fuentes de inestabilidad, o los incluyen dentro del grupo de determinantes no específicas, es útil puntualizar objetivamente que muchos vacíos y deficiencias de la economía, sobre todo de la agrícola, se pueden explicar claramente mediante la interpretación científica de los fenómenos atmosféricos.

Pero la repercusión de los fenómenos meteorológicos tiene un alcance que va más allá de las actividades económicas que dependen directamente del marco ecológico, como son la agricultura y las industrias relacionadas con ella, la gestión de los recursos naturales, sobre todo de los hidráulicos, y el turismo. En efecto, son innumerables las ramas de la economía que directa o indirectamente están sujetas a las anteriores, y por lo tanto, al natural capricho del clima, y esta relación de dependencia directa se acentúa en los países en vías de desarrollo, cuyo progreso está estrechamente supeditado a la explotación de los recursos naturales y a las actividades económicas primarias.

Hablando en términos especulativos, es indiscutible que el dominio y manejo programado del clima podría constituir un factor importantísimo para la promoción del crecimiento económico del tercer mundo, así como también lo serían sus consecuentes proyecciones sociales y económicas a nivel mundial.

Tradicionalmente, gran parte de la población activa de los países en desarrollo se dedica a la agricultura, cuyo fortalecimiento integra parte importante de su producto interior bruto, y asegura la etapa de industrialización. En la medida en que esta última esté asociada a la agricultura, dependerá también su grado de dependencia de los fenómenos e incertidumbres de índole meteorológica, y de acuerdo al grado, etapa y tipo de desarrollo, lo será también en mayor o menor grado el resto de la economía del país. Por consiguiente, no cabe duda que las manifestaciones económicas de los fenómenos atmosféricos pueden incluso llegar a ser determinantes en relación con aspectos tan específicos como son los niveles salariales y de ingreso, las tasas de inflación, y las relaciones de ahorro e inversión de una determinada región o país.

La influencia climática sobre la producción agrícola es obvia, a pesar de que los resultados de esta influencia no siempre son asumidos y comprendidos por la mayoría de la opinión pública y del sector de consumo. Muchos fenómenos de estacionalidad de la producción repercuten negativamente sobre el mercado, y complican las políticas de precios y los sistemas de elaboración, comercialización, y distribución de los productos de origen agrícola. Algunas manifestaciones climáticas ocasionales y atípicas, como las sequías y las inundaciones, producen en ese mismo sentido cambios inmediatos y espectaculares, cuyas repercusiones van incluso más allá de la esfera específica de las actividades agrícolas, afines y derivadas, beneficiando a veces a unas y perjudicando simultáneamente a otras. Situaciones tan complejas como éstas dan origen a una serie interminable de transformaciones dinámicas que desvirtúan completamente las previsiones de los marcos económicos teóricos.

A pesar de todo ello, nuevamente la ciencia y la tecnología modernas permiten en cierta medida hacer frente a estos inconvenientes, y facilitar el funcionamiento equilibrado de una economía sostenible, a pesar de las incertidumbres que pueda plantear el clima. Prueba de ello son los adelantos logrados en materia de energía, condiciones de trabajo, transportes e infraestructuras industriales, cuando todos ellos son enfocados a hacer frente a las adversidades del clima de forma más eficiente. Lo anterior no solamente constituye una apremiante necesidad para asegurar el progreso, sino que paralelamente es el complemento indispensable del sistema de gestión racional que debe dirigir toda actividad eficiente y eficaz. En este sentido, la importancia de los servicios meteorológicos para la predicción del tiempo y para la consecuente corrección y dominio de algunos de sus efectos, es fundamental. Es perfectamente factible asociar el funcionamiento de dichos servicios con departamentos de planificación que incluyan la consideración de los aspectos sociales y económicos dependientes de las condiciones meteorológicas, tanto si se trata de afrontar fenómenos de estacionalidad de la producción, como requisitos en materia de prevención de riesgos y catástrofes, diseño de sistemas de seguros, fortalecimiento de la estabilidad del empleo, o comercialización de productos de primera necesidad.

La agricultura es, por excelencia, una actividad sujeta a las inclemencias del tiempo. Tanto durante una temporada de producción como en términos del mediano y largo plazo, las incógnitas e incertidumbres climáticas constituyen amenazas reales, que se traducen en los conocidos ciclos y altibajos de la producción, y su consecuente repercusión en la orientación de los mercados. Es cierto que muchas veces los sobreprecios causados por una menor oferta compensan el deterioro del volumen físico de la producción, pero el ingreso de los agricultores no por ello posee precisamente características más estables. Esta realidad es más relativa si se considera que la apreciación estadística de la producción de una temporada no refleja en ningún caso la perspectiva de la situación vivida a nivel del productor, ni la verdadera magnitud de los problemas locales ocasionados por anomalías climáticas. Lo cual obliga a pensar seriamente en la necesidad de formular estrategias que hagan uso de criterios específicos y completos en lo que respecta a mercados, política de precios y comercialización, mayormente porque las catástrofes de fuerza mayor son totalmente imprevisibles en cuanto a su localización en el tiempo y en el espacio.

Aun cuando el tipo de explotación y su ubicación geográfica y territorial permiten establecer algunas proyecciones de índole general en cuanto a producción, y que ciertas medidas preventivas, onerosas o no, constituyen herramientas valiosas para evitar parte de los riesgos, ello no autoriza a descartar la posibilidad de graves pérdidas como consecuencia de condiciones meteorológicas adversas. El significado de esta realidad debe tenerse en cuenta al efectuar cualquier intento de planificación del desarrollo sobre una base agrícola, y al evaluar cualquier previsión de resultados. Paralelamente, supone la consideración permanente de todo tipo de medidas técnicas y económicas que permitan hacer frente a los riesgos que entraña la agricultura.

Ante la realidad de los hechos, la agricultura ha sido una actividad económica que generalmente ha debido hacer frente a los riesgos climáticos mediante la ubicación sectorizada y específica de los cultivos, de acuerdo a la mayor o menor adaptabilidad de éstos al entorno, y a su susceptibilidad a las condiciones climáticas. No obstante, y contrariamente a lo que ocurre con la agricultura extensiva, la concentración regionalizada de cultivos es una medida que a menudo se ve desvirtuada por las presiones de la demanda de una mayor producción, inducida a su vez por el crecimiento demográfico. Por este motivo, la adopción de técnicas más depuradas es cada día más necesaria, y éstas últimas derivan generalmente de la posibilidad de prevenir y de hacer frente a los riesgos reduciendo los eventuales peligros que representan. En ese sentido, las alternativas varían dentro de una amplia gama, que incluye desde la gestión eficiente, hasta la adopción de procedimientos específicos, como los relativos a regadío, uso de variedades mejoradas, fertilización, mecanización, asesoramiento y otros, cuya aplicación individualizada o conjunta permite además aumentar sustancialmente los rendimientos.

Aun cuando los adelantos logrados con éstas y otras alternativas son apreciables, la dinámica y la complejidad de los fenómenos meteorológicos son imposibles de controlar completamente. Debido a este hecho, a medida que el progreso de las naciones lo ha permitido, el riesgo implícito ha llevado a la implementación de sistemas de seguro agrícola que permiten en parte obviar una de las mayores incógnitas y uno de los más importantes frenos del negocio agrícola: la inseguridad y variabilidad productiva, y el descenso inesperado del ingreso. Sin ánimo de detallar, o incluso de criticar, las diferentes alternativas y sistemas de seguro agrícola, cabe señalar la importancia que este último representa en relación al desarrollo socioeconómico rural, supeditado como cualquier otra actividad de la economía a las limitaciones implícitas en el crédito, la inversión y la explotación equilibrada de los diversos recursos productivos.

En otro orden de cosas, la necesidad de incrementar el abastecimiento de alimentos, como consecuencia del aumento cualitativo y cuantitativo de la demanda, puede inclusive justificar la concesión de subvenciones con el fin de fomentar la producción en regiones donde los riesgos son comparativamente más elevados. Estas premisas son aún más válidas si se integra la situación de cada agricultor en particular hasta completar el esquema agrícola regional y nacional, a cuyo nivel adquiere la debida trascendencia el proceso de planificación y compatibilización del uso sostenido de los recursos naturales renovables en relación con el medio humano. De ello dependerá también el crecimiento social y económico de la comunidad, no sólo soportado por las actividades agrícolas, sino además por todas aquellas que las complementan o que derivan de ellas. No se puede promover el desarrollo si no se considera a este último como un proceso único, integrado a partir de cada una de las facetas del marco social y económico, debidamente compatibilizadas y coordinadas entre sí.

Tampoco se puede prescindir del hecho de que todo proceso de desarrollo basado en la consolidación de una sólida economía nacional fundamentada en la agricultura, debe ser precedido por una estructura fuerte y estable a nivel regional. Por lo tanto, en este escenario ha de actuar el conjunto de toda la comunidad rural, representada por todos y cada uno de los productores. Reiterando el concepto anteriormente insinuado, se debe tener siempre presente que la estabilización de la economía del sector primario constituye la condición previa y necesaria a toda pretensión de desarrollo industrial, si se quiere evitar compromisos y dependencias hacia intereses extraños a los de la nación emergente.

Los problemas planteados por la necesidad de despejar las incógnitas implícitas en la cuestión del clima adquieren distinta relevancia según sean las características territoriales de cada país, y el grado de desarrollo del mismo. También aquí se trata no solamente de tener en cuenta las condiciones meteorológicas, sino que, a la vez, la amplia gama de variables geográficas, demográficas, sociales, técnicas, políticas y económicas que intervienen en la configuración de una situación concreta. No se trata de limitar regionalmente la acción, sino más bien de tener en cuenta que la evolución del progreso requiere de una visión de conjunto y en perspectiva, que compromete cada día más la participación global.

Como sucede con éxito en las esferas culturales, científicas, e incluso a veces en las comerciales, puede asumirse que la colaboración ambiental mundial puede impartir cohesión a los aspectos relacionados con la gestión de las estrategias tendentes a amortizar y distribuir equitativamente entre los países el costo del control de los riesgos naturales. Nuevamente entra aquí en juego el concepto de solidaridad, cuyo verdadero significado no constituye una mera propuesta filosófica, sino más bien un obligatorio requisito para el futuro de la humanidad. Naturalmente, el concepto implica también un reto: el de poner fin definitivamente a aquellos conflictos, antagonismos e intereses creados que confinan toda intención positiva en el ámbito de su marco teórico, imposibilitando el alcance de logros concretos.

Ni siquiera las diferencias en dotación de recursos deben establecer fronteras a la hora de emprender acciones de prevención y control climático, que deban contar con los necesarios medios, herramientas y esfuerzos mancomunados. Los resultados de las acciones mancomunadas benefician al hombre sólo cuando la voluntad de progreso es real y unánime. Sin alimentar falsas esperanzas ni subestimar las dificultades, el criterio y las actitudes a adoptar deben ser ante todo realistas, y han de ajustarse objetivamente a las condiciones particulares de cada área problema. Por lo demás, se trata de evitar desastres naturales que desencadenan amenazas tan importantes como el hambre, la desnutrición y todos los males que los acompañan, en perjuicio directo de una sociedad digna y justa.

Con relación a los sistemas específicos que pueden representar un respaldo efectivo y a corto plazo para emprender el control y la prevención de los riesgos meteorológicos, es interesante analizar someramente las innumerables y prácticas posibilidades que ofrece la era espacial. A la etapa de recopilación tradicional de datos estadísticos iniciada mucho tiempo atrás, ha sucedido la aparición de las tecnologías mencionadas en anteriores apartados, entre las cuales destacan el radar, la informática y los satélites meteorológicos, de gran valor desde el punto de vista del estudio de la dinámica de los fenómenos atmosféricos. Actualmente la difusión de estas técnicas permite la evaluación actualizada, permanente y oportuna de la situación meteorológica mundial, facilitando visualizar con bastante objetividad y optimismo sus posibilidades a mediano y largo plazo. Incluso, son ya una realidad el reconocimiento topográfico orbital y la evaluación y prospección del conjunto de los recursos terrestres, de las prácticas agrícolas y de la contaminación ambiental llevados a cabo por diversos organismos públicos y privados, tanto a nivel regional como internacional. Algunas empresas privadas han puesto sistemas similares al servicio de especialidades concretas, como son, entre otras, la agricultura, la silvicultura, la minería y la sanidad ambiental. En relación al clima en particular, es evidente que aún queda mucho camino por recorrer, teniendo en cuenta que a menudo los pronósticos meteorológicos carecen del rigor y de la exactitud deseables.

Sin embargo, el progreso de la ciencia y de la tecnología, sobre todo de la tecnología espacial y de la informática, permite visualizar con optimismo la entrada en escena de opciones más sofisticadas que, antes de lo medianamente previsible, facilitarán la acción en tal sentido, favoreciendo a la vez la coordinación y la cohesión internacional, e incluyendo en la misma aquellos aspectos estratégicos que pueden contribuir eficazmente al proceso de desarrollo global y equilibrado del planeta, incluidas sus variables sociales, técnicas y económicas.

# TECNOLOGIAS DE LA INFORMACION Y MEDIO AMBIENTE

La humanidad empieza a ser consciente de la amplitud, complejidad y gravedad de los problemas ambientales que afectan al planeta, así como de la urgencia de las medidas a tomar y de las soluciones a implementar en tal sentido. Sin embargo, muchas de las medidas y de las soluciones son de naturaleza tan urgente, que es preciso reflexionar hasta qué punto la rapidez de su implementación es compatible con su aplicación ágil, y con el logro de la mínima eficacia esperada de las mismas.

Parece ser, y hacia ello apuntan ciertos indicios, que la acción es posible a un ritmo más acelerado del que en principio se pueda esperar, lo cual estriba fundamentalmente en el hecho indiscutible de los notables cambios que están ocurriendo en las actitudes y en el comportamiento de la sociedad civil. El nivel de sensibilización pública en relación al entorno humano aumenta en todo el mundo. Aumentan los grupos de presión y las instituciones sociopolíticas con influencia en la opinión pública y en las decisiones. La legislación ambiental es cada vez más estricta y operativa en la mayoría de los países industrializados, e inclusive afecta a los del tercer mundo a través de las entidades y organizaciones internacionales. Y a nivel empresarial, la implantación de prácticas productivas e industriales armonizadas con la protección del medio adquiere cada vez mayor aceptación, lo cual no sólo es bien visto por la sociedad, sino que genera simultáneamente oportunidades de incrementar los beneficios de las empresas a través, por ejemplo, del reciclaje de materiales, del ahorro de energía y de la eliminación de prácticas que implican derroche y despilfarro.

En muchos casos se ha llegado a la clara conclusión de que invertir en estrategias de protección ambiental es rentable, y que los ahorros que este tipo de prácticas genera supera las inversiones necesarias. Dentro del mundo de la ciencia se cuenta con información y medios para hacer frente a muchos problemas que afectan al medio humano. Pero la magnitud y variedad de la información disponible en el planeta plantea como requisito previo poder asimilar, procesar y aplicar productivamente los conocimientos disponibles, en beneficio de utilizar dicho capital intelectual poniéndolo a disposición de la acción de modo eficaz y coherente. Es aquí donde las tecnologías de la información, concentradas en la informática como herramienta operativa de base, adquieren relevancia como instrumento de gran valor en la gestión del medio ambiente. Afortunadamente, la capacidad de procesamiento informático del enorme volumen de información actualmente generado, crece a un ritmo aún más acelerado que el de la propia producción de dicha información.

Teniendo en cuenta que el progreso ha llevado a instaurar en el planeta una auténtica "sociedad digital", es difícil hoy en día prescindir de la herramienta informática en cualquier actividad del universo moderno, y esto es un hecho que inclusive se da por asumido a nivel de toda la sociedad. Expertos en la materia afirman que es fácil hoy en día constatar que la cantidad de información generada en el mundo se duplica cada dos años, y que se genera en este mismo lapso de tiempo más información tecnológica que en toda la historia de la civilización. Pero, afortunadamente, esta realidad va también acompañada de una capacidad de procesamiento informático que crece aún más rápido. Lo que habitualmente se desconoce, sin embargo, es la magnitud de las aportaciones prácticas y posibilidades que las tecnologías de la información pueden ofrecer para la gestión ambiental, a cuyo nivel las opciones son casi infinitas. La característica esencial de un ordenador es precisamente su enorme capacidad para procesar, de modo rápido y preciso, un conjunto masivo y voluminoso de datos provenientes de diferentes fuentes, que en el caso del medio ambiente son, como se ha visto, de gran diversidad.

Pero además de procesar información, un ordenador posee capacidad para almacenarla, analizarla, extrapolarla y proyectarla "inteligentemente" en base a modelos matemáticos, que permiten así efectuar cálculos, comparaciones, previsiones y simulaciones ajustadas a impartir objetividad al proceso de toma de decisiones y de formulación de acciones coherentes y oportunas.

La utilización de las tecnologías de la información en el área de la gestión del medio ambiente es ya un hecho en numerosos casos, pero lo es más aún la proyección a futuro que dicha alternativa puede aportar. Cabe poner de relieve que el uso de la informática es ya una realidad en algunas áreas muy concretas, como son, entre otras, las brevemente descritas a continuación a título de ejemplo.

**La gestión de recursos hidráulicos.** Es esencial para la humanidad hacer un uso racional del agua, cuya disponibilidad es escasa y susceptible de alcanzar situaciones críticas a medio plazo. Sólo un tres por ciento del agua del mundo no es salada, el setenta y cinco por ciento de la misma se concentra en los glaciares y círculos polares, y su distribución geográfica y temporal sobre el planeta es irregular.

Los problemas de contaminación que pueden afectar al agua son variados, según se analizó en anteriores apartados, y ello da lugar a que los organismos públicos y privados relacionados con su abastecimiento, purificación, distribución y saneamiento se deban preocupar permanentemente por el problema.

La informática ha aportado soluciones ingeniosas para poder gestionar eficazmente el suministro de agua potable y la depuración de aguas residuales, y así compatibilizar adecuadamente su disponibilidad y uso: gestión de reservas de agua superficial y subterránea, control de demanda y ajuste de la oferta, planificación y gestión de infraestructuras, control de la aplicación de normativas y de la fiscalización, control de calidad, y otras numerosas opciones basadas en el procesamiento, integración y almacenaje de información voluminosa que se ha de poner eficaz y oportunamente en manos de quienes toman las decisiones pertinentes.

Las herramientas informáticas han permitido a la vez enfocar el problema en ámbitos regionales, e inclusive nacionales, integrando, mediante la telemática y las comunicaciones, auténticas redes de monitorización en tiempo real, que a la vez permiten la simulación y el pronóstico a distintos niveles. Esto posibilita también compartir datos entre diversos organismos, instituciones y empresas relacionadas con el tema del agua, favoreciendo de este modo la cooperación y la planificación de soluciones integrales, alternativa que adquiere especial relevancia cuando se trata de gestionar integralmente la protección de ríos, lagos, mares y océanos.

**El efecto invernadero**. El aumento de gases contaminantes, como dióxido de carbono, óxido de nitrógeno, dióxido de azufre y metano, causantes de fenómenos tan serios y diversos como la disminución de la capa de ozono, el cambio climático y la lluvia ácida, son algunos ejemplos del deterioro de la calidad del aire. La informática permite estudiar y comprender los fenómenos de la contaminación atmosférica mediante el oportuno procesamiento y análisis de la información proveniente de estaciones de observación y control. La integración de dicha información a nivel geográfico permite proyectar acciones correctoras a nivel nacional, regional e incluso internacional.

La herramienta informática permite también el control de emisiones por parte de las industrias, posibilitando a las mismas el control de sus procesos productivos ajustándolos a las mínimas descargas nocivas, a los límites legales, favoreciendo por esta vía la adopción de las medidas preventivas idóneas. La informática permite también controlar y regularizar el tráfico de vehículos en las ciudades, causantes de importantes efectos contaminantes por la emisión de los gases de escape de los motores.
El control sistemático de determinados parámetros permite así evitar los niveles críticos que generan ciertas fuentes de contaminación externa, asociando incluso los datos a información de tipo climático y meteorológico susceptible de contribuir a aliviar o a complicar el problema.

La informática puede ser de gran ayuda en la gestión de residuos, generados en gran volumen y variedad por la sociedad y por la industria contemporánea, y que pueden ser de tipo tóxico, corrosivo, sólido o líquido. Los residuos son susceptibles de contaminar aguas subterráneas, suelos, ríos, lagos y océanos, o de ser vertidos sin control o indiscriminadamente, deteriorando el entorno y el paisaje. Algo similar ocurre con determinados tipos de residuos agrícolas, tales como fertilizantes, pesticidas y restos orgánicos de explotaciones agropecuarias.

**La gestión de residuos**. En este ámbito de actuación ambiental, los sistemas informatizados de gestión de residuos sólidos y aguas residuales están enfocados a evitar la contaminación directa o indirecta del medio físico. Mediante la monitorización de los centros y corrientes de agua superficial, subterránea y marítima se puede vigilar el estado de calidad de las fuentes, así como localizar el origen de los vertidos. Toda la información analítica y geográfica, estudiada en función de parámetros preestablecidos, facilita tanto el control como la simulación de situaciones extremas, favoreciendo al mismo tiempo la aplicación de las normativas, la inspección y la planificación de las oportunas acciones preventivas y correctoras. El proceso de datos, al igual que la captación de información sobre el terreno, es susceptible de ser informatizado, permitiendo más agilidad a la hora de la toma de decisiones. La simulación por ordenador aporta también valiosas ventajas en este terreno, facilitando al mismo tiempo la evaluación de alternativas.

En el ámbito de la gestión de residuos, la informática permite también el control de las plantas de reciclaje, de tratamiento, de incineración y de los vertederos y depósitos de residuos especiales, a lo largo de cada una de las etapas de los respectivos procesos, incluidos el diseño y explotación de las infraestructuras de almacenaje y transformación, el registro y control de los materiales a procesar, el análisis de los residuos, su clasificación, y su ajuste a los parámetros de seguridad. Las soluciones informáticas de base son generalmente adaptables a diversas situaciones, dado su carácter modular, lo cual favorece la labor de las autoridades, organismos, expertos y profesionales responsables de la acción, al permitirles elegir las que mejor se adaptan a su situación específica.

**La protección del suelo**. Este sustrato, esencial para la producción de alimentos y de determinadas materias primas, es un objetivo básico dentro de las estrategias medioambientales. Constituye un recurso frágil, cuya capacidad para sostener la vida depende de delicados ciclos biológicos y físico-químicos susceptibles de ser alterados por deficiente explotación, erosión, contaminación, condiciones climatológicas y agresiones físicas variadas. Por lo tanto, la conservación de la capacidad de producción sostenida del suelo depende de su utilización racional, lo cual implica la idoneidad de las prácticas agrícolas, forestales y mineras, la planificación del territorio, la conservación de los recursos naturales, y el correcto uso de fertilizantes y pesticidas.

Fuera de sus aplicaciones específicas en el terreno de las actividades propias de la futurista "agricultura de precisión", a la cual se aludió anteriormente, la informática aporta a la gestión del suelo importantes facilidades operativas, que van desde el inventario de recursos hasta la simulación de previsiones sobre su potencial productivo y sus posibilidades de explotación a medio y largo plazo. Para ello, son de utilidad los llamados sistemas de información geográfica (GIS), modelos programados que permiten procesar de modo integral datos relativos a un gran número y tipos de variables de índole ambiental, social, hidrológico, meteorológico y físico, cuya permanente dinámica de cambio se ha de tener en cuenta y analizar de modo objetivo a la hora de efectuar diagnósticos y previsiones. En el mismo sentido, la información procesada favorece la aplicación y control de la legislación ambiental, la ejecución de estudios de impacto ambiental, la confección de estadísticas sobre recursos, energía e infraestructuras, sobre compatibilidad ambiental de proyectos especiales, y la simulación teórica de situaciones críticas con el objeto de implementar medidas preventivas contra el deterioro del sustrato. Aplicaciones prácticas típicas de la informática combinada con los sistemas de información geográfica y con las técnicas de prospección espacial vía satélite, incluyen también los estudios de impacto ambiental (visual, ecológico, acústico) en la construcción de obras civiles e industriales, transporte y comunicaciones. Permiten igualmente la modelización territorial, la evaluación y análisis de riesgos y alternativas, el inventario ambiental, los estudios de biodiversidad, las exploraciones energéticas y mineras, y la gestión y mantenimiento de áreas protegidas.

Las tecnologías de la información constituyen el soporte esencial para ciencias como la meteorología y la vigilancia espacial de los recursos del planeta, pero su utilización es también de gran valor para el estudio y corrección de problemas del sustrato que poseen proyección nacional o regional en ciertas zonas del planeta, tales como la salinización de aguas y terrenos, la acidificación de suelos, la desertización y la planificación y regularización de ciertas prácticas agrícolas, como el uso de fertilizantes y el riego. Los trabajos de catastro y de registro de tipos y usos del suelo, habitualmente soportados por cartografía, son también ampliamente facilitados por el uso de la herramienta informática, y encuentran aplicación variada en las áreas de la agricultura, el urbanismo, la minería, la energía y la ingeniería de grandes infraestructuras.

**El riesgo de accidentes nucleares**. Los accidentes en instalaciones nucleares constituyen hoy en día una amenaza de gran importancia para el medio humano. A pesar de que la utilización industrial de la energía atómica es una realidad desde hace bastantes años, las consecuencias de los efectos nocivos de las radiaciones son aún bastante desconocidas en algunos aspectos, razón por la cual el diseño de equipos industriales, médicos y energéticos que utilizan o generan material radioactivo se ha de efectuar tomando las máximas precauciones. Aún así se producen accidentes, cuya repercusión y secuelas son ampliamente conocidas, lo cual motiva y justifica la adopción de sofisticados sistemas de detección, prevención y alarma.

A tales efectos, muchos países y regiones emplean redes informatizadas de monitorización y control que detectan, procesan, registran y transmiten en tiempo real la información de control hacia los centros de gestión idóneos, con el objeto de emprender a tiempo las acciones de emergencia que procedan en casos de accidente. Tales sistemas contemplan la detección de posible contaminación radioactiva de aguas, aire, suelo, plantas, alimentos y otros productos, analizando y localizando eventuales desviaciones con respecto a los parámetros aceptables, elaborando los informes pertinentes, y haciéndolos llegar a los organismos responsables del control y de la acción preventiva y correctora.

La informática contribuye así una vez más a agilizar la evaluación de riesgos, y a tomar con agilidad y rapidez las decisiones oportunas en caso de accidente o de superación de los límites de seguridad.

Los anteriores ejemplos son bastante representativos, aunque no los únicos, de las amplias y ventajosas posibilidades que ofrecen las tecnologías de la información para la gestión del medio ambiente. Lo más lógico es utilizar dichas opciones, junto con otras, de modo integrado y coordinado, implementando auténticos "sistemas de gestión ambiental" que puedan incluso hacerse extensivos a un conjunto de regiones, desde un punto de vista internacional. La gestión del territorio ha de ser global, como lo son los problemas que lo afectan si no se adoptan las medidas necesarias: cambio climático, deterioro del medio ecológico, pérdida de diversidad, degradación social, hambre, catástrofes naturales...

La informática, como tecnología, puede sin duda ser parte importante de aquella iniciativa "revolucionaria" que permita a la humanidad hacer frente a los problemas ambientales con agilidad, rapidez y relativo bajo costo, además de simplificar los procedimientos como consecuencia de su enorme eficacia y valor como herramienta. Puede constituir la base para reconciliar definitivamente las opciones tecnológicas con la integridad del entorno humano, hasta ahora víctima de las agresiones de las primeras. Aprovechando el incremento del grado de sensibilización y del nivel de conciencia de la sociedad en relación con los problemas de su hábitat, la informática constituye una buena base para enfocar con optimismo el futuro de la gestión del medio ambiente, y para proyectar las acciones que permitan su explotación sostenida y compatible con la supervivencia y con la dignidad del hombre.

Las ciencias y tecnologías de la información, base actual de cualquier disciplina de investigación y actividad económica, son sin duda alguna la piedra angular de las alternativas de formación e información social, y por lo tanto, del estímulo que la sociedad requiere para comprometer proactivamente a cada uno de sus miembros en la acción. Es fácil imaginar que la informática y sus aplicaciones prácticas constituyen el elemento cohesionador que requiere toda estrategia ambiental, esencialmente integradora de opciones multidisciplinares. La globalidad de los problemas de la humanidad exige soluciones apartadas de las fronteras y de las limitaciones del tiempo y de las distancias, para lo cual compartir información y experiencia, así como cooperar solidariamente, resulta indispensable.

Una vez más se manifiesta con todo su dramatismo el imperativo de que reconciliar las necesidades ambientales y los intereses específicos del desarrollo social y económico, constituye el único y auténtico desafío relevante no ya del futuro, sino también del presente. En ello, sin lugar a dudas, han de jugar un papel primordial y responsable tanto las naciones emergentes como los países industrializados.

El advenimiento y la consolidación de la "era de la información" constituyen la oportunidad definitiva de integrar globalmente todas las iniciativas de acción solidaria y coherente que la trascendencia del tema requiere, ajustando los valores y actitudes de la humanidad a un nuevo precepto ético y a una nueva conciencia colectiva.

## XII – A MODO DE DECLARACION DE INTENCIONES...

> "Todo lo que vemos ahora es una sombra de todo lo que veremos"
> Martin Luther King

A lo largo de estas páginas se ha reflexionado sobre conceptos de implicación medioambiental que apuntan siempre a la misma conclusión: la necesidad de actuar apropiadamente para recuperar la estabilidad de una relación sostenida entre el hombre y su entorno natural. Los indicios de antagonismo entre el ser humano y el medio físico son hoy patentes, producto de un modelo de comportamiento egocéntrico con tendencia al dominio absoluto de la naturaleza, desprovisto de la percepción consciente de sus limitaciones y de las consecuencias de las actitudes netamente extractivas y especulativas.

La acción medioambiental implica obligadamente el replanteamiento de principios que permitan repensar, sin olvidar sus lecciones, una historia marcada por la distorsión sistemática de los valores más esenciales de la humanidad, y sustituirla por una trayectoria que recupere la armonía de la relación entre el hombre y la tierra, basando la estrategia en la ética de la solidaridad y de la paz.

La incipiente crítica y la creciente percepción de la problemática del medio humano por parte de la sociedad, que frecuentemente genera expresiones contestatarias y reivindicativas de diversa índole y trascendencia, constituyen hechos positivos que confirman el aumento de la sensibilidad en relación a los problemas medioambientales. Pero esta reacción social es insuficiente si no se traduce en la participación proactiva, responsable y solidaria de todos los integrantes de la colectividad en una acción concreta. Sólo esta vía aportará soluciones fehacientes, y obligará a asumir el grado de compromiso que verdaderamente se requiere para hacer frente al problema con rigor y visión. La inteligente comprensión del mundo desde una perspectiva solidaria y humanista es la que ha de permitir a todos los miembros de la sociedad asumir sus responsabilidades como un compromiso ético ineludible, base esencial para cualquier acción que se deba llevar a cabo mediante la práctica política, legislativa y técnica.

Tal y como ha sido reiteradamente insinuado con anterioridad, buena parte de la acción para proteger, corregir y mejorar las condiciones del medio físico puede basarse en la utilización racional de la ciencia y de la tecnología, inclusive de la misma que secularmente ha contribuido a crear el problema por su mal enfoque y uso. No obstante, a pesar de la validez de esta aseveración, se debe pensar además en tecnologías más audaces, imaginativas y futuristas si se quiere obtener resultados susceptibles de ser consolidados y sostenidos dentro de la perspectiva del largo plazo. No se debe esperar pasivamente que las opciones válidas como soluciones a las cuales se ha aludido a lo largo de estas líneas, como las técnicas de prospección y gestión espacial de recursos, el uso de la meteorología, y los sistemas y tecnologías de la información o la informática, serán las que por sí mismas resolverán todo el problema. En cambio, sin negar la evidencia de que éstas constituyen alternativas valiosas a tener en cuenta, el ejercicio por parte de la sociedad del pensamiento crítico, de la imaginación y de la innovación ha de ser asumido de modo dinámico y continuo.

La creatividad y el ingenio del ser humano han de ponerse a disposición de la generación de auténticas alternativas "revolucionarias" que permitan enfocar la problemática ambiental con objetividad y visión a la vez. Por este motivo, es preciso volver a destacar la importancia de la investigación, de la formación y de la educación de la sociedad en temas relacionados con el entorno humano, así como el papel destacado que en este sentido han de desempeñar, cada día con mayor rigor, objetividad y responsabilidad, los medios de comunicación e información, para permitir al hombre abordar integralmente un tema eminentemente polifacético, en el cual intervienen diversos actores, y donde las connotaciones son tan variadas como complejas.

La información en este terreno ya es, y lo será cada vez más, de naturaleza compleja, diversa y voluminosa, razón de más para canalizarla y compartirla inteligentemente, asimilando y asumiendo su impacto en la cultura y en los valores tradicionales, evitando que vuelva a ser manipulada negativamente por las presiones del mercado, por fuerzas políticas equivocadas, o por los obscuros intereses mezquinos de algunas minorías.

# RESEÑA BIOGRAFICA DEL AUTOR

**MAURICIO ESPALIAT CANU** (Santiago de Chile, 1945) es Ingeniero Superior Agrónomo por la Universidad de Chile, formación que ha complementado a lo largo de su vida profesional con diversos estudios, cursos y seminarios de especialización relacionados con el ámbito de la empresa

Su trabajo ha estado larga y estrechamente asociado con la organización, dirección y gestión empresarial en sus diferentes facetas, habiendo desempeñado actividades ejecutivas de alta responsabilidad, a menudo con proyección internacional, en los sectores agroindustrial, servicios y consultoría. También ha actuado como impulsor destacado en proyectos de diseño, promoción, organización y asesoramiento de empresas de diferente índole.

El ejercicio de su labor le ha mantenido permanentemente vinculado con diferentes y variadas áreas de desempeño de la empresa, dentro de las cuales ha alternado sus funciones ejecutivas en disciplinas de dirección y planificación estratégica, con su participación directa en iniciativas empresariales y proyectos en el terreno de la actividad privada.

Su trayectoria profesional se ha visto especialmente influenciada por su gran interés personal por la problemática ambiental, asociada al proceso de evolución socioeconómica del mundo en general, y de la empresa en particular. Este aspecto ha contribuido en importante medida a perfilar su estilo de liderazgo y su filosofía de trabajo.

# HACIA UN MUNDO SOSTENIBLE
### EL COMPROMISO DEL DESARROLLO Y DEL PROGRESO CON EL MEDIO AMBIENTE

La disputa entre el hombre y la naturaleza se inició probablemente en Asia Menor, hace unos diez mil años. El hombre del neolítico sintió la necesidad de dominar su hábitat en lugar de convivir armoniosamente con él. Bastó que inventara el fuego para desencadenar, entre otros fenómenos, el de la erosión del suelo y el de la contaminación del aire. Abandonó su vida nómada, destruyó bosques para cultivar la tierra, cazó animales en gran escala, hasta que solamente en el siglo XVII empezó a calcular comparativamente los progresos realizados, lo cual le ha llevado a ser catalogado en la actualidad como el ser viviente más devastador del planeta.

Los indicios de antagonismo entre el ser humano y el medio físico son hoy patentes, producto de un modelo de comportamiento egocéntrico, con tendencia al dominio absoluto de la naturaleza, desprovisto de la percepción consciente de sus limitaciones y de las consecuencias de las actitudes netamente extractivas y especulativas. Esta realidad ha configurado sustancialmente, con diversos matices, el proceso de desarrollo de todas las naciones a lo largo de su evolución, mediante el progreso, hacia la consolidación de la cultura de la civilización contemporánea.

Sin embargo, la progresiva percepción de la problemática del medio humano, que frecuentemente genera expresiones contestatarias y reivindicativas de diversa índole y trascendencia, constituye un hecho ciertamente positivo, que confirma el aumento de la sensibilidad de la sociedad civil en relación con los problemas ambientales.

El motivo que persigue la exposición de los comentarios y argumentos incluidos en este ensayo, es precisamente generar una conciencia de discusión, análisis y debate sobre el grado de impacto que ha tenido la relación del hombre con su sustrato vital a lo largo de la historia. Partiendo de la indiscutible premisa de que la innovación y el crecimiento de la tecnología han tenido a lo largo del tiempo notable influencia tanto en la generación como en la corrección de agresiones al medio ambiente, la obra propone un ejercicio de reflexión seria y crítica sobre el papel que el hombre ha desempeñado y debe asumir como actor y protagonista de las actitudes que condicionan inevitablemente su propia existencia. Todo ello, en el contexto de un entorno que cuenta con recursos limitados, cuya disponibilidad la sociedad ha de garantizar cimentando una cultura ecológica de dimensión planetaria, equilibrada, solidaria y sostenible.

**MAURICIO ESPALIAT CANU**
Barcelona – Enero 2014